JN375923

해커스 GSAT 삼성직무적성검사 FINAL 봉투모의고사

기출동형모의고사 1회

해커스잡

수험번호	
성명	

기출동형모의고사
1회

시작과 종료 시각을 정한 후, 실전처럼 모의고사를 풀어보세요.

• 수리 시 분 ~ 시 분 (총 20문항/30분)

• 추리 시 분 ~ 시 분 (총 30문항/30분)

□ 시험 유의사항

GSAT는 다음과 같이 영역별 제한 시간이 있습니다. 본 모의고사의 마지막 페이지에 있는 GSAT 문제풀이 용지와 해커스ONE 애플리케이션의 학습 타이머를 이용하여 실전처럼 모의고사를 풀어본 후, p.35의 '바로 채점 및 성적 분석 서비스' QR코드를 스캔하여 응시 인원 대비 본인의 성적 위치를 확인해보시기 바랍니다.

영역	문항 수	시간
수리	20문항	30분
추리	30문항	30분

※ 2025년 상반기 GSAT 기준

수리

총 20문항/30분

▶ 해설 p.4

01. 2024년 C 회사의 매출액은 전년 대비 25% 증가했고, D 회사의 매출액은 전년 대비 10% 감소했다. 2024년 두 회사의 매출액 합계는 9,100만 원이며, 2023년에는 D 회사의 매출액이 C 회사 매출액의 1.5배였다. 2023년 D 회사의 매출액은 얼마인가?

① 3,500만 원 ② 3,950만 원 ③ 4,400만 원 ④ 4,850만 원 ⑤ 5,250만 원

02. 이번 시즌 야구 경기는 11개의 팀을 두 그룹으로 나눈 후, 다섯 팀이 속한 A 그룹과 여섯 팀이 속한 B 그룹이 그룹 내에서 각각 리그전으로 예선을 진행한다. 그다음 각 그룹에서 높은 순위의 두 팀씩 본선에 진출하며, 본선은 토너먼트전으로 진행될 예정이다. 이번 시즌에는 1위부터 4위까지 순위를 가리고 예선전 관람료는 경기당 만 원, 본선전 관람료는 경기당 2만 원일 때, 재호가 모든 야구 경기를 관람하기 위해 지불해야 할 금액은 얼마인가? (단, 무승부로 인한 추가 경기는 고려하지 않는다.)

① 31만 원 ② 33만 원 ③ 37만 원 ④ 58만 원 ⑤ 61만 원

03. 다음은 20X4년 주요 국가별 국적선 및 외국적선 수를 정리한 자료이다. 다음 중 자료에 대한 설명으로 옳지 않은 것을 모두 고르시오.

[주요 국가별 국적선 및 외국적선 수]

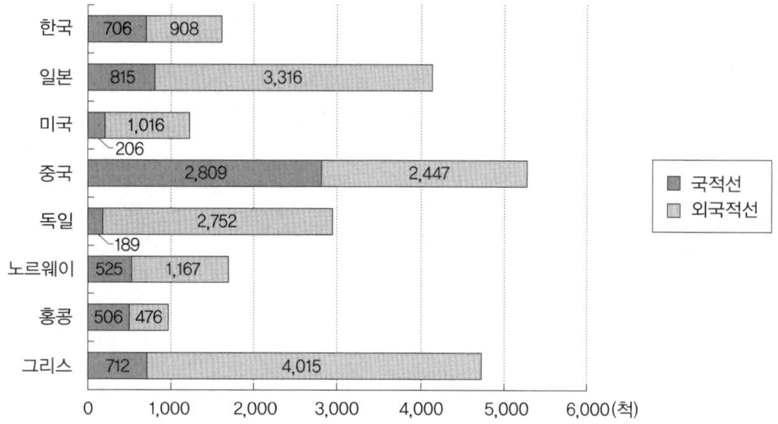

ㄱ 한국의 총 선박 수는 1,614척으로 노르웨이의 총 선박 수보다 많다.
ㄴ 조사한 모든 국가에서 외국적선이 국적선보다 많다.
ㄷ 총 선박 수에서 외국적선이 차지하는 비중은 그리스가 일본보다 높다.
ㄹ 국적선이 가장 적은 나라와 가장 많은 나라의 외국적선 수의 차이는 300척 이상이다.

① ㄱ, ㄴ ② ㄴ, ㄷ ③ ㄱ, ㄴ, ㄷ ④ ㄱ, ㄴ, ㄹ ⑤ ㄱ, ㄷ, ㄹ

04. 다음은 연도별 치료감호소 수용자 수를 나타낸 자료이다. 제시된 기간 중 C 장애의 치료감호소 수용자 수가 B 장애의 치료감호소 수용자 수의 10배 미만인 해에 A, B, C 장애의 치료감호소 전체 수용자 수는?

[연도별 치료감호소 수용자 수]

(단위: 명)

구분	2019년	2020년	2021년	2022년	2023년	2024년
A 장애	52	49	51	46	39	25
B 장애	96	98	84	64	57	50
C 장애	970	954	916	881	925	851

① 991명 ② 1,021명 ③ 1,051명 ④ 1,101명 ⑤ 1,118명

05. 다음은 방송사별 매출 규모에 관한 자료이다. 다음 중 자료에 대한 설명으로 옳지 <u>않은</u> 것을 고르시오.

[방송사별 매출 점유율]

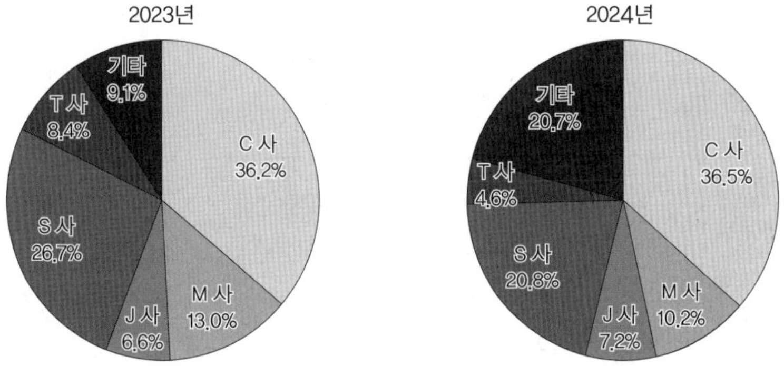

[2024년 방송사별 매출액]

(단위 : 억 원)

방송사	C 사	M 사	J 사	S 사	T 사	기타	총계
매출액	6,815	1,905	1,344	3,884	859	3,865	18,672

※ 2024년의 총매출액은 2023년 총매출액의 125%임

① 2024년 C 사의 매출 점유율은 전년 대비 증가하였다.

② 2024년 M 사의 매출액은 전년 대비 감소하였다.

③ 2024년 기타를 제외하고 매출 점유율이 높은 3사의 매출 점유율 순위는 전년도와 같다.

④ 2024년 T 사의 매출액은 전년 대비 500억 원 이상 감소하였다.

⑤ 2023년 S 사의 매출 점유율은 같은 해 M 사와 J 사의 매출 점유율의 합보다 크다.

06. 다음은 C 국의 직업별 헌혈자 수에 대한 자료이다. 다음 중 자료에 대한 설명으로 옳은 것을 고르시오.

[직업별 헌혈자 수]

(단위: 천 명)

구분	2022년	2023년	2024년
학생	1,304	1,212	864
군인	439	387	366
회사원	689	733	849
공무원	86	92	132
자영업	52	54	64
종교직	5	5	7
가사	49	51	58
기타	260	256	271
전체	2,884	2,790	2,611

[고등학생 및 대학생 헌혈자 수]

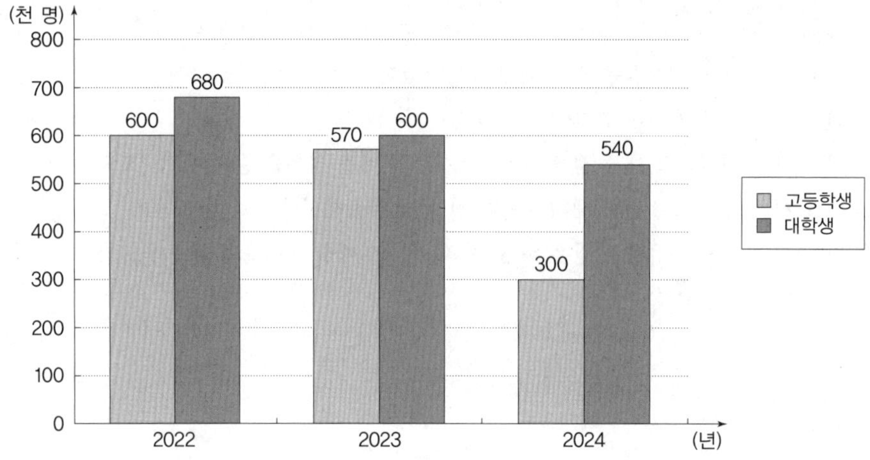

※ 헌혈은 만 17세 이상부터 가능함

① 제시된 기간 동안 전체 헌혈자 수에서 회사원 헌혈자 수가 차지하는 비중은 매년 30% 미만이다.

② 2023년 학생과 기타를 제외한 나머지 직업 중 헌혈자 수가 두 번째로 많은 직업과 두 번째로 적은 직업의 같은 해 헌혈자 수의 합은 40만 명 이상이다.

③ 2024년 전체 학생 헌혈자 수에서 대학생 헌혈자 수가 차지하는 비중은 전년 대비 감소하였다.

④ 제시된 기간 동안 공무원 헌혈자 수는 매년 자영업 헌혈자 수의 2배 미만이다.

⑤ 제시된 기간 동안 고등학생과 대학생 헌혈자 수의 차이가 가장 큰 해는 2023년이다.

07. 다음은 K 국의 월별 보조기억장치의 수출액을 나타낸 자료이다. 다음 중 자료에 대한 설명으로 옳은 것을 고르시오.

[월별 HDD 및 SSD 수출액]

(단위 : 천 달러)

구분	HDD(Hard Drive Disk)		SSD(Solid State Drive)	
	2023년	2024년	2023년	2024년
1월	6,639	7,310	633,244	294,727
2월	7,356	2,617	630,591	304,743
3월	5,953	3,249	776,926	306,771
4월	3,766	3,022	577,215	232,738
5월	2,868	4,822	637,420	363,897
6월	7,035	2,957	849,897	371,612
7월	3,936	3,382	586,250	373,293
8월	4,305	3,781	577,182	379,855
9월	3,672	4,438	637,893	473,934
10월	4,866	3,940	519,597	606,263
11월	4,916	3,246	380,217	637,012
12월	–	4,483	–	649,236

① 2024년 5월과 6월 모두 SSD 수출액은 HDD 수출액의 100배 이상이다.

② 2023년에 수출 실적이 있는 월 중 2024년 HDD 수출액이 전년 동월 대비 증가한 달은 1월과 5월뿐이다.

③ 2023년 1월 SSD 수출액은 2024년 1월 SSD 수출액의 3배 이상이다.

④ 2024년 HDD 수출액이 가장 적은 달에 2024년 HDD 수출액의 전년 동월 대비 감소율은 2024년 SSD 수출액이 가장 적은 달에 2024년 SSD 수출액의 전년 동월 대비 감소율보다 더 작다.

⑤ 2023년 9~11월 HDD 수출액의 합과 2024년 9~11월 HDD 수출액의 합은 3,000천 달러 미만 차이 난다.

08. 다음은 A 지역과 B 지역 주민을 대상으로 대기환경 체감 정도에 대해 조사한 자료이다. 다음 중 자료에 대한 설명으로 옳지 않은 것을 모두 고르시오.

[A 지역 대기환경 체감 정도 비율]

(단위: %)

구분	매우 좋음	좋음	보통	나쁨	매우 나쁨
초졸 이하	8.3	25.6	38.9	23.5	3.7
중졸	9.2	19.1	45.0	22.8	3.9
고졸	5.9	18.9	46.1	23.5	5.6
대졸 이상	5.5	20.7	39.0	25.8	9.0

[B 지역 대기환경 체감 정도 비율]

(단위: %)

구분	매우 좋음	좋음	보통	나쁨	매우 나쁨
초졸 이하	16.6	40.2	31.1	10.5	1.6
중졸	18.0	35.9	36.5	7.7	1.9
고졸	11.9	34.3	40.6	11.3	1.9
대졸 이상	12.4	31.7	36.1	15.3	4.5

a. 제시된 학력 중 '매우 좋음'이라고 응답한 비율이 가장 낮은 학력은 A 지역과 B 지역 모두 대졸이상이다.

b. A 지역의 모든 학력은 '매우 좋음'과 '좋음'이라고 응답한 비율의 합이 '나쁨'과 '매우 나쁨'이라고 응답한 비율의 합보다 높다.

c. A 지역과 B 지역의 학력별 응답자 수가 모두 같다면, B 지역의 '매우 좋음'이라고 응답한 사람 수는 A 지역의 '매우 좋음'이라고 응답한 사람 수의 2배가 넘는다.

d. B 지역의 모든 학력에서 '나쁨'이라고 응답한 사람 수는 '보통'이라고 응답한 사람 수의 절반 이하이며, 모든 학력에서 '매우 나쁨'이라고 응답한 사람 수도 '나쁨'이라고 응답한 사람 수의 절반 이하이다.

① a, b ② a, c ③ a, d ④ b, c ⑤ b, d

09. 다음은 Z 시의 연도별 유치원 원아 수와 연도별 유치원 및 학급 1개당 전체 원아 수에 대한 자료이다. 제시된 기간 중 남자 원아 수와 여자 원아 수의 차이가 가장 적은 해에 유치원 1개당 학급 수는 약 몇 개인가? (단, 소수점 셋째 자리에서 반올림하여 계산한다.)

[연도별 유치원 원아 수]

(단위: 명)

구분	2020년	2021년	2022년	2023년	2024년
남자	5,612	5,511	5,220	4,707	4,636
여자	5,444	5,505	5,105	4,586	4,535

[연도별 유치원 및 학급 1개당 전체 원아 수]

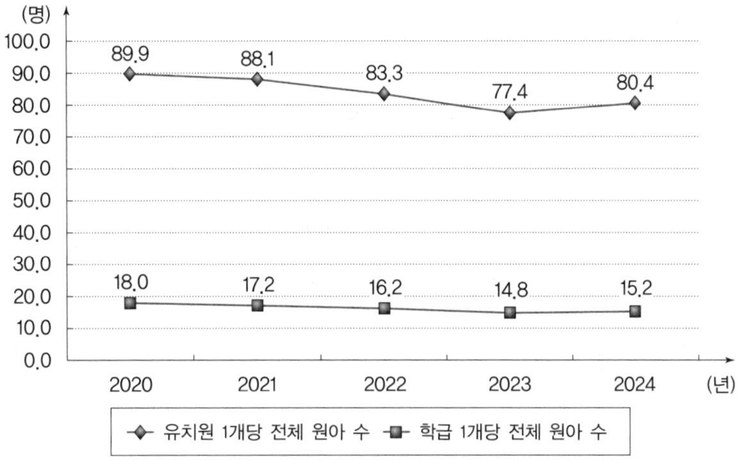

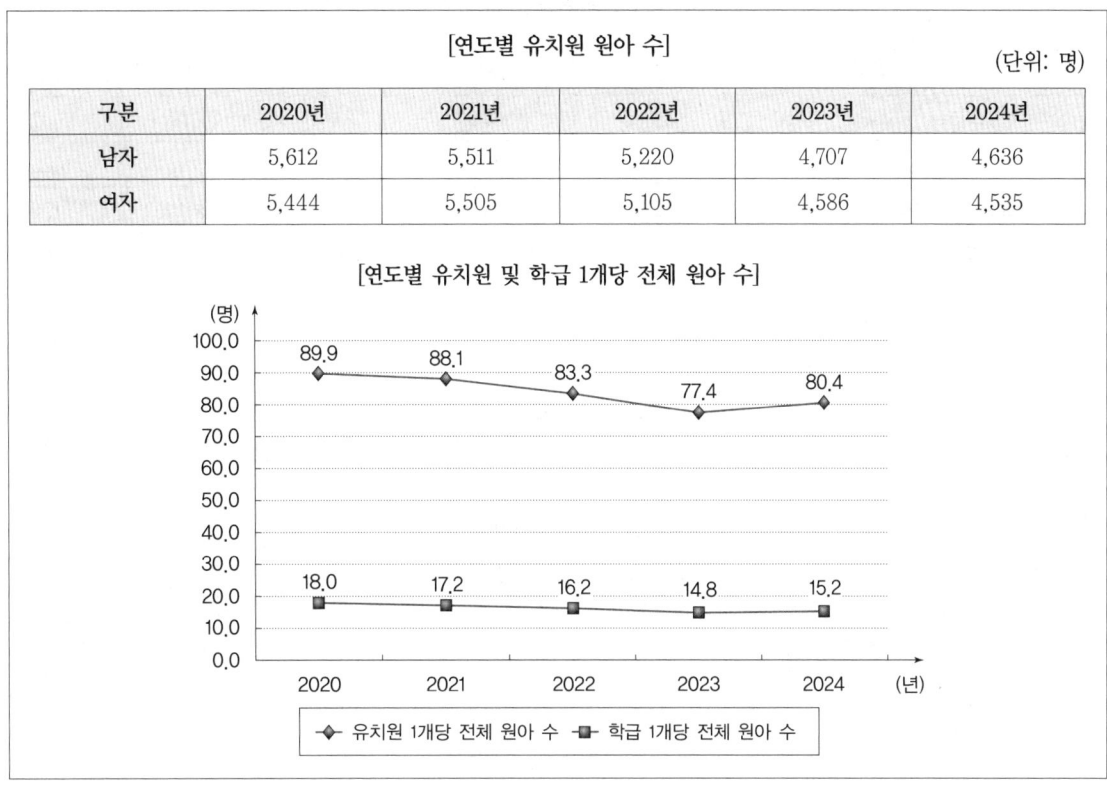

① 4.99개 ② 5.12개 ③ 5.14개 ④ 5.23개 ⑤ 5.29개

[10 - 11] 다음은 2024년 상반기 A 국의 구조별 건축물 허가 및 착공 동수에 대한 자료이다. 각 물음에 답하시오.

[구조별 건축물 허가 동수]

(단위: 동)

구분	1월	2월	3월	4월	5월	6월
콘크리트	5,746	4,805	6,674	7,386	7,618	6,377
철골	7,329	7,053	9,356	10,530	10,415	9,258
철골철근콘크리트	190	117	165	178	264	190
조적	526	487	647	702	847	592
목조	784	698	1,061	1,239	1,226	981
기타	273	272	367	480	424	369

[구조별 건축물 착공 동수]

(단위: 동)

구분	1월	2월	3월	4월	5월	6월
콘크리트	3,064	3,421	4,957	5,378	5,152	4,541
철골	5,269	5,423	9,176	9,393	9,489	8,297
철골철근콘크리트	63	66	82	93	106	98
조적	135	96	193	200	237	211
목조	517	522	973	1,066	1,044	895
기타	232	205	321	380	391	350

[월별 전체 건축물 허가 및 착공 동수]

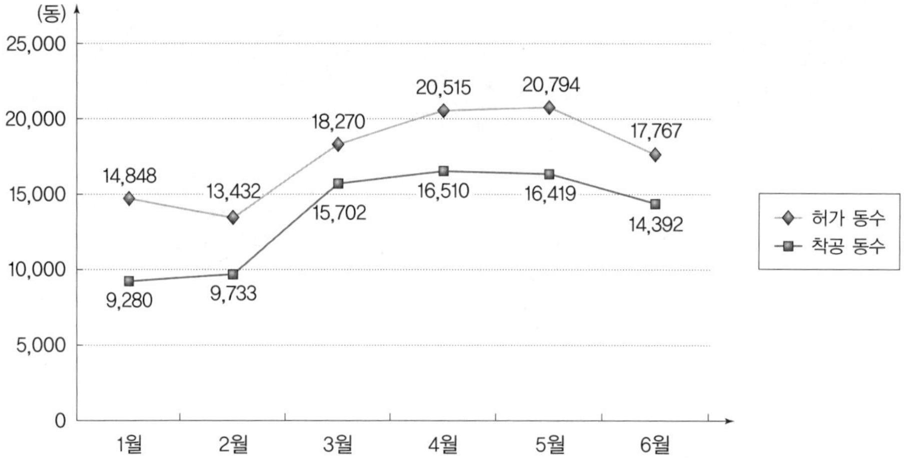

10. **다음 중 자료에 대한 설명으로 옳지 않은 것을 고르시오.**

① 기타 구조를 제외하고 5월 건축물 허가 동수와 건축물 착공 동수가 전월 대비 모두 증가한 구조는 2개이다.

② 6월 철골 건축물 허가 동수의 전월 대비 감소량은 같은 달 철골 건축물 착공 동수의 전월 대비 감소량보다 크다.

③ 2월 이후 전체 건축물 허가 동수와 착공 동수의 전월 대비 증감 추이가 동일한 달은 3개이다.

④ 제시된 기간 동안 철골철근콘크리트 건축물의 허가 동수의 합은 1,000동 이상이다.

⑤ 3월 전체 건축물 허가 동수에서 목조 건축물 허가 동수가 차지하는 비중은 같은 달 전체 건축물 착공 동수에서 목조 건축물 착공 동수가 차지하는 비중보다 작다.

11. **제시된 기간 중 전체 건축물 허가 동수와 전체 건축물 착공 동수의 차이가 가장 큰 달에 기타 구조를 제외하고 건축물 허가 동수 대비 착공 동수 비율이 가장 큰 구조는?**

① 콘크리트 ② 철골 ③ 철골철근콘크리트

④ 조적 ⑤ 목조

[12 - 13] 다음은 A~C 지역의 공공의료기관 의료인력 현황에 대한 자료이다. 각 물음에 답하시오.

[연도별 공공의료기관 의료인력]

(단위: 명)

구분	2021년	2022년	2023년	2024년
합계	19,158	22,178	22,609	23,163
A 지역	11,131	12,828	12,949	13,063
B 지역	7,113	8,358	8,644	8,962
C 지역	914	992	1,016	1,138

[2024년 직종별 공공의료기관 의료인력]

(단위: 명)

구분	A 지역	B 지역	C 지역
의과	3,011	1,638	107
치과	325	84	7
간호사	6,524	4,870	570
약사	377	193	17
의무기록사	116	89	6
기타	2,710	2,088	431

12. 다음 중 자료에 대한 설명으로 옳은 것을 고르시오.

① 2022년 이후 A~C 지역 전체 의료인력의 전년 대비 증감 추이와 동일한 지역은 A 지역뿐이다.

② 2022년 B 지역의 의료인력은 전년 대비 20% 이상 증가하였다.

③ 2024년 A 지역 의과인력은 C 지역 의과인력의 30배 이상이다.

④ 기타를 제외하고 2024년 B 지역과 C 지역의 의료인력이 많은 순서에 따른 직종별 순위는 서로 다르다.

⑤ 2024년 C 지역의 전체 의료인력 중 기타인력이 차지하는 비중은 30% 이하이다.

13. 2024년 A~C 지역 전체 의료인력이 가장 많은 직종의 2024년 A~C 지역의 평균 의료인력은?

① 3,968명 ② 3,978명 ③ 3,988명 ④ 3,998명 ⑤ 4,008명

[14－15] 다음은 X 국의 군별 및 연령별 모집병 입영자 수에 대한 자료이다. 각 물음에 답하시오.

[군별 모집병 입영자 수]

(단위: 천 명)

구분	2020년	2021년	2022년	2023년	2024년
육군	101	81	85	79	88
해군	9	8	8	9	9
해병대	12	11	11	12	12
공군	18	17	16	17	18
전체	140	117	120	117	127

[연령별 모집병 입영자 수]

(단위: 천 명)

구분	2020년	2021년	2022년	2023년	2024년
18세	2	2	2	1	1
19세	33	29	28	30	28
20~22세	100	81	84	80	90
23세 이상	5	5	6	6	8
전체	140	117	120	117	127

14. 다음 중 자료에 대한 설명으로 옳지 않은 것을 모두 고르시오.

a. 제시된 기간 중 육군의 모집병 입영자 수가 다른 해에 비해 가장 적었던 해에 전체 모집병 입영자 수에서 육군이 차지하는 비중은 60% 이상이다.
b. 2020년부터 2024년까지 5년 동안 연평균 20~22세 모집병 입영자 수는 90천 명 이상이다.
c. 제시된 기간 중 20세 미만 모집병 입영자 수가 가장 많은 해에 육군을 제외한 전체 모집병 입영자 수는 40천 명 미만이다.

① a ② b ③ c ④ a, b ⑤ b, c

15. 2021년 이후 전체 모집병 입영자 수가 전년 대비 감소한 해 중 전체 모집병 입영자 수의 전년 대비 감소 인원이 가장 적은 해에 전체 모집병 입영자 수의 전년 대비 감소율은?

① 1.5% ② 2.5% ③ 2.8% ④ 4.5% ⑤ 4.8%

[16 – 17] 다음은 Z 시의 구역별 폐업자 수를 나타낸 자료이다. 각 물음에 답하시오.

[구역별 폐업자 수]

(단위: 명)

구분	2022년			2023년			2024년		
	소계	법인	개인 사업자	소계	법인	개인 사업자	소계	법인	개인 사업자
A 구역	1,200	100	1,100	1,100	80	1,020	1,000	70	930
B 구역	4,600	300	4,300	4,800	300	4,500	4,500	230	4,270
C 구역	9,700	630	9,070	9,400	690	8,710	9,500	750	8,750
D 구역	1,400	110	1,290	1,500	100	1,400	1,100	80	1,020
E 구역	7,000	390	6,610	7,800	300	7,500	9,000	300	8,700
F 구역	7,900	400	7,500	8,600	500	8,100	8,000	540	7,460
G 구역	9,400	600	8,800	11,400	800	10,600	10,800	600	10,200
H 구역	5,300	400	4,900	6,600	600	6,000	6,800	470	6,330
I 구역	380	30	350	400	20	380	360	10	350
J 구역	4,000	270	3,730	5,200	200	5,000	5,400	300	5,100
전체	50,880	3,230	47,650	56,800	3,590	53,210	56,460	3,350	53,110

16. 다음 중 자료에 대한 설명으로 옳지 않은 것을 모두 고르시오.

a. 2024년 법인 폐업자 수 대비 개인 사업자 폐업자 수의 비율은 E 구역이 G 구역보다 작다.
b. 제시된 기간 동안 전체 개인 사업자 폐업자 수는 매년 전체 법인 폐업자 수의 10배 이상이다.
c. 제시된 기간 동안 C 구역의 법인 폐업자 수가 처음으로 700명을 넘은 해에 C 구역의 전체 폐업자 수에서 법인 폐업자 수가 차지하는 비중은 10% 이상이다.

① a ② c ③ a, b ④ a, c ⑤ a, b, c

17. 2024년 법인 폐업자 수가 600명 이상인 구역의 같은 해 개인 사업자 폐업자 수의 평균은?

① 675명 ② 770명 ③ 825명 ④ 9,475명 ⑤ 10,150명

18. 다음은 신입사원 4명의 교육 및 실습시간에 따른 능력 향상도를 나타낸 자료이다. 자료를 보고 a, b에 해당하는 값을 예측했을 때 가장 타당한 값을 고르시오.

[신입사원 능력 향상도]

구분	A 사원	B 사원	C 사원	D 사원
교육시간(시간)	(　)	30	20	40
실습시간(시간)	2	4	3	2
능력 향상도(점)	39	31	13	(　)

※ 능력 향상도 = 교육시간 + $a^{\text{실습시간}}$ − b (단, a는 양의 정수임)

	a	b
①	2	15
②	2	16
③	3	15
④	3	16
⑤	4	18

19. 다음은 M 국의 방송 산업 일부 장르의 수입액을 나타낸 자료이다. 이를 바탕으로 2024년 방송 산업 장르별 수입액을 바르게 나타낸 것을 고르시오.

[방송 산업 장르별 수입액의 전년 대비 증감량]

(단위: 만 달러)

구분	2023년	2024년
드라마	−799	−420
애니메이션	93	246
영화	−1,959	140
오락	853	−744

[2022년 방송 산업 장르별 수입액]

(단위: 만 달러)

구분	드라마	애니메이션	영화	오락
수입액	3,918	768	6,480	19

①
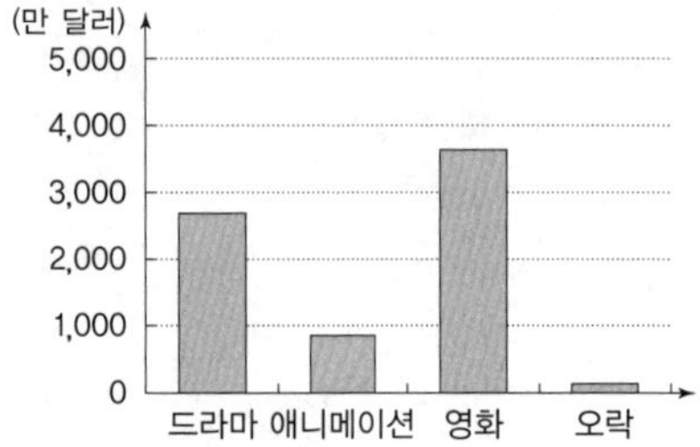

②
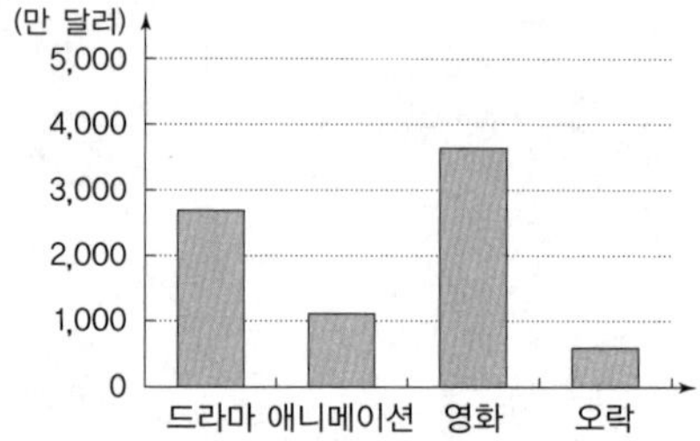

③
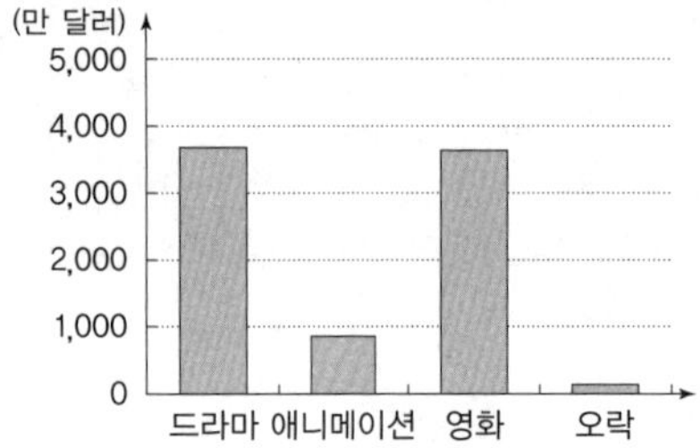

④
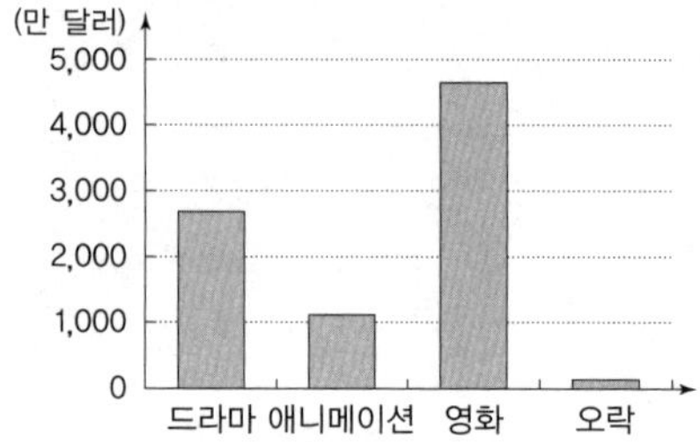

⑤
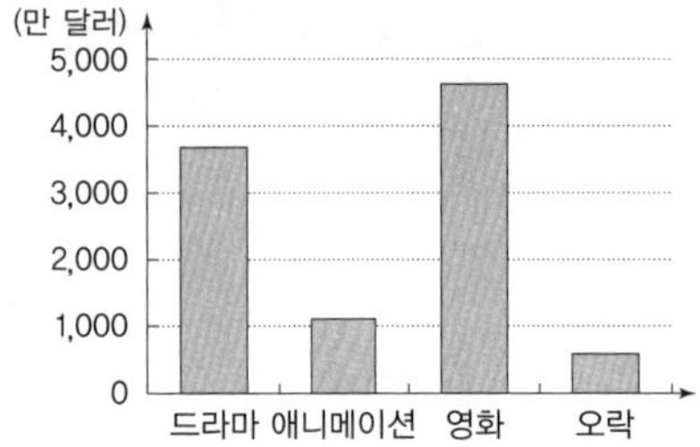

20. 다음은 A 사에서 발사한 인공위성과 탐사선 수를 나타낸 자료이다. 인공위성과 탐사선의 수가 일정한 규칙으로 변화할 때, 2030년 인공위성 수와 탐사선 수의 차는?

[연도별 인공위성 및 탐사선 수]

(단위: 개)

구분	2021년	2022년	2023년	2024년
인공위성	90	105	120	135
탐사선	24	28	35	46

① 29개 ② 30개 ③ 31개 ④ 32개 ⑤ 33개

약점 보완 해설집 p.4

추리

총 30문항/30분

▶ 해설 p.8

[01 – 02] 다음 전제를 읽고 반드시 참인 결론을 고르시오.

01.

전제	비가 내리는 어떤 날에는 해가 없다.
	비가 내리는 모든 날에는 구름이 있다.
결론	

① 구름이 있는 모든 날에는 해가 있다.

② 구름이 없는 모든 날에는 해가 없다.

③ 해가 없는 어떤 날에는 구름이 있다.

④ 구름이 있는 어떤 날에는 해가 있다.

⑤ 구름이 있는 모든 날에 해가 없는 것은 아니다.

02.

전제	인기 있는 제품은 비싸다.
	인기 있는 제품은 실용성이 있다.
결론	

① 실용성이 있는 모든 제품은 비싸다.

② 실용성이 없는 어떤 제품은 비싸다.

③ 비싸지 않은 어떤 제품은 실용성이 있다.

④ 비싼 모든 제품은 실용성이 있다.

⑤ 실용성이 있는 어떤 제품은 비싸다.

03. **다음 결론이 반드시 참이 되게 하는 전제를 고르시오.**

전제	쇼핑을 즐기는 어떤 사람은 유행에 민감하다.
결론	어떤 디자이너는 유행에 민감하다.

① 어떤 디자이너는 쇼핑을 즐긴다.

② 모든 디자이너는 쇼핑을 즐긴다.

③ 쇼핑을 즐기는 모든 사람은 디자이너이다.

④ 쇼핑을 즐기는 어떤 사람은 디자이너이다.

⑤ 쇼핑을 즐기는 모든 사람은 디자이너가 아니다.

04. **현수, 정우, 은이, 채희의 의사소통능력, 수리능력, 문제해결능력 성적은 1~4등 중 하나이다. 다음 조건을 모두 고려하였을 때, 항상 참인 것을 고르시오.**

- 모든 영역에서 4명의 등수는 모두 서로 다르다.
- 4명은 각자 세 영역에서 받은 등수가 모두 다르다.
- 문제해결능력에서 현수는 채희보다 등수가 높다.
- 은이는 4명 중 수리능력 성적이 가장 높다.
- 정우는 의사소통능력에서 4등을 했다.
- 현수는 등수가 1등인 영역이 없고, 은이는 등수가 4등인 영역이 없다.

① 은이는 의사소통능력에서 3등을 했다.

② 채희는 의사소통능력에서 4등을 했다.

③ 현수는 수리능력에서 4등을 했다.

④ 정우는 수리능력에서 2등을 했다.

⑤ 현수는 문제해결능력에서 3등을 했다.

05. A, B, C, D, E, F 6명은 정육각형 테이블에 일정한 간격으로 앉아 있다. 다음 조건을 모두 고려하였을 때, 항상 거짓인 것을 고르시오.

- 6명 중 2명은 이어폰, 3명은 헤드폰을 끼고 있고, 1명은 아무것도 끼고 있지 않다.
- 1번 자리에 앉아 있는 사람은 F가 아니다.
- A는 C의 바로 옆자리에 앉아 있고, A와 C는 이어폰 또는 헤드폰을 끼고 있다.
- 이어폰을 끼고 있는 사람끼리 바로 옆자리에 앉아 있다.
- 4번 자리에 앉아 있는 B 양옆에 앉아 있는 사람은 헤드폰을 끼고 있다.
- F와 마주 보고 앉아 있는 사람은 아무것도 끼고 있지 않다.

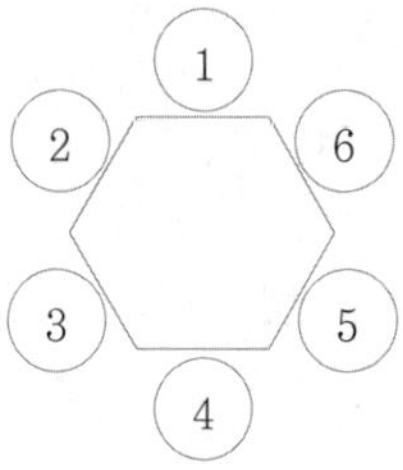

① 헤드폰을 끼고 있는 사람끼리 연달아 앉아 있다.

② D 양옆에 앉아 있는 사람 중 이어폰을 끼고 있는 사람이 있다.

③ E와 마주 보고 앉아 있는 사람은 F이다.

④ A 양옆에 앉아 있는 사람은 서로 같은 것을 끼고 있다.

⑤ B가 앉아 있는 자리의 번호가 C가 앉아 있는 자리의 번호보다 작다.

06. A(사원), B(사원), C(주임), D(대리), E(과장) 5명은 중국, 일본, 영국, 독일 중 한 곳으로 함께 출장을 가려고 한다. 다음 조건을 모두 고려하였을 때, 항상 거짓인 것을 고르시오.

- 5명은 각자 한 나라를 선택하며, 다수결의 원칙에 따른다.
- A는 영국 또는 독일을 선택한다.
- 주임만 일본을 선택한다.
- 아무도 선택하지 않는 나라가 한 곳 있다.
- 대리와 과장이 선택하는 나라는 서로 다르다.
- 같은 직급의 팀원은 같은 나라를 선택한다.

① D가 영국을 선택하면 영국으로 출장을 간다.

② E가 중국을 선택하면 독일로 출장을 간다.

③ 사원이 선택하는 나라로 출장을 간다.

④ 과장이 독일을 선택하면 영국으로 출장을 간다.

⑤ 독일을 선택하는 사람이 없으면 중국으로 출장을 간다.

07. A, B, C는 두 개의 질문으로 구성된 설문조사에 참여하였다. 다음 조건을 모두 고려하였을 때, 항상 참인 것을 고르시오.

- 두 개의 질문은 모두 5개의 항목으로 구성되어 있으며, A, B, C는 해당하는 항목에 전부 체크하였다.
- A는 1번 질문의 4개 항목에 체크하였다.
- B는 2번 질문의 2개 항목에 체크하였다.
- C는 두 개의 질문을 합쳐 고려했을 때, 3명 중 가장 많은 항목에 체크하였다.
- 3명이 2번 질문에 체크한 항목 개수의 합은 8개이다.
- C가 두 개의 질문에 체크한 개수 차이는 2개 이하이다.

① B가 두 개의 질문에 체크한 개수 차이는 1개 또는 2개이다.

② A는 2번 질문의 2개 항목에 체크하였다.

③ C가 1번 질문에 체크한 항목 개수는 2개가 아니다.

④ A, B, C 중 1번 질문에 가장 많이 체크한 사람은 C이다.

⑤ A, B, C 중 2번 질문에 가장 많이 체크한 사람은 A이다.

08. 경제학과 갑, 을, 병 3명과 수학과 A, B, C 3명이 한 줄로 줄을 서려고 한다. 다음 조건을 모두 고려하였을 때, 항상 <u>거짓</u>인 것을 고르시오.

- 수학과 3명은 서로 이웃하여 줄을 서지 않는다.
- A와 B 순서 사이에 줄을 선 사람은 1명이며 그 사람은 을이 아니다.
- 갑은 C보다 앞쪽에 줄을 선다.
- 을 바로 뒤에 줄을 선 사람은 병이 아니다.
- 맨 앞에 줄을 선 사람은 경제학과가 아니다.

① 병은 홀수 번째 순서로 줄을 선다.

② A는 세 번째 순서로 줄을 선다.

③ B와 C 순서 사이에 줄을 선 사람은 2명 이상이다.

④ 갑 바로 뒤에 줄을 선 사람은 수학과이다.

⑤ 6명이 줄을 서는 경우의 수는 총 12가지이다.

09. **A, B, C, D, E, F 6명은 3층짜리 기숙사에 입주할 예정이다. 다음 조건을 모두 고려하였을 때, 항상 참인 것을 고르시오.**

- 6명은 서로 다른 방에 입주한다.
- A와 같은 층에 입주한 사람은 C뿐이다.
- D는 B보다 위층에 입주하며 호수도 더 크다.
- F는 E보다 아래층에 입주하며, B보다 호수가 두 개 더 크다.
- E가 입주하는 방의 호수는 D가 입주하는 방의 호수보다 크다.

	1호	2호	3호
3층			
2층			
1층			

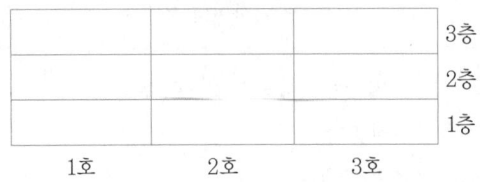

① 2층 1호에는 아무도 입주하지 않는다.

② E와 F가 입주하는 방은 위, 아래로 이웃한다.

③ A는 F보다 아래층에 입주한다.

④ C는 B보다 위층에 입주한다.

⑤ 1층에 아무도 입주하지 않는 방은 1개이다.

10. **갑, 을, 병, 정 4명은 2022~2024년 S 회사의 연구팀, 마케팅팀, 영업팀, 기획팀에서 근무했다. 다음 조건을 모두 고려하였을 때, 항상 참인 것을 고르시오.**

- 연도별로 서로 같은 팀에서 근무하는 사람은 없다.
- 4명은 1년 단위로 직전에 근무한 팀과 다른 팀에서 근무했다.
- 2023년에 을은 연구팀에서 근무했고, 정은 기획팀에서 근무했다.
- 영업팀에서 근무한 사람은 바로 다음 해에 연구팀에서 근무했다.
- 기획팀에서 근무한 사람은 바로 이전 해에 마케팅팀에서 근무하지 않았다.
- 2022년에 병은 기획팀에서 근무했다.

① 정은 영업팀에서 근무했다.

② 갑은 2024년에 영업팀에서 근무하지 않았다.

③ 을은 기획팀을 제외한 모든 팀에서 근무했다.

④ 2023년에 병이 근무한 팀에서 2024년에 을이 근무했다.

⑤ 3년 동안 같은 팀에서 두 번 근무한 사람은 1명이다.

11. 가영, 혜령, 민주, 이슬, 동주 5명 중 1명만 거짓을 말했을 때, 5명 중 거짓을 말한 사람을 고르시오.

- 가영: 나보다 나이가 많은 사람이 있어.
- 혜령: 민주와 이슬이의 나이는 같아.
- 민주: 나는 이슬이보다 나이가 많아.
- 이슬: 5명 중 내 나이가 다섯 번째로 많아.
- 동주: 나는 가영이보다 나이가 많아.

① 가영 ② 혜령 ③ 민주 ④ 이슬 ⑤ 동주

12. 예슬이는 땅에 쌀, 콩, 팥, 조, 밀, 옥수수, 수수 총 7가지를 심으려고 한다. 다음 조건을 모두 고려하였을 때, 항상 거짓인 것을 고르시오.

- 땅의 각 구역에는 1가지 종류의 곡식만 심고, 각 곡식은 1개 구역에만 심는다.
- 6구역에는 아무것도 심지 않는다.
- 콩은 2구역에, 옥수수는 7구역에 심는다.
- 팥은 짝수 숫자 구역에 심는다.
- 밀과 수수는 양옆 또는 위아래로 서로 인접한 구역에 심는다.
- 쌀을 심는 구역의 숫자는 조를 심는 구역의 숫자보다 2만큼 크다.

[땅 배치도]

1구역	2구역	3구역
4구역	5구역	6구역
7구역	8구역	9구역

① 콩과 수수는 서로 인접한 구역에 심는다.

② 조는 1구역에 심는다.

③ 9구역에는 아무것도 심지 않는다.

④ 7가지 곡식을 심는 경우의 수는 총 10가지이다.

⑤ 밀을 심는 구역의 숫자가 쌀을 심는 구역의 숫자보다 1만큼 크면, 팥은 4구역에 심는다.

13. 갑, 을, 병, 정, 무 5명은 신발을 가장 적게 가지고 있는 사람부터 앞쪽에 순서대로 줄을 섰다. 5명 중 1명만 거짓을 말할 때, 신발을 가장 많이 가지고 있는 사람을 고르시오.

- 갑: 나보다 신발을 많이 가지고 있는 사람은 1명이야.
- 을: 병 앞에 줄을 선 사람은 1명이야.
- 병: 무 바로 뒤에 선 사람은 을이야.
- 정: 을의 말은 거짓이야.
- 무: 나는 정 바로 뒤에 서 있어.

① 갑 ② 을 ③ 병 ④ 정 ⑤ 무

14. 체스판 위에 나이트가 한 개 올려져 있다. 다음 조건을 모두 고려하였을 때, 항상 참인 것을 고르시오.

- 체스판의 크기는 8×8의 칸이며, 아래부터 1행, 왼쪽부터 1열로 고려한다.
- 나이트는 한 번 이동할 때 원래 위치로부터 3칸 떨어진 곳으로 이동한다. 이때 도착 지점은 체스판 위에 있어야 하며 출발 지점으로부터 행으로 2줄, 열로 1줄 차이 나거나 행으로 1줄, 열로 2줄 차이 나야 한다.
- 나이트가 처음 위치한 칸에는 K로 표시되어 있으며, 이 위치에서 한 번의 이동으로 갈 수 있는 칸에는 1로 표시되어 있다.
- 나이트는 총 세 번 이동하였다.
- 세 번 이동하는 동안 나이트가 위치한 행과 열은 처음 두 번은 모두 감소했다가 마지막 한 번은 모두 증가하였다.
- 나이트는 이동 중에 2행 1열 또는 2행 3열을 지나가지 않았다.

[체스판의 나이트]

			1		1			
		1				1		
				K				
		1				1		
			1		1			
1행								
	1열							

① 나이트가 세 번 이동 후 도착한 칸은 출발한 칸에서 한 칸 떨어진 곳이다.

② 나이트가 세 번 이동 후 도착할 수 있는 칸은 총 두 칸이다.

③ 나이트는 세 번 이동 후 도착한 칸을 이미 이동 중에 지나갔다.

④ 나이트가 세 번 이동 후 도착한 칸의 열은 출발한 칸의 열과 같다.

⑤ 나이트가 세 번 이동 후 도착한 칸의 행과 열은 모두 출발한 칸의 행과 열보다 작다.

[15 - 17] 다음 도형에 적용된 규칙을 찾아 '?'에 해당하는 도형을 고르시오.

15.

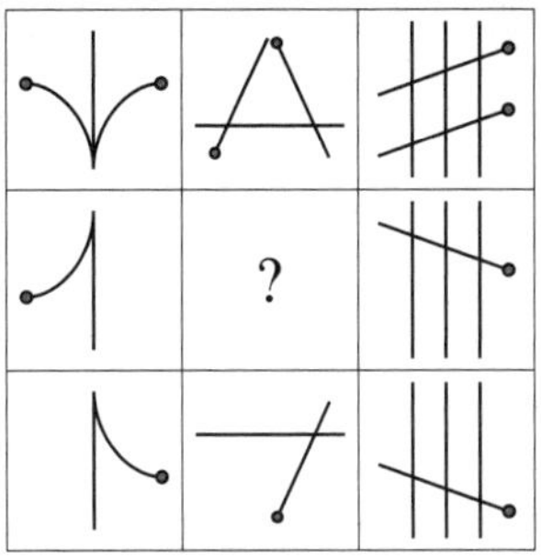

①
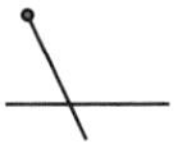
②

③

④
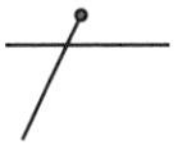
⑤
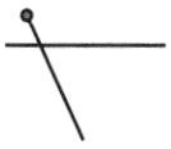

16.

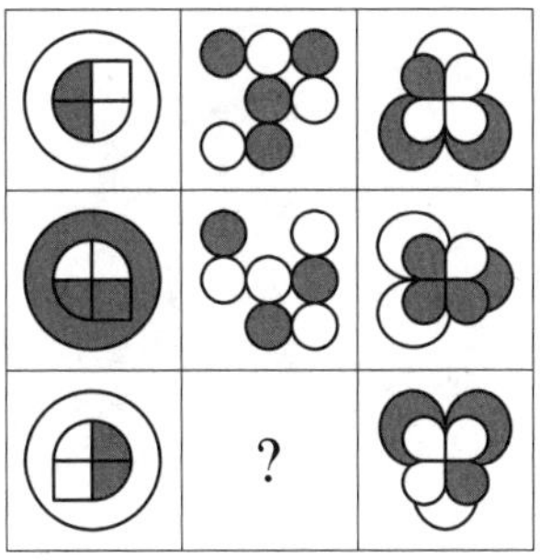

①
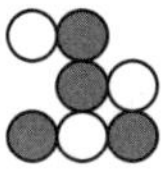
②
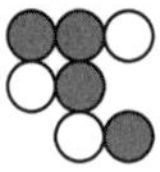
③
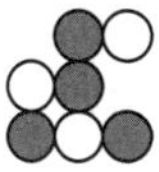
④
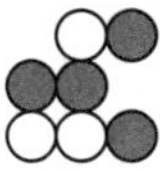
⑤
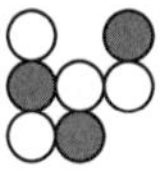

17.

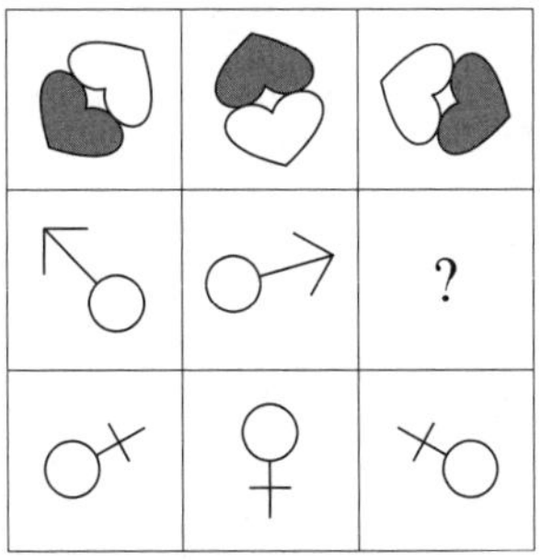

①

②

③

④

⑤

[18－21] 다음 각 기호가 문자, 숫자의 배열을 바꾸는 규칙을 나타낸다고 할 때, 각 문제의 '?'에 해당하는 것을 고르시오.

		4UO7				
		↓				
ARTR	→	▲	→	XOQO		
		↓		↓		
RGY8	→	☆	→	□	→	R8YG
		↓		↓		
		LR41		○		
				↓		
				RTAR		

18.

MIC4 → □ → ☆ → ?

① CMI4 ② MCI4 ③ 4MIC ④ 4ICM ⑤ CIM4

19.

82FT → ○ → □ → ▲ → ?

① 1I5W ② ZL48 ③ TF82 ④ WI51 ⑤ TF28

20.

? → ▲ → ○ → 8543

① 0251 ② 1025 ③ 7432 ④ 8543 ⑤ 8534

21.

? → ☆ → ○ → □ → 5S7O

① VR80 ② 8R0V ③ PL42 ④ PL24 ⑤ 2L4P

22. 다음 문단을 논리적 순서대로 알맞게 배열한 것을 고르시오.

(A) 활성 산소는 항산화제에 의해 억제될 수 있다. 항산화제는 활성 산소의 반응성을 줄여 신체를 보호하며, 수용성 비타민C와 지용성 비타민E가 대표적이다. 이러한 물질이 포함된 음식을 섭취하면 활성 산소로부터 체내의 중요한 구성 성분을 보호할 수 있다.

(B) 게다가 활성 산소는 노화의 주요 원인이기도 하다. 설탕이나 정제 탄수화물 같은 혈당 상승 음식을 섭취하면 당분을 분해하고 합성하는 대사 과정에서 활성 산소가 증가하여 주름과 탄력 감소 같은 조직 손상을 야기한다.

(C) 산소는 인간 생존에 필수적이며 몸의 약 65%를 차지한다. 안정적인 상태의 산소 분자가 불안정한 상태로 변형되면 높은 반응성을 가지게 되고, 이를 활성 산소라고 한다. 활성 산소는 병원체를 공격하여 우리 몸을 보호하는 역할도 하지만, 해로운 균과 유익한 균을 구분하지 못해 오히려 병을 유발할 수도 있다.

(D) 따라서 항산화제를 지속적으로 섭취해야 하지만, 영양제 형태로 복용하는 것은 권장되지 않는다. 항산화제의 일종인 베타케로틴 보충제를 꾸준히 섭취한 사람의 폐암 발병률이 더 높았다는 연구 결과가 있기 때문이다. 활성 산소가 많아도 문제지만, 부족해도 다른 문제가 발생할 수 있으므로 균형이 중요하다.

① (C) – (A) – (B) – (D)
② (C) – (A) – (D) – (B)
③ (C) – (B) – (A) – (D)
④ (D) – (A) – (B) – (C)
⑤ (D) – (B) – (A) – (C)

23. 다음 문단을 논리적 순서대로 알맞게 배열한 것을 고르시오.

(A) 조선 후기, 임진왜란과 병자호란 이후 사회·경제 전반에 변동이 있었지만 집권층은 성리학 질서를 강화하는 데만 몰두하였다. 경직된 화이관(華夷觀)에 갇힌 성리학은 다른 문화를 배척하며 현실 문제에 둔감했다. 이로 인해 백성들의 생활은 더욱 어려워졌으며 사회 전반의 신망이 저하되었다.

(B) 실학은 관심 분야에 따라 중농학파와 중상학파로 나뉘었다. 중농학파는 토지 개혁을 통한 농민 생활 안정을 최우선 과제로 삼았으며, 유형원의 균전론과 정약용의 여전론이 대표적인 토지 개혁 이론이다. 이들은 토지 재분배를 통해 농업 생산성을 높이고 사회 안정에 기여하고자 노력하였다.

(C) 이러한 성리학의 한계를 비판하며 18 ~ 19세기에 등장한 실학은 실용을 중시하고 정치·경제·과학·풍습 등 사회 전반을 경험적으로 탐구하려 했다. 실학자들은 성리학의 형식 논리를 벗어나 현실적이고 합리적인 대안을 모색하며, 국가 개혁의 구체적 방안을 제시하기 시작했다.

(D) 반면 중상학파는 상공업 진흥과 기술 도입을 강조하며 청과 서양의 신문물을 적극 수용하고 신분제를 완화해야 한다고 주장했다. 박제가와 같은 중상학파 인물들이 상업 중심의 경제 발전을 위한 구체적 정책도 제안하면서 역사·지리·국어 등 국학의 확산으로 이어졌지만, 이후 세도 정치의 등장으로 꽃을 피우지 못했다.

① (A) – (B) – (C) – (D)
② (A) – (C) – (B) – (D)
③ (A) – (C) – (D) – (B)
④ (B) – (A) – (D) – (C)
⑤ (B) – (D) – (A) – (C)

24. 다음 진술이 모두 참이라고 할 때 반드시 거짓일 수밖에 없는 것을 고르시오.

> 미국 도로교통안전국(NHTSA)에 따르면 교통사고의 94%는 운전자 부주의로 발생한다. 이에 따라 교통사고를 예방하는 방안으로 첨단 운전자 보조 시스템, 일명 'ADAS(Advanced Driver Assistance System)'가 주목받고 있다. 이는 자동차에 장착된 카메라, 레이더 등 센서에서 수집한 환경 정보를 바탕으로 운전자에게 위험을 알리거나 자동차 스스로 제어하여 교통사고를 막는 안전 기술이다. 대표적으로 최근 광고에 자주 등장하는 자동 긴급 제동 장치(AEB)와 차선 유지 보조 시스템(LKAS)이 있다. AEB는 앞 차나 보행자 등 전방 추돌이 예상될 때 경고 및 자동 제동으로 사고를 방지하는 것이며, LKAS는 방향지시등을 조작하지 않은 상태에서 차선을 이탈했을 때 운전자에게 경고하거나 조향(操向) 제어를 통해 차선을 유지하게 하는 기능이다. 그 외에도 전방 차량을 감지하여 안전 거리 및 속도를 일정하게 유지할 수 있도록 보조하는 지능형 주행 제어(ASCC), 사각지대의 충돌 위험을 감시하여 안전한 차선 변경을 돕는 후측방 충돌 회피 지원 시스템(ABSD), 급제동이나 가속과 감속이 반복되는 등 비정상적인 운전패턴이 감지되면 졸음운전 경고 및 휴식을 권하는 운전자 주의 경고(DAW) 등도 ADAS에 포함된다. 아직은 ADAS가 자동차 옵션 중 하나라는 인식이 있지만, 자율주행 자동차 시대가 다가옴에 따라 ADAS는 운전자의 편의와 안전을 위한 보조 장치에서 나아가 자율주행 자동차를 완성하기 위한 핵심 기술로서 더욱더 발전할 것으로 전망된다.

① 급격한 제동이나 속도 변화 등 불규칙한 패턴으로 운전하면 DAW는 졸음운전에 대해 경고한다.

② 차선 변경을 어려워하는 초보 운전자들은 자동차에 ASCC를 장착하는 것이 좋다.

③ ADAS가 보편화되면 주행 중 스마트폰 사용으로 인한 교통사고 발생률을 줄일 수 있을 것이다.

④ 안개가 짙어 차선이 잘 안 보이는 날에 LKAS를 활용하면 안전 운전에 도움이 된다.

⑤ ABSD는 사이드미러로 보이지 않는 후측방 차량과의 충돌 위험을 감지하는 기능이 있다.

25. **다음 진술이 모두 참이라고 할 때 반드시 거짓일 수밖에 없는 것을 고르시오.**

> 1895년 독일의 물리학 교수였던 빌헬름 뢴트겐이 실험 도중 우연히 발견한 방사선 X-레이(X-ray)는 오늘날 병원, 공항 보안 검색대, 제품의 비파괴 검사, 고미술품의 진품 여부 감정 등 다양한 분야에서 활용되고 있다. 그러나 X-레이는 투과력이 높고 에너지가 워낙 커 과다하게 사용할 경우 피부암을 초래하거나 유전적 기형을 유발하는 등 인체에 유해하다. 공항 검색대에서 마약이나 총기류 등을 단속할 때 승객에게는 X-레이 장비로 직접 조사하지 않는 것도 이 때문이다. 이에 X-레이의 대안으로 강력하게 떠오르는 것이 테라헤르츠 카메라(Terahertz camera)라고도 불리는 T-레이(T-ray)이다. 가시광선이나 적외선보다 파장이 길어 X-레이만큼 투과력이 높으면서도 에너지가 X-레이의 100만 분의 1 정도에 불과한 T-레이는 사람에게 직접 투과해도 부작용이 거의 없다. 또한, 굴절 및 회절 특성이 뛰어나서 X-레이로 판별이 어려웠던 검사 대상을 정확히 식별할 수 있다. T-레이 연구의 권위자인 알도 디 카를로 교수는 현재 X-레이가 사용되는 분야 중 상당 부분을 T-레이가 대체할 수 있을 것이라고 예상했으며, 특히 보안 검색, 품질 검사 등 비파괴 검사 도구나 의료용 진단 기구의 성능을 획기적으로 향상시킬 수 있을 것으로 전망했다.

① 공항 검색대에서는 승객에게 X-레이를 투과하여 마약, 총기류 등의 소지 여부를 확인한다.

② X-레이에 많이 노출된 사람은 피부암이나 유전적 기형이 발생할 확률이 높다.

③ 뢴트겐이 실험 도중 우연히 발견한 방사선은 오늘날 병원, 공항 등에서 사용되고 있다.

④ T-레이는 X-레이보다 에너지가 작기 때문에 인체에 미치는 부작용도 크지 않다.

⑤ 카를로 교수는 앞으로 T-레이가 X-레이 영역의 상당 부분을 대체할 수 있을 것이라 평가했다.

26. **다음 진술이 모두 참이라고 할 때 반드시 거짓일 수밖에 없는 것을 고르시오.**

OTT(Over The Top)는 인터넷과 같은 개방된 네트워크를 통해 가입자에게 영상, 음악, 오락, 교육, 정보 등의 멀티미디어 콘텐츠를 실시간으로 제공하는 플랫폼을 의미한다. Over The Top이라는 말은 직역하면 셋톱박스의 너머를 의미한다. 즉, 본래 TV에 연결해 셋톱박스로 영상 콘텐츠를 제공하는 서비스를 말하였지만, 현재는 플랫폼과는 무관하게 인터넷으로 제공하는 영상 서비스를 모두 OTT라 지칭하고 있다. 2000년대 중후반부터 주목받기 시작한 OTT는 인터넷 기술 및 스마트폰의 발전과 더불어 급격하게 성장할 수 있었고, 서비스 가능 단말기 범위 확대, 다양하고 방대한 콘텐츠 확보, 독점적 콘텐츠 제작 및 공급을 통해 수많은 소비자들을 확보할 수 있었다. 기반이 되는 것은 실시간으로 재생하는 스트리밍 서비스이다. 시청 편수에 따라 요금을 지불하는 제도가 아닌 월정액으로 구독료를 지불하면, 해당 OTT에서 제공하는 모든 콘텐츠를 이용할 수 있다. 특히 인터넷이 되는 환경에서는 언제든지 이용할 수 있으므로 시간이나 장소의 제약을 받지 않음은 물론 이용자 본인이 직접 원하는 콘텐츠를 선택할 수 있다는 점에서 소비자의 능동적인 이용이 가능하다.

① OTT에서는 단순히 드라마나 영화와 같은 콘텐츠 외에도 음악, 오락, 교육 등의 콘텐츠도 제공한다.

② 스트리밍 서비스를 기본으로 하는 OTT는 인터넷 기술과 스마트폰의 발전과 함께 빠르게 성장하였다.

③ 과거에는 TV에 연결해 셋톱박스로 영상 콘텐츠를 제공하는 서비스를 OTT라고 불렀다.

④ OTT를 이용하는 사람은 추천 영상을 시청하게 되므로 콘텐츠를 수동적으로 이용할 수밖에 없다.

⑤ OTT에서는 구독료를 결제하면 해당 플랫폼에서 제공하는 모든 콘텐츠를 이용할 수 있다.

27. **다음 진술이 모두 참이라고 할 때 반드시 거짓일 수밖에 없는 것을 고르시오.**

> 트랜지스터는 3개의 반도체 소자로 구성된 전자 부품으로, 3개의 반도체가 n형–p형–n형 순서로 접합된 npn형 트랜지스터와 p형–n형–p형 순서로 접합된 pnp형 트랜지스터로 나뉜다. 이 중 npn형 트랜지스터의 세 전극은 각각 2개의 n형과 1개의 p형에 접속되어 있으며, p형에 접속된 전극을 베이스, 양쪽에 위치한 n형에 접속된 전극을 각각 이미터, 콜렉터라고 부른다. 가운데 위치한 p형은 양쪽에 접합된 n형에 비해 폭이 좁다는 특징이 있다. npn형 트랜지스터가 동작하기 위해서는 먼저 베이스와 콜렉터 사이에 역전압을 걸어 주어야 한다. 콜렉터에 양극을, 베이스에 음극을 접속시키면 콜렉터의 전자들은 양극으로, 베이스의 구멍 즉, 정공들은 음극으로 몰려 트랜지스터 내부에는 전류가 흐르지 않는 상황이 발생한다. 여기서 베이스에 양극을, 이미터에 음극을 접속시켜 베이스와 이미터 사이에 순방향으로 작은 크기의 전압을 걸어 준다. 이렇게 되면 이미터의 전자들은 베이스에 연결된 양극으로 이동하고, 베이스의 정공들은 이미터에 연결된 음극으로 이동하면서 전류가 흐른다. 이때 가운데 위치한 베이스의 폭이 좁으므로 이미터에서 베이스로 이동하던 전자들은 베이스를 지나 콜렉터로 쉽게 건너갈 수 있다. 베이스와 콜렉터 사이에는 이미 역전압이 걸려 있기 때문이다. 또한, 트랜지스터의 증폭 작용으로 인해 베이스와 이미터 사이에 전류가 조금만 흐르더라도 이미터의 전자들이 대부분 베이스를 지나 콜렉터에 도달할 수 있어 베이스에 흐르는 전류가 적은 양이더라도 콜렉터에는 비교적 많은 양의 전류가 흐를 수 있다.

① 이미터와 베이스 사이에 순전압이 걸리면 n형의 전자가 베이스 쪽으로 움직인다.

② 베이스와 콜렉터 사이에 역전압을 걸어 주면 전자는 양극으로, 정공은 음극으로 이동한다.

③ npn형 트랜지스터에서 가운데 위치한 p형 반도체는 2개의 n형 반도체에 비해 폭이 좁다.

④ 콜렉터와 베이스에 역전압이 걸렸을 때 베이스와 이미터 사이에 순전압이 걸리면 전자가 이미터에서 콜렉터까지 이동할 수 있다.

⑤ 이미터에서 콜렉터까지 많은 양의 전자가 이동하기 위해서는 이미터에서 베이스로 다량의 전자가 이동해야만 한다.

28. **다음 주장에 대한 반박으로 가장 타당한 것을 고르시오.**

> 미꾸라지 떼가 있는 곳에 메기 한 마리를 넣었다고 가정해보자. 미꾸라지들은 메기를 피하기 위해 빠르게 움직일 것이다. 이와 같은 현상을 기업 경영에 접목하여 막강한 경쟁자의 존재가 여타 경쟁자의 잠재력을 끌어올리는 효과를 일컬어 메기 효과라고 한다. 영국의 역사가인 아놀드 토인비는 '좋은 환경보다 가혹한 환경이 문명을 낳고, 인류를 발전시키는 원동력'이라고 설파하며 메기 효과의 중요성에 대해 강조하기도 하였다. 실제로 기업 성장을 위해서는 활기찬 조직 분위기 형성이 매우 중요하고, 정체된 조직에서는 메기와 같은 위협 요인이 있다면 분위기 쇄신을 꾀할 수 있다.

① 메기 효과는 야생에서 포식자의 존재 자체가 먹이 동물에게 위협이 된다는 점에서 착안하였다.

② 외부 인재를 스카우트할 경우 내부 조직원들이 긴장감을 가지며 더 큰 효율을 낼 수 있다.

③ 메기 효과의 적극적 활용은 강자의 약자 억압을 합리화하며 내부 직원의 스트레스를 유발할 수 있다.

④ 기업 경쟁력을 높이려면 조직 내 적절한 자극제가 존재하여야만 한다.

⑤ 조직 상태와 자극 정도, 기업문화를 고려하여 메기 효과를 도입하면 기업 경쟁력을 증대시킬 수 있다.

29. 다음 글을 바탕으로 아래 〈보기〉를 이해한 것으로 적절한 것을 고르시오.

바이럴 마케팅(Viral marketing)이란 소비자가 각종 매체를 통해 스스로 특정 제품을 홍보할 수 있도록 만들어 널리 알리는 마케팅 기법의 하나로, 컴퓨터 바이러스(Virus)처럼 확산된다는 의미를 담아 이름 지어졌다. 여러 매체를 통해 상품 또는 기업의 정보를 알리는 기존의 광고처럼 1명의 정보 제공자가 다수의 정보 수용자에게 홍보한다는 특징이 있으나, 기업이 일방적으로 노출한 것이 아닌 소비자가 자발적으로 선택했다는 점에서 차별성을 갖는다. 기업은 소비자 입맛에 맞는 게시글, 영상, 애니메이션 등의 창작물을 만들고, 많은 사람에게 노출될 수 있도록 여러 매체에 게시하여 일상에서 쉽게 접할 수 있도록 만든다. 이때, 창작물에 기업 제품을 교묘하게 끼워 넣으며 간접광고를 하는 것이다. 창작물 자체에 흥미를 느낀 소비자는 이를 다른 소비자에게 전파하고, 이러한 과정이 반복되면 해당 창작물이 큰 인기를 끌게 되어 자연스레 마케팅 효과를 누릴 수 있다. 바이럴 마케팅은 스크랩, 공유 등의 기능을 통해 내용이 전파되기 때문에 비용 대비 높은 광고효과를 누릴 수 있으며, 일부 바이럴 마케팅의 경우 기업은 제품 정보를 알려준 사람에게 인센티브를 제공하여 마케팅 효과를 극대화하기도 한다.

〈보기〉

기업이 소비자의 입소문을 통해 제품, 서비스, 기업 이미지 등을 마케팅하는 것을 구전 마케팅이라 부른다. 광고 수단으로 매스미디어 대신 인적 네트워크를 사용하는 것으로, 전염성이 강한 입소문의 특징을 활용하여 특별한 홍보나 광고를 하지 않고도 상품의 경쟁력을 키울 수 있다. 나아가, 매스미디어를 통한 마케팅기법에 비하여 비용이 저렴하고, 기존의 경로로는 접근하기 어려웠던 소비자에게까지 홍보할 수 있어 자주 사용되는 마케팅 방법 중 하나이다. 그러나 입소문은 잘못된 정보가 확산되는 등 부정적인 면도 보유하고 있어 여론 형성에 앞장서는 사람들을 적극적으로 활용해야 하며, 예상치 못한 부정적인 상황에 대처할 수 있도록 방안을 마련해놓는 것이 중요하다.

① 기존 광고와 비교하여 바이럴 마케팅과 구전 마케팅의 가장 큰 차이점은 타깃 대상의 규모에 있다.

② 정보 제공자를 중심으로 메시지가 확산되는 구전 마케팅과 달리 바이럴 마케팅은 정보 수용자를 중심으로 메시지가 확산된다.

③ 구전 마케팅 방법 활용 시 입소문이 빠르게 날 수 있도록 최신 트렌드에 맞는 저작물을 제작하는 것이 가장 중요하다.

④ 바이럴 마케팅 기법과 구전 마케팅 기법을 동시에 이용할 경우 비용적 부담이 높아 투자 비용을 회수하지 못할 위험이 있다.

⑤ 인센티브 기법을 적절히 활용한다면 구전 마케팅에서 발생할 여지가 높은 부정적 의견 전파 문제를 대처할 수 있다.

30. 다음 글을 바탕으로 아래 〈보기〉를 이해한 것으로 적절한 것을 고르시오.

개인정보보호법, 정보통신망법, 신용정보법을 일컫는 데이터 3법은 개인과 기업이 정보를 활용할 수 있는 폭을 넓히기 위해 규제를 완화한 3가지 법이다. 이 법은 개인정보를 식별할 수 없도록 처리된 가명정보의 개념을 도입하는 것이 핵심이다. 법 개정으로 인해 은행, 보험사, 카드사 등으로부터 축적된 금융 정보에 자유롭게 접근할 수 있으며, 금융사는 각종 금융 정보를 분석하여 특정 집단을 대상으로 하는 정보관리 혹은 자산관리 서비스를 출시할 수 있다. 이처럼 가명정보를 이용하여 새로운 서비스나 제품 등을 개발할 수 있어 신사업을 전개하는 데 용이하다. 그러나 일각에서는 정보 주체에 대한 인권 침해 가능성을 지적하고 있으며, 데이터를 활용하는 과정에서 개인정보 유출 사례가 빈번하다는 점을 우려하고 있다. 이에 따라 데이터 3법은 개인정보 보호를 강화하면서 데이터 활용 활성화를 통해 균형 있는 산업 발전을 도모할 수 있도록 계속해서 현행 제도를 보완하고 있다. 관련 제도가 보완됨으로써 가명 처리되어 활용 가능한 데이터의 종류가 점차 많아지고, 활용 분야도 계속해서 확대될 것으로 기대된다.

〈보기〉

개인의 동의 없이 통계, 연구 등에 활용되는 정보가 있다. 바로 가명정보이다. 가명정보란 식별 가능한 개인정보와 비식별 조치된 익명정보 중간 단계에 있는 정보로, 이름, 주민등록번호와 같이 개인을 구분할 수 있는 정보를 삭제하거나 대체함으로써 식별 가능성을 낮춘 정보이다. 가명정보는 정보를 통해 개인을 특정할 수 없다는 것은 익명정보와 동일하지만, 데이터 결합을 통해 부가 가치를 창출할 수 있다는 점에서 정보로서의 가치는 월등히 높다. 가명정보를 활용할 수 있게 되면 음성 정보를 가명 처리하여 인공지능 플랫폼의 학습용 데이터로 이용하거나, 병원에서 수집한 환자들의 가명정보를 신약 개발에 활용할 수 있다. 또한, 카드사와 통신사가 협약을 통해 카드 소비 데이터와 통신 데이터를 결합하여 여행 관광 업종의 신규 서비스를 출시하는 것처럼 서로 다른 업종 간의 협력도 가능해진다. 각종 통계, 연구 등에 가명정보를 활용할 수 있게 되면서 그동안 높은 규제의 벽으로 구축하지 못했던 다양한 서비스가 개시될 것으로 보인다.

① 데이터 3법이 도입되면서 별도의 허가 없이 연구 자료로 개인정보를 이용할 수 있게 되었다.

② 비식별 조치를 한 가명정보 간의 결합을 통해 새로운 사업 모델을 구축할 수 있다.

③ 데이터 3법에 의해 개인정보가 유출되지 않도록 최소한의 가명정보를 활용하는 것이 중요하다.

④ 가명의 금융 정보 결합을 통해 개인을 구분할 수 있더라도 데이터 3법에 위배되지 않는다.

⑤ 개인을 식별할 수 없도록 개인정보를 최대한 삭제하는 것이 데이터 활용에 도움이 된다.

약점 보완 해설집 p.8

모의고사의 수리 영역 문제풀이 시 본 문제풀이 용지를 이용하여 풀어보세요.

성명:

수험번호:

① 정답	② 정답
③ 정답	④ 정답
⑤ 정답	

자르는 선

모의고사의 수리 영역 문제풀이 시 본 문제풀이 용지를 이용하여 풀어보세요.

성명:

수험번호:

⑥ 정답	⑦ 정답
⑧ 정답	⑨ 정답
⑩ 정답	

수리

모의고사의 수리 영역 문제풀이 시 본 문제풀이 용지를 이용하여 풀어보세요.

성명:

수험번호:

⑪

정답

⑫

정답

⑬

정답

⑭

정답

수리

⑮

정답

자르는 선

모의고사의 수리 영역 문제풀이 시 본 문제풀이 용지를 이용하여 풀어보세요.

성명:

수험번호:

⑯

정답

⑰

정답

⑱

정답

⑲

정답

⑳

정답

수리

모의고사의 추리 영역 문제풀이 시 본 문제풀이 용지를 이용하여 풀어보세요.

성명:

수험번호:

추리

① 정답	② 정답
③ 정답	④ 정답
⑤ 정답	⑥ 정답
⑦ 정답	⑧ 정답

자르는 선

모의고사의 추리 영역 문제풀이 시 본 문제풀이 용지를 이용하여 풀어보세요.

성명:

수험번호:

⑨ 정답	⑩ 정답
⑪ 정답	⑫ 정답
⑬ 정답	⑭ 정답
⑮ 정답	⑯ 정답

추리

모의고사의 추리 영역 문제풀이 시 본 문제풀이 용지를 이용하여 풀어보세요.

성명:

수험번호:

⑰ 정답	⑱ 정답
⑲ 정답	⑳ 정답
㉑ 정답	㉒ 정답
㉓ 정답	㉔ 정답

추리

자르는 선

모의고사의 추리 영역 문제풀이 시 본 문제풀이 용지를 이용하여 풀어보세요.

성명:

수험번호:

㉕

정답

㉖

정답

㉗

정답

㉘

정답

㉙

정답

㉚

정답

추리

해커스 GSAT 삼성직무적성검사 FINAL 봉투모의고사

기출동형모의고사 2회

해커스잡

수험번호	
성명	

기출동형모의고사
2회

시작과 종료 시각을 정한 후, 실전처럼 모의고사를 풀어보세요.

• 수리 시 분 ~ 시 분 (총 20문항/30분)

• 추리 시 분 ~ 시 분 (총 30문항/30분)

▫ **시험 유의사항**

GSAT는 다음과 같이 영역별 제한 시간이 있습니다. 본 모의고사의 마지막 페이지에 있는 GSAT 문제풀이 용지와 해커스ONE 애플리케이션의 학습 타이머를 이용하여 실전처럼 모의고사를 풀어본 후, p.35의 '바로 채점 및 성적 분석 서비스' QR코드를 스캔하여 응시 인원 대비 본인의 성적 위치를 확인해보시기 바랍니다.

영역	문항 수	시간
수리	20문항	30분
추리	30문항	30분

※ 2025년 상반기 GSAT 기준

수리

총 20문항/30분

▶ 해설 p.18

01. 작년 A 회사의 인공지능 연구원 수와 로봇공학 연구원 수의 합은 2,600명이었다. 올해 A 회사는 인공지능 연구원 수가 30% 증가하고, 로봇공학 연구원 수가 20% 증가하여 총 700명이 증가하였을 때, 작년 인공지능 연구원 수와 로봇공학 연구원 수의 차이는?

① 600명　② 700명　③ 800명　④ 900명　⑤ 1,000명

02. 영완이와 형길이는 같은 자격증 시험을 치려고 한다. 영완이가 자격증 시험에 합격할 확률은 30%, 형길이가 자격증 시험에 불합격할 확률은 40%일 때, 영완이와 형길이 중 1명만 자격증 시험에 합격할 확률은?

① 50%　② 54%　③ 58%　④ 62%　⑤ 66%

03. 다음은 일부 납세자 주소지별 연말정산 간소화 시스템 이용 현황에 대한 자료이다. 다음 중 자료에 대한 설명으로 옳은 것을 고르시오.

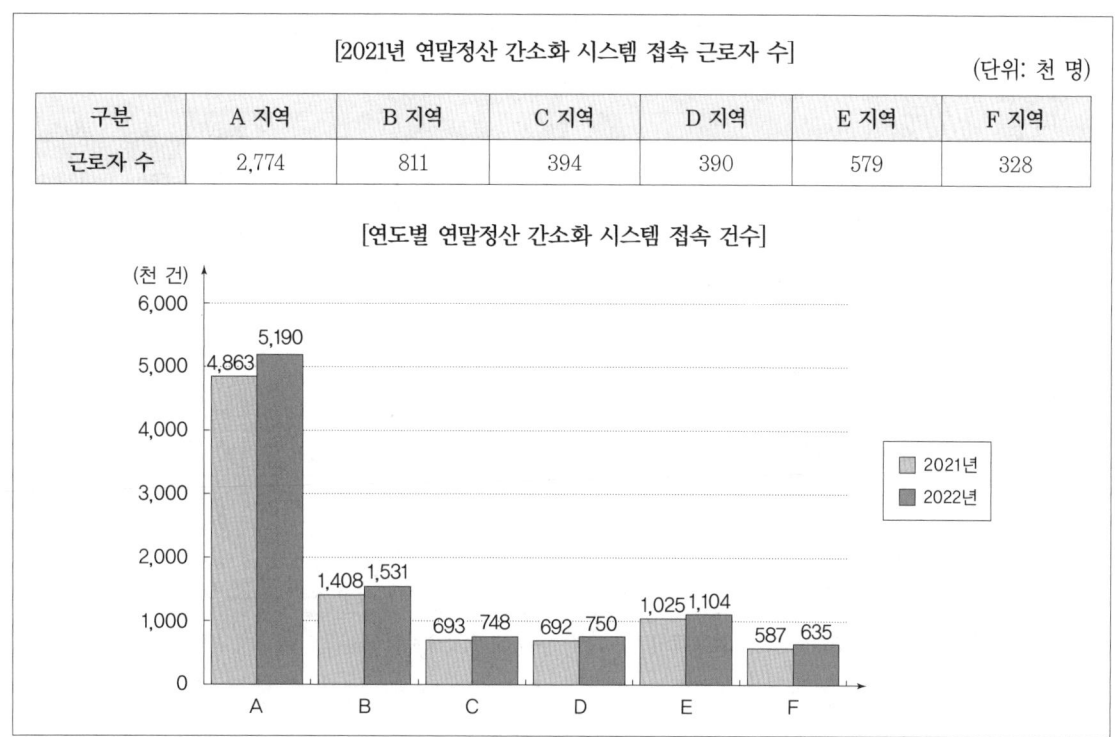

[2021년 연말정산 간소화 시스템 접속 근로자 수]

(단위: 천 명)

구분	A 지역	B 지역	C 지역	D 지역	E 지역	F 지역
근로자 수	2,774	811	394	390	579	328

[연도별 연말정산 간소화 시스템 접속 건수]

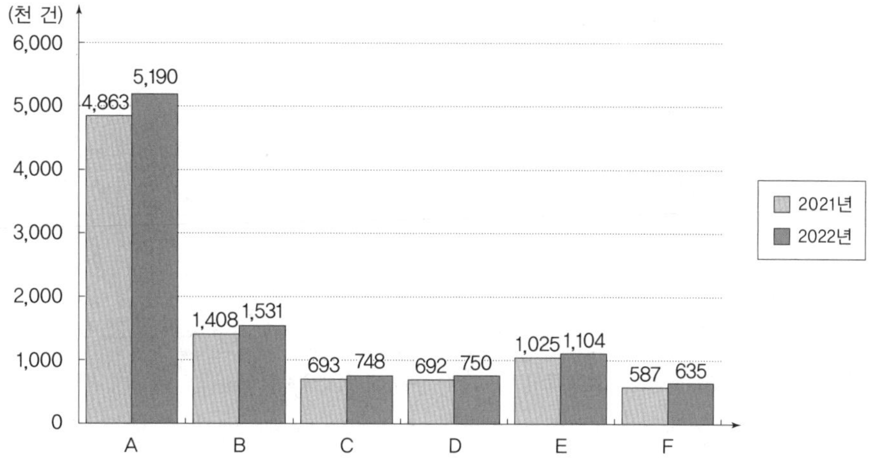

※ 1) 연말정산 간소화 시스템 접속 근로자 수는 시스템을 이용한 근로자 수를 의미함
2) 연말정산 간소화 시스템 접속 건수는 시스템에 접속한 총 건수를 의미하며, 같은 날 2회 이상 접속 시 1건으로 집계함

① 각 연도에서 제시된 납세자 주소지 중 연말정산 간소화 시스템 접속 건수가 많은 지역부터 순서대로 나열하면, 2021년과 2022년의 순서는 동일하다.

② 2021년 C 지역의 연말정산 간소화 시스템 접속 근로자 1명당 연말정산 간소화 시스템 평균 접속 건수는 2건 이상이다.

③ 2022년 E 지역의 연말정산 간소화 시스템 접속 건수는 전년 대비 5% 이상 증가하였다.

④ A 지역과 B 지역의 연말정산 간소화 시스템 접속 건수의 차이는 2021년이 2022년보다 크다.

⑤ 제시된 납세자 주소지 중 2021년 연말정산 간소화 시스템 접속 근로자 수가 가장 적은 지역의 2022년 연말정산 간소화 시스템 접속 건수는 전년 대비 55천 건 증가하였다.

04. 다음은 A 국의 만 30세 이상의 소득수준별 고혈압 유병자 수 및 고혈압 유병률을 나타낸 자료이다. 2023년 소득수준이 '중'인 만 30세 이상 남자와 여자 대상자 수의 차이는?

[소득수준별 고혈압 유병자 수 및 고혈압 유병률]

(단위: 명, %)

구분		남자					여자				
		하	중하	중	중상	상	하	중하	중	중상	상
2020년	고혈압 유병자 수	357	374	371	379	364	509	515	515	537	518
	고혈압 유병률	29.9	33.6	31.0	34.7	29.5	29.5	30.1	25.0	22.5	24.2
2021년	고혈압 유병자 수	379	386	374	392	389	513	521	528	528	519
	고혈압 유병률	43.5	35.0	30.2	33.3	33.4	32.5	34.6	25.4	25.8	27.3
2022년	고혈압 유병자 수	466	468	449	461	470	607	623	620	616	606
	고혈압 유병률	41.7	33.0	34.6	41.5	37.3	35.1	27.4	26.6	28.7	28.5
2023년	고혈압 유병자 수	473	477	477	484	479	606	617	600	610	610
	고혈압 유병률	38.0	33.6	30.0	34.9	38.2	31.9	27.9	25.0	23.1	25.2
2024년	고혈압 유병자 수	463	465	483	470	469	613	618	620	609	612
	고혈압 유병률	38.5	40.8	32.8	34.9	34.2	33.0	32.3	30.5	30.2	26.1

※ 고혈압 유병률(%) = (해당 집단별 고혈압 유병자 수 / 해당 집단별 대상자 수) × 100

① 790명 ② 800명 ③ 810명 ④ 820명 ⑤ 830명

05. 다음은 반도체 공정별 특허 출원 건수에 대한 자료이다. 다음 중 자료에 대한 설명으로 옳지 않은 것을 모두 고르시오.

[반도체 공정별 특허 출원 건수]

(단위: 건)

구분		2020년	2021년	2022년	2023년	2024년
EUV 리소그래피	A 국	16,708	19,724	21,132	21,307	3,212
	B 국	3,160	3,714	4,056	3,854	453
	C 국	1,117	1,131	1,107	1,012	125
	D 국	70	94	138	144	16
	기타	421	841	1,289	1,695	161
	소계	21,476	25,504	27,722	28,012	3,967
첨단 패키징	A 국	88	76	81	73	15
	D 국	2	1	2	1	1
	E 국	599	709	713	459	60
	기타	219	207	179	170	82
	소계	908	993	975	703	158
총계		22,384	26,497	28,697	28,715	4,125

a. 2024년 EUV 리소그래피와 첨단 패키징 특허 출원 건수의 총합은 전년 대비 80% 이상 감소하였다.
b. 2021년부터 2023년까지 EUV 리소그래피 특허 출원 건수는 매년 전년 대비 증가하였고, 첨단 패키징 특허 출원 건수는 매년 전년 대비 감소하였다.
c. 제시된 기간 동안 A 국의 EUV 리소그래피 특허 출원 건수는 매년 전체 EUV 리소그래피 특허 출원 건수의 70% 이상이다.
d. 제시된 기간 중 E 국의 첨단 패키징 특허 출원 건수가 다른 해에 비해 가장 많은 해에 A 국의 EUV 리소그래피와 첨단 패키징 특허 출원 건수의 합은 21,132건이다.

① a, b ② a, d ③ b, c ④ b, d ⑤ c, d

06. 다음은 P 국의 지역별 종교인구 수에 대한 자료이다. 다음 중 자료에 대한 설명으로 옳지 않은 것을 고르시오.

[지역별 종교인구 수]

(단위: 천 명)

구분	불교	개신교	천주교	기타	계
전국	7,619	9,676	3,892	369	21,556
A 지역	1,024	2,286	1,013	64	4,387
B 지역	959	408	181	27	1,575
C 지역	572	289	186	16	1,063
D 지역	1,267	2,730	1,065	78	5,140
E 지역	243	259	99	10	611
F 지역	250	242	113	8	613
G 지역	654	345	135	20	1,154
H 지역	942	335	133	27	1,437
I 지역	1,708	2,782	967	119	5,576

※ P 국의 지역은 제시된 9곳뿐임

① P 국에서 천주교의 종교인구 수가 개신교의 종교인구 수의 50% 이상인 지역은 C 지역과 G 지역뿐이다.

② 전국 개신교의 종교인구 수는 전국 천주교의 종교인구 수의 2배 이상이다.

③ 지역별 종교인구 중 불교의 종교인구 수가 가장 많은 지역은 총 5곳이다.

④ 불교, 개신교, 천주교를 제외한 나머지 종교의 종교인구 수는 같은 해 전국 종교인구 수의 1.5% 이상이다.

⑤ A 지역과 D 지역 종교인구 수의 합은 전국 종교인구 수의 50% 미만이다.

07. 다음은 X 국의 2024년 10~12월 교통수단별 일부 외국인 입국자 수와 교통수단별 전체 외국인 입국자 수의 구성비를 나타낸 자료이다. 다음 중 자료에 대한 설명으로 옳은 것을 고르시오.

[교통수단별 외국인 입국자 수]

(단위: 명)

국적	10월		11월		12월	
	공항	항구	공항	항구	공항	항구
A 국	4,503	1	4,888	8	8,337	5
B 국	7,837	5,358	8,418	3,855	6,888	3,168
C 국	2,468	3,408	2,403	3,257	3,027	3,873
D 국	2,611	282	2,624	257	2,109	396
E 국	965	45	949	62	1,109	50
F 국	2,470	350	1,231	196	828	11
G 국	2,191	261	1,852	64	1,926	7
H 국	2,505	373	2,178	242	2,371	11
I 국	4,377	574	4,219	203	2,839	245
J 국	3,908	135	3,121	67	2,440	19
K 국	1,063	1,308	907	1,239	791	1,389

[교통수단별 전체 외국인 입국자 수의 구성비]

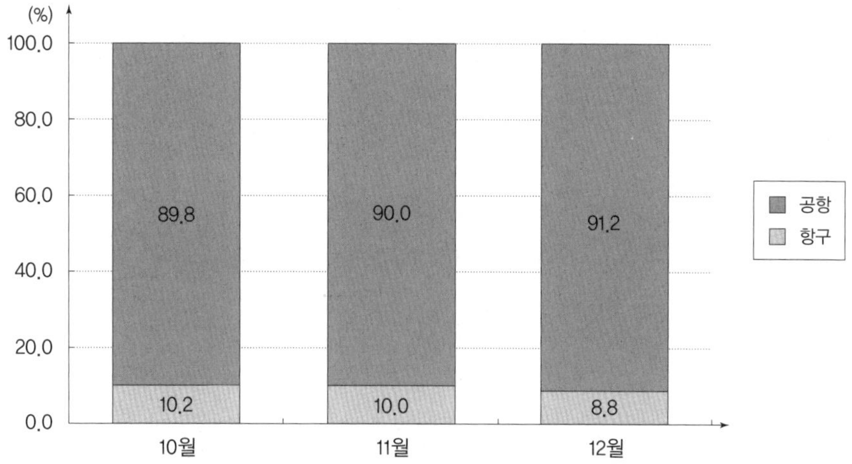

① 12월 I 국 국적의 입국자 수는 공항이 항구보다 2,584명 더 많다.

② 제시된 기간 동안 B 국 국적의 항구 입국자 수는 매월 D 국 국적의 항구 입국자 수의 9배 이상이다.

③ 제시된 국적 중 10월부터 12월까지 매월 항구 입국자 수가 공항 입국자 수보다 더 많은 국적은 1개이다.

④ 10월 전체 외국인 입국자 수가 1,650천 명이라면, 같은 달 전체 외국인 입국자 중 항구 입국자 수는 164.3천 명이다.

⑤ 11월 전체 외국인 입국자 수의 교통수단별 구성비와 H 국 국적 입국자 수의 교통수단별 구성비는 같다.

08. 다음은 A 지역의 2024년 대출종류에 따른 대출건수별 개인 평균 대출금액에 대한 자료이다. 제시된 대출종류 중 대출건수 3건 이상의 개인 평균 대출금액이 세 번째로 많은 대출종류의 대출건수 2건의 개인 평균 대출금액은 대출건수 1건의 개인 평균 대출금액의 몇 배인가?

[대출건수별 개인 평균 대출금액]

(단위: 만 원)

구분	1건	2건	3건 이상
은행	3,235	5,991	6,866
비은행	1,273	2,409	4,564
신용	883	1,928	2,920
주택담보	1,883	3,766	4,450
주택 외 담보	1,377	2,372	3,390
기타	127	255	671

① 1.7배　② 1.8배　③ 1.9배　④ 2.0배　⑤ 2.2배

09. 다음은 일부 지역별 유배우 가구 및 맞벌이 가구 수에 대한 자료이다. 다음 중 자료에 대한 설명으로 옳지 않은 것을 고르시오.

[지역별 유배우 가구 및 맞벌이 가구 수]

(단위: 천 가구)

구분	2021년		2022년		2023년		2024년	
	유배우 가구	맞벌이 가구	유배우 가구	맞벌이 가구	유배우 가구	맞벌이 가구	유배우 가구	맞벌이 가구
A 지역	2,214	908	2,190	876	2,164	875	2,134	840
B 지역	820	311	818	302	816	325	800	314
C 지역	591	258	589	240	587	252	586	246
D 지역	667	286	680	298	682	311	683	306
E 지역	350	153	348	159	348	166	348	169
F 지역	364	158	364	158	365	172	357	169
G 지역	290	110	291	107	291	111	289	109

※ 유배우 가구 수 = 맞벌이 가구 수 + 비 맞벌이 가구 수

① 2022년 A 지역의 유배우 가구 수에서 맞벌이 가구 수가 차지하는 비중은 40%이다.

② 2023년 C 지역의 맞벌이 가구 수는 전년 대비 5% 증가하였다.

③ 2022년 이후 맞벌이 가구 수의 전년 대비 증감 추이는 B 지역과 G 지역이 동일하다.

④ 2024년 비 맞벌이 가구 수는 F 지역이 E 지역보다 9천 가구 더 많다.

⑤ 2021년 유배우 가구 수는 D 지역이 G 지역의 2.4배이다.

[10-11] 다음은 Y 국의 음악제작업 업종별 종사자 수를 나타낸 자료이다. 각 물음에 답하시오.

[연도별 음악제작업 정규직 종사자 수]

(단위: 명)

구분		2020년	2021년	2022년	2023년	2024년
음악 기획·제작업	남자	1,345	1,417	1,548	1,836	1,744
	여자	998	1,052	1,114	1,120	1,171
음반·음원 녹음시설 운영업	남자	378	378	384	416	294
	여자	58	60	62	71	173
합계		2,779	2,907	3,108	3,443	3,382

[연도별 음악제작업 비정규직 종사자 수]

(단위: 명)

구분		2020년	2021년	2022년	2023년	2024년
음악 기획·제작업	남자	212	242	256	185	443
	여자	199	221	234	171	260
음반·음원 녹음시설 운영업	남자	25	27	30	11	59
	여자	14	16	19	6	17
합계		450	506	539	373	779

※ 음악제작업의 고용 형태는 정규직과 비정규직으로 분류됨

10. 다음 중 자료에 대한 설명으로 옳지 않은 것을 고르시오.

① 제시된 기간 동안 음악제작업 정규직 종사자 수의 평균은 3,000명 이상이다.

② 2021년 음악제작업 전체 종사자 수에서 비정규직 종사자 수가 차지하는 비중은 20% 이상이다.

③ 2021년 이후 음악 기획·제작업의 정규직 여자 종사자 수는 매년 전년 대비 증가하였다.

④ 2023년 음반·음원 녹음시설 운영업의 정규직 남자와 여자 종사자 수의 차이는 3년 전 대비 증가하였다.

⑤ 2022년 음악 기획·제작업의 정규직 남자 종사자 수는 비정규직 남자 종사자 수의 5배 이상이다.

11. 다음 중 자료에 대한 설명으로 옳은 것을 모두 고르시오.

a. 2023년 음악제작업의 비정규직 종사자 수에서 여자가 차지하는 비중은 50% 미만이다.
b. 2021년 이후 음악제작업의 비정규직 종사자 수가 가장 많은 해에 음악제작업의 정규직 종사자 수는 전년 대비 71명 감소했다.
c. 2021년 이후 음악제작업의 정규직 종사자 수와 비정규직 종사자 수의 전년 대비 증감 추이가 서로 다른 해가 존재한다.

① a ② b ③ a, c ④ b, c ⑤ a, b, c

[12-13] 다음은 N 국의 디자인 영역별 기업 수 및 직원 수에 대한 자료이다. 각 물음에 답하시오.

[디자인 영역별 기업 수 및 직원 수]

(단위: 개, 명)

구분	기업 수			직원 수
	2022년	2023년	2024년	2023년
제품디자인	8,609	7,855	12,753	12,568
시각디자인	5,744	8,160	9,460	8,976
디지털·멀티미디어디자인	3,123	4,760	4,217	5,236
인테리어디자인	18,628	17,880	15,226	23,244
패션·텍스타일디자인	3,776	4,090	3,834	5,137
서비스·경험디자인	12,782	6,970	15,330	24,395
공예디자인	2,096	4,710	4,217	5,181
디자인인프라	15,528	29,165	34,094	40,831

12. 다음 중 자료에 대한 설명으로 옳지 않은 것을 모두 고르시오.

a. 2022년 기업 수는 시각디자인이 공예디자인의 3배 이상이다.
b. 제시된 디자인 영역 중 2023년 기업 수가 가장 적은 디자인 영역과 직원 수가 가장 적은 디자인 영역은 동일하다.
c. 2024년 제품디자인 기업 수는 전년 대비 70% 이상 증가하였다.
d. 2023년 서비스·경험디자인 직원 수는 인테리어디자인 직원 수보다 1,151명 더 많다.

① a, c ② a, d ③ b, c ④ b, d ⑤ c, d

13. 제시된 디자인 영역 중 2023년 기업 수가 가장 많은 디자인 영역의 기업 10개당 평균 직원 수는?

① 11명 ② 13명 ③ 14명 ④ 16명 ⑤ 35명

[14 – 15] 다음은 S 국의 지역별 생활계 및 사업장 배출시설계 1일 평균 폐기물 발생량에 대한 자료이다. 각 물음에 답하시오.

[지역별 생활계 1일 평균 폐기물 발생량]

(단위: 톤)

구분	2020년	2021년	2022년	2023년	2024년
A 지역	8,559	9,614	9,439	9,608	9,217
B 지역	3,200	3,392	3,366	3,353	3,343
C 지역	2,684	2,790	2,966	2,957	2,895
D 지역	11,961	51,664	40,411	31,103	2,266
E 지역	1,326	1,316	1,036	1,247	1,404
F 지역	1,473	1,451	1,590	1,629	1,664
G 지역	1,234	1,449	1,552	1,563	1,510

[지역별 사업장 배출시설계 1일 평균 폐기물 발생량]

(단위: 톤)

구분	2020년	2021년	2022년	2023년	2024년
A 지역	1,154	2,061	2,237	2,045	1,831
B 지역	3,272	3,354	3,034	3,708	3,251
C 지역	2,678	2,521	2,383	2,597	2,538
D 지역	7,667	219,109	9,690	8,850	10,649
E 지역	756	739	653	922	1,080
F 지역	1,752	1,414	1,500	1,547	1,460
G 지역	5,482	5,780	9,450	5,546	6,099

14. 다음 중 자료에 대한 설명으로 옳은 것을 고르시오.

① 2020년 A 지역은 1일 평균 폐기물 발생량이 생활계가 사업장 배출시설계보다 7,395톤 더 많다.

② 2023년 C 지역의 사업장 배출시설계 1일 평균 폐기물 발생량은 2년 전 대비 66톤 증가하였다.

③ 2022년 사업장 배출시설계 1일 평균 폐기물 발생량은 G 지역이 F 지역의 6배 이상이다.

④ 2021년 B 지역의 생활계 1일 평균 폐기물 발생량은 전년 대비 5% 이하 증가하였다.

⑤ 제시된 기간 동안 D 지역은 생활계 1일 평균 폐기물 발생량과 사업장 배출시설계 1일 평균 폐기물 발생량 모두 매년 제시된 지역 중 가장 많다.

15. 제시된 지역 중 2021년 이후 생활계 1일 평균 폐기물 발생량과 사업장 배출시설계 1일 평균 폐기물 발생량의 전년 대비 증감 추이가 매년 동일한 지역의 2024년 1일 평균 폐기물 발생량은 생활계가 사업장 배출시설계의 몇 배인가?

① 0.2배 ② 1.0배 ③ 1.1배 ④ 1.3배 ⑤ 5.0배

[16－17] 다음은 B 국의 연도별 현역병 입영 인원을 나타낸 자료이다. 각 물음에 답하시오.

[연도별 현역병 입영 인원]

(단위: 명)

구분		2020년	2021년	2022년	2023년	2024년
학력	고등학교 중퇴 이하	250	110	120	100	160
	고등학교 졸업	18,180	23,550	23,620	23,010	23,070
	대학교 졸업	118,640	116,760	93,530	97,290	93,170
	대학원 졸업	440	390	390	380	390
연령	18~19세	26,150	35,400	30,430	29,080	30,210
	20~22세	105,200	100,300	81,790	86,130	80,760
	23세 이상	6,160	5,110	5,440	5,570	5,820
전체		137,510	140,810	117,660	120,780	116,790

16. 다음 중 자료에 대한 설명으로 옳은 것을 모두 고르시오.

a. 2021년 이후 현역병 입영 인원의 전년 대비 증감 추이가 매년 서로 정반대인 학력의 2020년 현역병 입영 인원의 합은 136,800명이다.
b. 2024년 학력이 고등학교 중퇴 이하인 현역병 입영 인원은 4년 전 대비 36% 감소하였다.
c. 2022년 학력이 대학교 졸업인 현역병 입영 인원 중 20~22세는 57,660명 이상이다.
d. 2023년 18~19세 현역병 입영 인원의 3년 전 대비 증가 인원은 2,930명이다.

① a, b ② b, d ③ c, d ④ b, c, d ⑤ a, b, c, d

17. 다음 중 자료에 대한 설명으로 옳지 않은 것을 모두 고르시오.

a. 제시된 기간 중 18~19세 현역병 입영 인원이 23세 이상 현역병 입영 인원의 2배 미만인 해가 존재한다.
b. 2021년 이후 현역병 입영 인원의 전년 대비 증감 추이가 전체와 같은 학력은 없다.
c. 20~22세 현역병 입영 인원은 매년 전체 현역병 입영 인원의 50% 이상을 차지한다.

① a ② b ③ c ④ a, b ⑤ a, b, c

18. 다음은 동일한 제품을 생산하는 A~D 공장의 생산량 및 사이클 타임에 따른 성능가동률을 나타낸 자료이다. 자료를 보고 a, b에 해당하는 값을 예측했을 때 가장 타당한 값을 고르시오.

[공장별 성능가동률]

구분	A 공장	B 공장	C 공장	D 공장
생산량(개)	20	94	28	34
사이클 타임(분/개)	20	4	( )	10
성능가동률(%)	( )	82.5	80.0	75.0

※ 성능가동률(%) $= \left(\frac{\text{생산량} \times \text{사이클 타임} + b}{a}\right) \times 100$

	a	b
①	450	10
②	450	20
③	480	15
④	480	20
⑤	500	10

19. 다음은 연도별 수상 운송업 현황에 대한 자료이다. 이를 바탕으로 연도별 종사자수 1명당 급여액을 바르게 나타낸 것을 고르시오.

[연도별 수상 운송업 현황]

구분	2020년	2021년	2022년	2023년	2024년
종사자수(명)	25,280	28,500	27,500	23,680	24,000
급여액(십억 원)	1,580	1,710	1,540	1,480	1,380

①
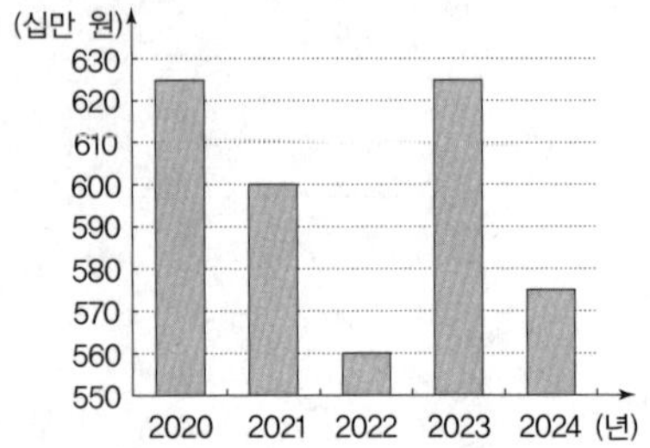

②
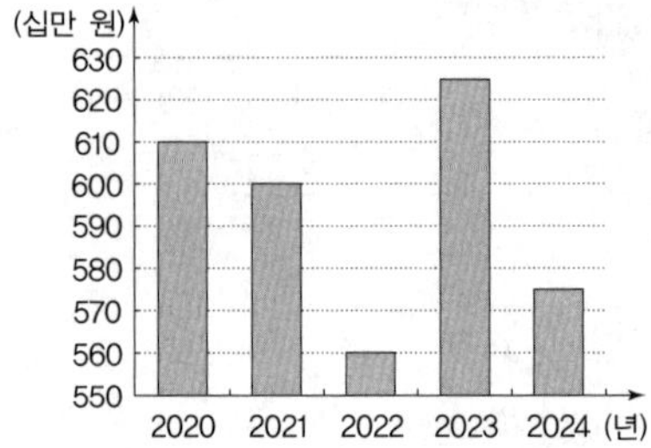

③
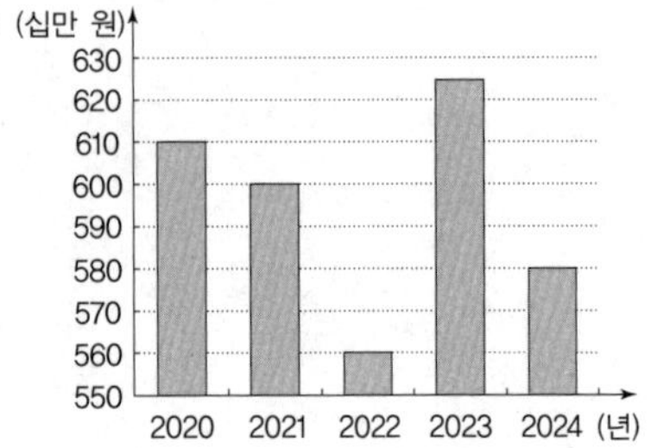

④
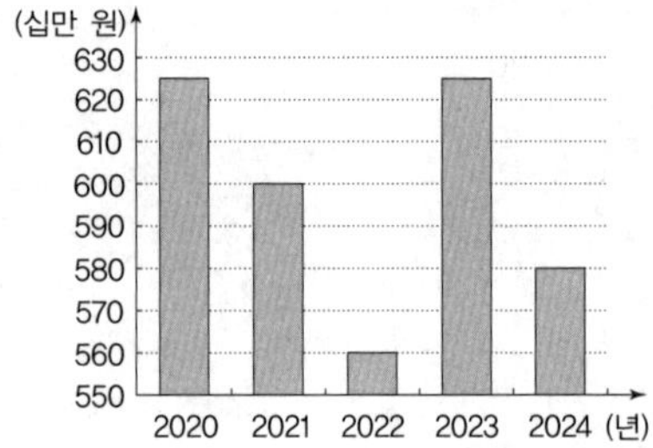

⑤
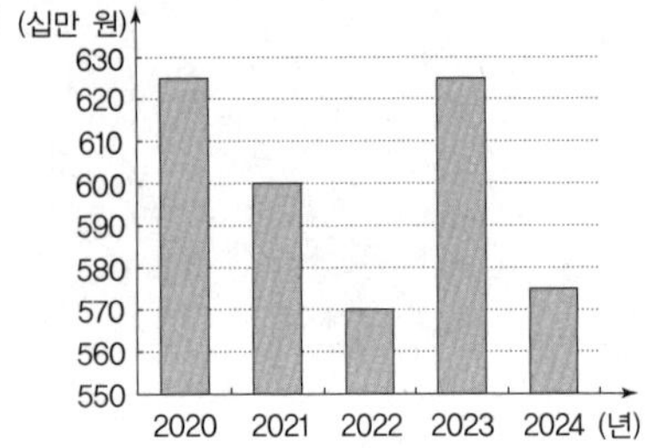

20. 다음은 A 농장에서 감자와 옥수수 생산량을 매년 기록한 자료이다. 각 생산량이 일정한 규칙으로 변화할 때, 2030년 감자와 옥수수 생산량의 합은?

[연도별 감자 및 옥수수 생산량]

(단위: kg)

구분	2020년	2021년	2022년	2023년	2024년
감자	195	211	227	243	259
옥수수	130	132	137	145	156

① 595kg ② 624kg ③ 640kg ④ 656kg ⑤ 660kg

약점 보완 해설집 p.18

추리

총 30문항/30분

▶ 해설 p.22

[01 – 02] 다음 전제를 읽고 반드시 참인 결론을 고르시오.

01.

전제	일광욕을 하는 어떤 사람은 휴식을 좋아한다.
	휴식을 좋아하는 모든 사람은 캠핑을 즐긴다.
결론	

① 일광욕을 하는 모든 사람은 캠핑을 즐기지 않는다.

② 일광욕을 하는 어떤 사람은 캠핑을 즐기지 않는다.

③ 캠핑을 즐기지 않는 어떤 사람은 일광욕을 한다.

④ 캠핑을 즐기는 어떤 사람은 일광욕을 한다.

⑤ 캠핑을 즐기지 않는 모든 사람은 일광욕을 하지 않는다.

02.

전제	추리 소설을 좋아하지 않는 모든 사람은 판타지 소설을 소장하지 않는다.
	로맨스 소설을 읽는 모든 사람은 판타지 소설을 소장한다.
결론	

① 추리 소설을 좋아하는 어떤 사람은 로맨스 소설을 읽지 않는다.

② 추리 소설을 좋아하는 모든 사람은 로맨스 소설을 읽는다.

③ 추리 소설을 좋아하는 모든 사람은 로맨스 소설을 읽지 않는다.

④ 로맨스 소설을 읽는 어떤 사람은 추리 소설을 좋아하지 않는다.

⑤ 로맨스 소설을 읽는 모든 사람은 추리 소설을 좋아한다.

03. **다음 결론이 반드시 참이 되게 하는 전제를 고르시오.**

전제	친구를 좋아하는 어떤 사람은 영화를 관람한다.
결론	영화를 관람하는 어떤 사람은 카메라를 사용하지 않는다.

① 친구를 좋아하는 어떤 사람은 카메라를 사용한다.

② 친구를 좋아하는 모든 사람은 카메라를 사용한다.

③ 친구를 좋아하는 모든 사람은 카메라를 사용하지 않는다.

④ 카메라를 사용하는 어떤 사람은 친구를 좋아한다.

⑤ 카메라를 사용하는 모든 사람은 친구를 좋아한다.

04. **고영, 세희, 수찬, 차현, 태수, 회진 6명은 영화관에 도착한 순서에 따라 차례대로 입장하여 영화를 감상하려고 한다. 다음 조건을 모두 고려하였을 때, 항상 거짓인 것을 고르시오.**

- 6명은 스크린을 바라보고 앉는다.
- 6명이 영화관에 도착한 시간은 모두 다르다.
- 영화관에 도착한 순서에 따라 E열 좌석부터 차례대로 채워 앉는다.
- 스크린을 바라보면서 좌측 좌석에 앉은 사람이 우측 좌석에 앉은 사람보다 먼저 도착하였다.
- G열 1번 좌석은 비워 놓고 앉으며, 태수는 G열 3번 좌석에 앉는다.
- 고영이는 차현이와 옆으로 나란히 앉으며, 차현이는 수찬이 바로 뒷좌석에 앉는다.

스크린

	1번	2번	3번
E열			
F열			
G열			

① 수찬이와 회진이가 같은 열에 앉으면, 세희는 태수와 같은 열에 앉는다.

② 세희는 수찬이보다 영화관에 늦게 도착하였다.

③ 고영이는 차현이보다 영화관에 먼저 도착하였다.

④ 수찬이가 영화관에 두 번째로 도착했다면, 고영이보다 영화관에 늦게 도착한 사람은 총 2명이다.

⑤ 회진이와 고영이는 앞뒤로 인접한 좌석에 앉는다.

05. A, B, C, D 4명은 언어, 수리, 외국어 3개 영역의 시험 성적표를 받았다. 다음 조건을 모두 고려하였을 때, 항상 참인 것을 고르시오.

- 4명은 1등부터 4등까지 등수가 매겨졌다.
- 3개 영역 모두 동점자는 나오지 않았다.
- 4명은 각자 3개의 영역에서 다른 등수가 매겨졌다.
- A는 수리 영역 시험에서 1등을, B는 외국어 영역 시험에서 3등을 하였다.
- 수리 영역 시험에서 4등을 한 사람은 D가 아니다.
- 언어 영역 시험에서 C의 등수는 B의 등수보다 높으며, B와 C의 등수 사이에 한 명이 있다.

① B가 4등을 한 영역의 시험에서 A는 1등을 하였다.

② A는 외국어 영역 시험에서 2등을 하였다.

③ C가 각 영역의 시험에서 받은 등수의 합은 7이다.

④ D가 4등을 한 영역은 없다.

⑤ 수리 영역 시험에서 B의 등수는 D의 등수보다 낮다.

06. 보미, 희건, 지현, 현준, 영주 5명은 1, 2, 3, 4, 5 중 하나의 숫자가 적힌 서로 다른 카드를 한 장씩 뽑았다. 다음 조건을 모두 고려하였을 때, 2가 적힌 카드를 뽑은 사람을 고르시오.

- 1, 2, 3, 4, 5의 숫자가 적힌 카드는 각각 한 장씩 존재한다.
- 희건이와 현준이가 각각 뽑은 카드에 적힌 숫자의 합은 영주가 뽑은 카드에 적힌 숫자보다 작다.
- 지현이와 현준이가 각각 뽑은 카드에 적힌 숫자의 곱은 보미가 뽑은 카드에 적힌 숫자보다 크다.
- 보미가 뽑은 카드에 적힌 숫자는 영주가 뽑은 카드에 적힌 숫자보다 크다.

① 보미 ② 희건 ③ 지현 ④ 현준 ⑤ 영주

07. **A, B, C, D, E, F, G, H 8명은 학술대회에서 기념품으로 만년필, 비누, 와인 중 1개를 받았다. 다음 조건을 모두 고려하였을 때, 항상 거짓인 것을 고르시오.**

- 8명 중 3명은 만년필을, 3명은 비누를, 2명은 와인을 받았다.
- A는 만년필, D는 와인을 받았고, C가 받은 기념품은 비누가 아니다.
- C와 E는 서로 다른 기념품을 받았고, A와 B도 서로 다른 기념품을 받았다.
- C와 H는 서로 같은 기념품을 받았고, F와 G도 서로 같은 기념품을 받았다.

① B와 E는 서로 다른 기념품을 받았다.

② E와 같은 기념품을 받은 사람은 총 1명이다.

③ H가 받은 기념품은 와인이 아니다.

④ 가능한 경우의 수는 2가지이다.

⑤ B와 C는 서로 같은 기념품을 받았다.

08. **남학생 A, B, C와 여학생 D, E, F가 체육복을 받기 위해 차례대로 줄을 섰다. 다음 조건을 모두 고려하였을 때, 항상 참인 것을 고르시오.**

- 서로 인접하여 줄을 선 학생 중 성별이 같은 학생은 없다.
- A와 F 사이에는 2명의 학생이 줄을 섰다.
- 가장 마지막 순서로 줄을 선 학생은 E가 아니다.
- 세 번째 순서로 줄을 선 학생은 B이다.

① C와 E 사이에 2명의 학생이 줄을 섰다면, 가능한 경우의 수는 2가지이다.

② F는 B 바로 다음 순서로 줄을 섰다.

③ E보다 뒤에 줄을 선 학생은 총 4명이다.

④ D가 C와 서로 인접하여 줄을 섰다면, 가능한 경우의 수는 2가지이다.

⑤ A는 첫 번째 순서로 줄을 섰다.

09. 5층짜리 건물을 소유한 A는 치과, 안과, 정형외과, 소아과, 내과 총 5개의 의원과 임대 계약을 체결하였다. 다음 조건을 모두 고려하였을 때, A와 두 번째로 임대 계약을 체결한 의원을 고르시오.

- A는 층별로 하나의 의원과 임대 계약을 체결하였으며, 동일한 시점에 임대 계약을 체결한 의원은 없다.
- 소아과가 계약한 층과 임대 계약을 체결한 순서를 나타내는 숫자는 동일하다.
- 1층에 대한 임대 계약은 가장 마지막으로 체결되었다.
- 정형외과가 계약한 층과 소아과가 계약한 층은 서로 인접해 있으며, 안과가 계약한 층과 내과가 계약한 층도 서로 인접해 있다.
- 5층에 대한 임대 계약은 가장 먼저 체결되었으며, 치과는 세 번째로 임대 계약을 체결하였다.
- 내과가 계약한 층은 1층이 아니며, 치과가 계약한 층보다 아래에 있다.

① 치과 ② 안과 ③ 정형외과 ④ 소아과 ⑤ 내과

10. 인사팀 소속 가, 나, 다, 라, 마, 바 6명을 세 파트에 두 명씩 나누어 배치하려고 한다. 다음 조건을 모두 고려하였을 때, 항상 거짓인 것을 고르시오.

- 파트는 채용, 보상, 교육 세 파트로 나누어진다.
- 가와 마는 다른 파트에 배치된다.
- 다와 라는 같은 파트에 배치된다.
- 바는 교육 파트에 배치된다.

① 라는 보상 파트에 배치된다.

② 나는 가와 같은 파트에 배치된다.

③ 마가 채용 파트에 배치되면, 가능한 경우의 수는 2가지이다.

④ 다가 채용 파트에 배치되면, 가능한 경우의 수는 2가지이다.

⑤ 바와 같은 파트에 배치되는 사람은 가 또는 마이다.

11. 갑 회사에 근무하는 직원 A, B, C, D, E, F, G 7명이 기차를 타고 출장을 간다. 다음 조건을 모두 고려하였을 때, 항상 <u>거짓</u>인 것을 고르시오.

- 4행의 두 좌석 중 하나의 좌석에는 아무도 앉지 않는다.
- B는 E와 서로 같은 열의 좌석에 앉고, C는 G와 서로 같은 열의 좌석에 앉는다.
- B와 F가 앉는 좌석의 행과 열은 모두 다르다.
- D는 3행 1열의 좌석에 앉는다.
- E는 아무도 앉지 않는 좌석과 가장 가까운 대각선 좌석에 앉는다.

앞

	1열	2열
1행		
2행		
3행		
4행		

뒤

① A는 2행의 좌석에 앉는다.

② B와 C는 서로 다른 열의 좌석에 앉는다.

③ F는 D 바로 앞 좌석에 앉는다.

④ E는 2열의 좌석에 앉는다.

⑤ G보다 앞쪽에 앉는 사람은 총 2명이다.

12. 아리, 예지, 민규, 정철, 철수 5명 중 2명은 치즈 케이크를 먹었으며 나머지 3명은 초콜릿 케이크를 먹었다. 치즈 케이크를 먹은 사람은 모두 거짓을, 초콜릿 케이크를 먹은 사람은 모두 진실을 말하고 있을 때, 치즈 케이크를 먹은 사람을 <u>모두</u> 고르시오.

- **아리:** 예지와 민규 중에 치즈 케이크를 먹은 사람이 있어.
- **예지:** 철수는 치즈 케이크를 먹었어.
- **민규:** 나랑 예지는 치즈 케이크를 먹지 않았어.
- **정철:** 나랑 민규는 초콜릿 케이크를 먹었어.
- **철수:** 예지는 거짓을 말하고 있어.

① 아리, 예지 ② 아리, 철수 ③ 예지, 민규 ④ 민규, 정철 ⑤ 정철, 철수

13. 정수, 민주, 태현, 종국, 지희, 영진 6명은 아침 식사를 받기 위해 일렬로 줄을 서 있다. 다음 조건을 모두 고려하였을 때, 항상 참인 것을 고르시오.

- 정수는 태현이보다 앞에 줄을 서 있다.
- 민주와 종국이 사이에 3명이 줄을 서 있다.
- 지희 뒤에 줄을 서 있는 사람은 5명이다.
- 영진이 바로 뒤에 줄을 서 있는 사람은 종국이가 아니다.

① 영진이 바로 뒤에 줄을 서 있는 사람은 태현이다.

② 정수와 태현이 사이에 줄을 서 있는 사람은 아무도 없다.

③ 지희와 정수 사이에 줄을 서 있는 사람은 1명이다.

④ 6명이 일렬로 줄을 서 있는 경우의 수는 5가지이다.

⑤ 영진이가 네 번째 순서로 줄을 서 있을 때, 종국이 바로 앞에 줄을 서 있는 사람은 태현이다.

14. A, B, C, D, E, F, G, H 8인이 원형 테이블 3개에 놓인 8개의 의자에 둘러앉아 있다. 다음 조건을 모두 고려하였을 때, 항상 거짓인 것을 고르시오.

- A는 6번 자리에, F는 2번 자리에 앉아 있다.
- C와 H는 서로 다른 테이블에 앉아 있으면서 서로 마주 보고 앉아 있다.
- B와 D는 서로 마주 보고 앉아 있고, B가 앉아 있는 자리의 번호는 D가 앉아 있는 자리의 번호보다 작다.

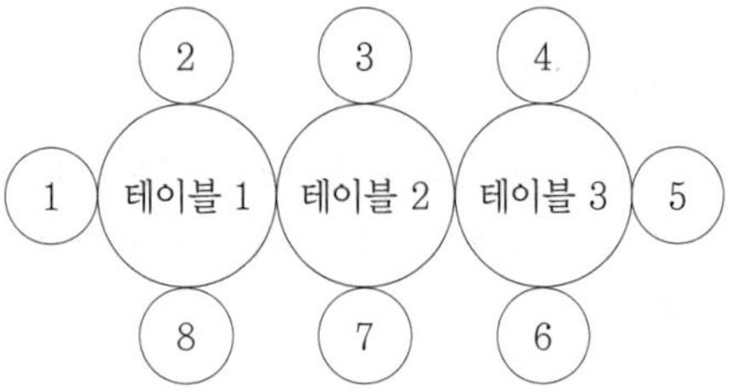

① F와 G는 서로 다른 테이블에 앉아 있다.

② C가 1번 자리에 앉아 있다면, H는 5번 자리에 앉아 있다.

③ B와 D가 앉아 있는 자리의 번호는 짝수이다.

④ H가 앉아 있는 자리의 번호는 B가 앉아 있는 자리의 번호보다 크다.

⑤ E가 앉아 있는 자리의 번호는 A가 앉아 있는 자리의 번호보다 작다.

[15 - 17] 다음 도형에 적용된 규칙을 찾아 '?'에 해당하는 도형을 고르시오.

15.

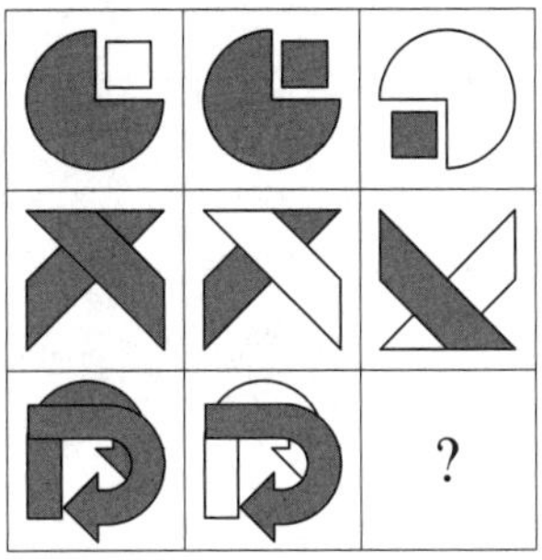

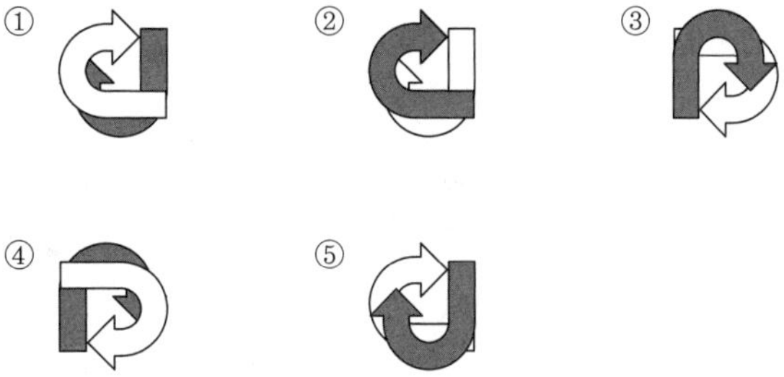

16.

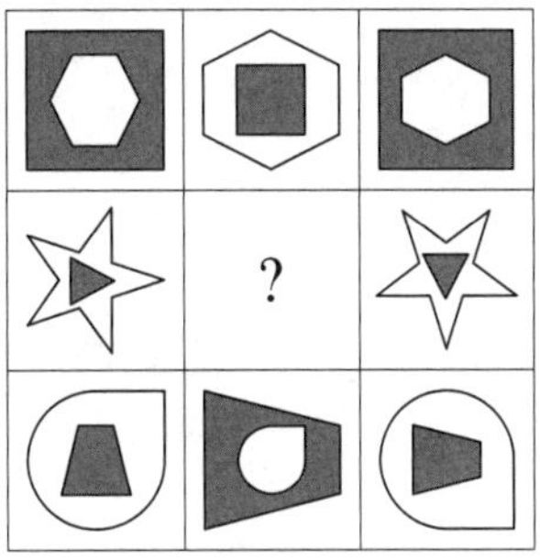

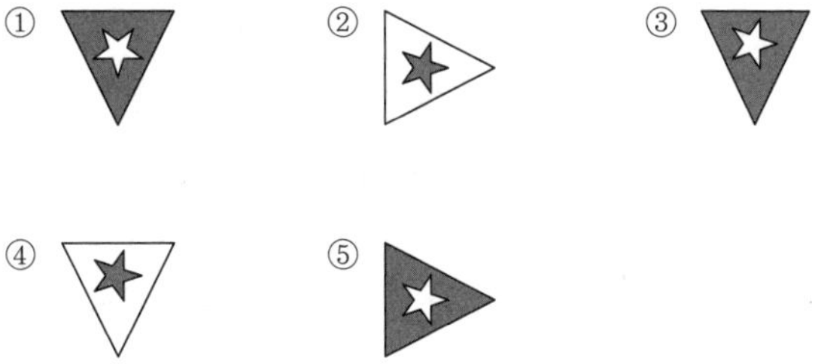

17.

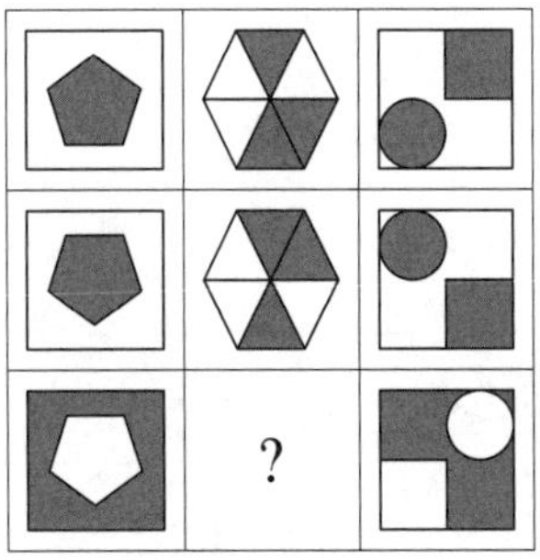

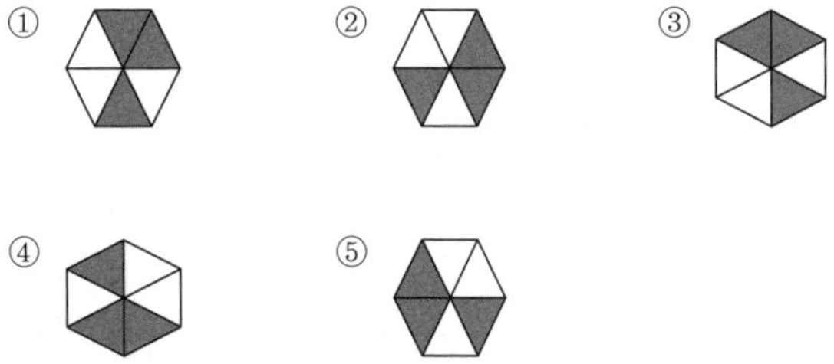

[18 – 21] 다음 각 기호가 문자, 숫자의 배열을 바꾸는 규칙을 나타낸다고 할 때, 각 문제의 '?'에 해당하는 것을 고르시오.

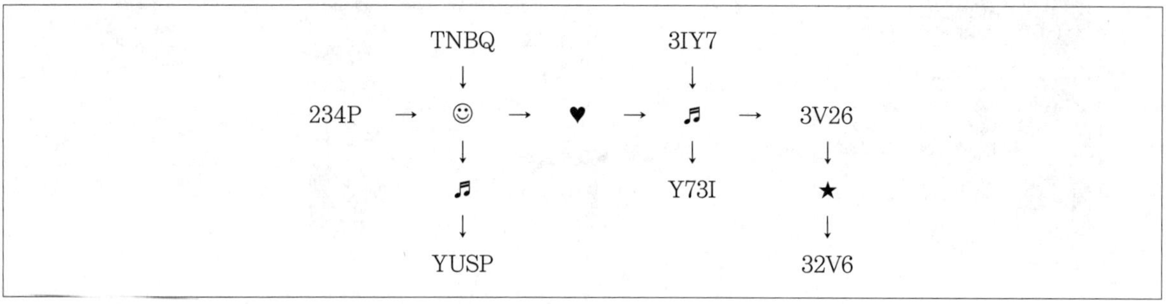

18.

1MK7 → ♬ → ♥ → ?

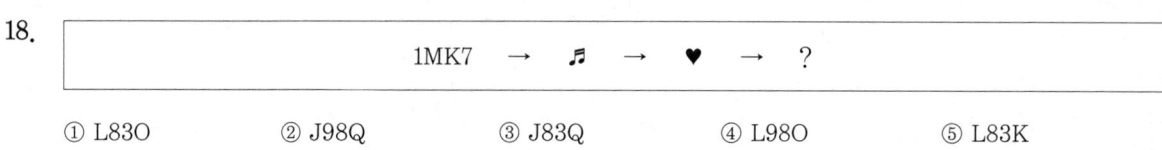

① L83O ② J98Q ③ J83Q ④ L98O ⑤ L83K

19.

5H4R → ♥ → ☺ → ♬ → ?

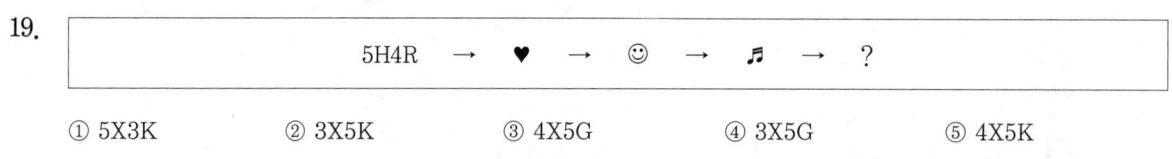

① 5X3K ② 3X5K ③ 4X5G ④ 3X5G ⑤ 4X5K

20.

? → ★ → ♥ → 864D

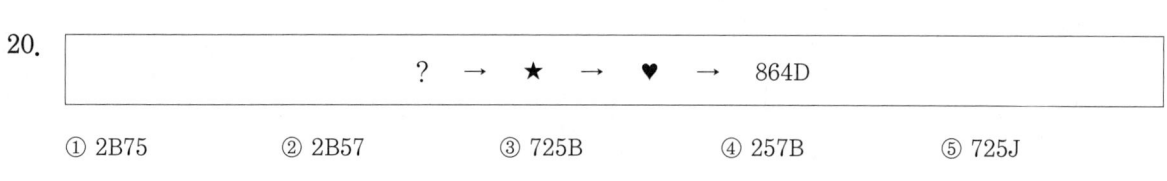

① 2B75 ② 2B57 ③ 725B ④ 257B ⑤ 725J

21.

? → ★ → ♬ → ☺ → GUZC

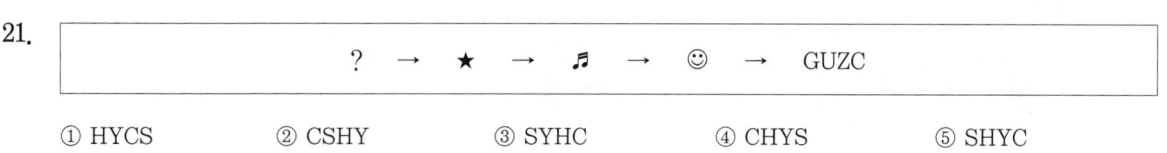

① HYCS ② CSHY ③ SYHC ④ CHYS ⑤ SHYC

22. **다음 문단을 논리적 순서대로 알맞게 배열한 것을 고르시오.**

(A) 이어서 1882년 이탈리아 지질학자 루이지 팔미에리가 화산암에서 분광학적 방법으로 헬륨을 검출했고, 1895년 영국 화학자 윌리엄 램지가 우라늄 광석에서 헬륨을 정제하여 그 존재를 증명했다. 1907년에는 영국 물리학자 러더퍼드와 로이즈가 알파 입자가 헬륨 원자핵임을 발견했으며, 1908년에 이르러 네덜란드 물리학자 헤이커 오너스가 헬륨을 액화하고, 그의 제자 빌럼 키즘이 1926년 헬륨 고체화에 성공했다.

(B) 기체 헬륨은 수소 다음으로 밀도가 낮고 폭발 위험이 없어 풍선과 비행선에 사용되며, 잠수병 예방을 위한 공기통, 암석 및 광물의 연대 측정, 핵 반응기의 열전달체, 네온사인의 캐리어 가스 등 여러 용도로 쓰인다. 액체 헬륨은 MRI 스캐너와 NMR 분광기의 초전도 자석 냉각, 우주공학에서 로켓 연료의 냉각 유지, 그리고 용접이나 실험 과정에서 반응성 기체를 제거해야 하는 상황에 활용된다.

(C) 한편 헬륨은 맛, 냄새, 색, 독성이 없는 불활성 기체로 지구상에 매우 희소하여 과학적으로 늦게 발견되었다. 1868년 프랑스의 천문학자 피에르 장센이 태양의 채층 스펙트럼에서 황색선을 찾아낸 것이 헬륨이 최초로 관측된 사례였으나, 장센은 황색선이 나트륨에 의한 것으로 오판하였다. 이후 영국의 천문학자 조지프 로키어는 이 황색선이 새로운 원소에 의한 것임을 밝혀내고, 그리스어 'Helios'(태양)에서 이름을 따 헬륨으로 명명했다.

(D) 원자 번호 2번인 헬륨(He)은 모든 원소 중 이온화 에너지가 가장 높고, 단원자 분자로 존재하여 끓는점이 가장 낮으며, 절대 영도에서 고체가 아닌 액체 상태로 존재할 수 있다는 특성이 있다. 또한 공기보다 가볍고 반응성이 낮아 다양한 분야에서 활용된다.

① (B) – (A) – (C) – (D)

② (B) – (C) – (A) – (D)

③ (D) – (A) – (B) – (C)

④ (D) – (B) – (A) – (C)

⑤ (D) – (B) – (C) – (A)

23. **다음 문단을 논리적 순서대로 알맞게 배열한 것을 고르시오.**

(A) 개인용 서비스 로봇은 청소, 심부름과 같은 가사 지원, 거동이 불편한 노인과 장애인의 재활을 돕는 재활 지원, 가정교사 역할을 수행하는 교육 지원 등 다양한 서비스를 제공한다. 미래에는 단순한 명령 수행을 넘어 사용자의 생활양식을 학습하고 가정 내 모든 기계장치를 제어하는 역할까지 기능이 확장될 것으로 전망된다. 이러한 로봇에 대한 수요는 삶의 질 향상 측면에서 앞으로도 꾸준히 증가할 것으로 예상된다.

(B) 또한 로봇에 대한 심리적 거부감 해소도 중요한 과제다. 2018년 미국 브루킹스 연구소 조사에 따르면 전체 응답자의 61%가 '로봇을 편안하게 느끼지 않는다'고 답했고, '편안하게 느낀다'는 응답은 16%에 불과했다. 따라서 개인용 서비스 로봇의 성공적인 대중화를 위해서는 기술적 성능 향상뿐만 아니라 안전성 강화와 함께 사용자에게 심리적 편안함을 주는 로봇 개발이 필요하다.

(C) 로봇은 국제로봇협회(IFR) 기준에 따라 제조업용 로봇과 서비스 로봇으로 분류된다. 제조업용 로봇은 조립이나 용접 등 제조 자동화에 사용되는 로봇을 의미하며, 서비스 로봇은 가정이나 공공영역 등 다양한 분야에서 활용되는 로봇을 통칭한다. 최근에는 고령화, 1인 가구 증가, AI 기술 발전에 힘입어 개인용 서비스 로봇 개발이 활발하게 이루어지고 있다.

(D) 하지만 개인용 서비스 로봇의 대중화를 위해서는 안전 문제 해결이 최우선 과제다. 로봇이 실제 사람들이 생활하는 공간에서 작동하므로 안전성은 반드시 보장되어야 하며, 가정에 상주하는 로봇의 오작동이나 사고는 사용자 불신으로 이어질 수 있기 때문이다.

① (C) – (A) – (D) – (B)
② (C) – (D) – (A) – (B)
③ (C) – (D) – (B) – (A)
④ (D) – (A) – (B) – (C)
⑤ (D) – (C) – (A) – (B)

24. **다음 진술이 모두 참이라고 할 때 반드시 거짓일 수밖에 없는 것을 고르시오.**

> 귀면문은 건축물이나 공예품 등에 괴수의 얼굴이나 형상을 나타낸 문양을 말한다. 귀면문의 발생은 벽사신앙(辟邪信仰)과 관련이 있는데, 초자연적인 존재인 신의 능력과 힘을 토대로 천재지변, 전쟁, 전염병과 같은 재앙을 물리친다는 의미를 담고 있다. 귀면문은 인간의 상상을 기반으로 만들어진 만큼 얼굴의 이목구비는 과장되고 머리에 나 있는 뿔 역시 다양한 크기와 각도로 표현되었다. 과장된 이목구비에 맞게 얼굴만 그려진 귀면문에는 눈, 코, 입이 대부분을 차지하고 있으며, 좌우 대칭적인 구조를 띠는 것이 특징이다. 대부분 앞으로 돌출된 반구 모양의 눈, 높게 솟아 있는 큰 코, 날카로운 송곳니가 있는 큰 입을 표현하는데, 이외에도 얼굴 주변에 귀나 수염 등을 그려 기괴한 얼굴을 보고 재앙이 물러가라는 의지를 드러냈다. 물론 얼굴만 그려진 귀면문만 존재하는 것은 아니고, 사지를 모두 그리거나 다리만 표현하는 귀면문도 있다. 사지를 함께 표현하는 경우 자연스럽게 몸 전체를 그렸으나 다리만 표현하는 경우 얼굴 밑에 발을 붙여 몸 표현을 생략하기도 하였다.

① 귀면문의 이목구비는 과장된 형태로 그려졌는데, 입에는 날카로운 송곳니가 있다.
② 사지를 모두 그린 귀면문은 다리 밑에 몸을 붙여 그림을 본 재앙이 도망갔으면 하는 소망이 담겨있다.
③ 초자연적인 존재의 힘을 빌려 천재지변, 전쟁 등을 물리치고자 하는 신앙을 일컬어 벽사신앙이라 한다.
④ 얼굴만 그려진 귀면문에 표현된 눈과 코, 입 등은 대체로 좌우 대칭적인 구도로 제작되었다.
⑤ 귀면문에 자리하고 있는 뿔의 크기와 각도는 상상력을 기반으로 다양하게 표현되었다.

25. **다음 진술이 모두 참이라고 할 때 반드시 거짓일 수밖에 없는 것을 고르시오.**

> 점화 효과란 앞서 접한 정보가 다음에 접할 정보의 해석 및 이해에 영향을 주는 심리 현상을 말한다. 인간은 자극에 노출되면 무의식적으로 자극을 받아들이고, 자극은 다시 인간의 뇌에 있는 특정한 지식 감성을 활성화한다. 즉, 자극물이 목표 정보에 영향을 미치며 목표 정보의 해석이 모호한 상태였다면 자극물로 인해 목표 정보에 대한 해석 역시 영향을 받는다. 예를 들어 여행 상품을 알아보기 위해 여행사에 방문한 사람들에게 특정 국가와 관련된 이야기를 들려주면 방문한 사람의 대부분은 자신이 들은 국가와 관련된 장소를 여행지로 선택하게 된다. 이러한 점화 효과는 암묵 기억을 측정하는 방법을 통해 증명 가능한데, 단어-줄기 완성 과제, 단어 조각 완성 과제, 어휘 결정 과제 등이 대표적이다. 예컨대 단어-줄기 완성 과제에서 실험 참가자들에게 일련의 단어 목록을 노출하고 이후 그 단어의 첫 세 글자만을 보여주며 맨 처음 생각나는 단어를 말해 보라고 했을 때 참가자들은 새로운 단어 대신 실험 과정에서 보았던 목록 내의 단어를 제시하였다고 한다. 이와 같이 증명된 점화 효과는 오늘날 인지 과정의 다양한 측면을 연구하는 도구로 이용되며 단순한 연구를 넘어서 광고에 활용되는 등 실생활에서도 사용되고 있다.

① 단어-줄기 완성 과제 실험 결과 참가자 대부분은 실험 과정에서 봤었던 단어를 말할 것이다.
② 자극에 노출된 인간이 이를 의식적으로 받아들여야 자극을 통해 특정 지식 감성을 활성화할 수 있다.
③ 점화 효과는 단어 조각 완성 과제, 어휘 결정 과제 등 암묵 기억을 측정하는 방법에 의거해 증명되었다.
④ 점화 효과를 활용한 광고가 만들어지는 등 우리 실생활 속에서도 점화 효과를 확인할 수 있다.
⑤ 먼저 접한 정보가 나중에 접한 정보 파악에 영향을 미친 것은 점화 효과에 해당한다.

26. 다음 내용을 바탕으로 추론할 수 있는 것을 고르시오.

우리나라 고유의 전통 무예인 태권도는 자신을 방어하고자 하는 인간의 본성적인 투기가 체계화된 것으로, 그 기원은 고대 부족 국가의 제천 행사에서 이루어지던 가무와 의식에 있다고 한다. 당시 사람들은 원시적인 종교 의례를 치르며 신체를 단련했는데, 여러 부족국가와의 통합과 더불어 제천 행사가 합쳐지며 삼국시대 전통 무술의 원형인 '택견'이 만들어졌을 것으로 추측된다. 실제로 고구려의 무용총 벽에는 두 사람이 간격을 두고 상대를 손과 발로 공격하는 듯한 자세를 취한 그림이 그려져 있으며, 신라 석굴암에서도 태권도 폼과 유사한 금강역사상을 확인할 수 있다. 고려 시대에 이르러서는 택견의 무예적 가치가 인정되고 기술 역시 체계화됨에 따라 더욱 활발히 거행될 수 있었다. 특히 고려 의종 때 이의민이 택견을 잘해 승진했다는 기록도 있고, 최충헌이 연회를 베풀며 중방의 힘센 자들에게 택견을 시켜 이긴 자에게 벼슬을 내려주었다는 기록으로 보아 당대 택견의 무예적 가치가 높았음은 물론 승패를 판단하는 스포츠적 성격도 띠었음을 알 수 있다. 고려 말기에는 화약 등의 새로운 무기가 발명되고 국가의 뒷받침이 줄어들며 무예적 기능보다는 민속 경기로서의 면모가 강해졌다. 그러나 조선 건국 직후에는 정치·국방적 상황으로 인해 무예를 중시하게 되면서 택견에 재능 있는 사람들을 등용하였고, 다시 무예로서의 가치가 증대되었다. 국가 기틀이 잡힌 뒤에는 문관의 세력이 강성해지며 그 역할이 축소되기도 하였는데, 병자호란 이후에는 나라에서 훈련도감을 두고 무예를 장려하게 되었다. 이때 백성들에게도 택견이 점점 보급되었고, 국가가 안정되며 민속놀이처럼 즐기게 되었다. 일제강점기에는 일제가 우리 고유의 무술을 사멸하고 가라테와 통합시키려고도 하였으나 오랜 전통과 우월성을 지닌 택견은 의식 있는 사람들에 의해 비밀리에 계승되었고, 광복 이후에도 명맥을 이어가다가 6.25 전쟁이 끝나고 난 뒤 택견을 현대적으로 발전시킨 태권도가 점차 보급됨에 따라 일반화되었다. 이와 동시에 성격 역시 무예적 측면보다 승부법적 측면이 확대되어 스포츠로서의 의미가 강해졌고, 1961년 9월 대한태권도협회가 창립되며 정식 스포츠로서 자리 잡게 되었다.

① 문관의 세력이 득세한 고려 의종 때의 택견은 놀이로서의 역할이 강했다.

② 훈련도감은 백성들에게 택견과 같은 무예가 전해지지 않도록 제재하는 기관이었다.

③ 일제강점기 시대에 택견은 민속놀이로 자리 잡아 후대에 자연스럽게 전승되었다.

④ 택견의 기원은 삼국시대의 제천 행사에 있을 것으로 여겨진다.

⑤ 스포츠로서의 태권도는 6.25 전쟁 이후에 택견을 현대적으로 발전시킨 형태로 본다.

27. 다음 진술이 모두 참이라고 할 때 반드시 거짓일 수밖에 없는 것을 고르시오.

온도에 대한 인식은 인류가 불을 사용한 시점부터 이어졌다는 점에서 인류의 역사만큼이나 오래되었다. 그러나 과학자들이 체계적으로 온도를 탐구한 것은 비교적 최근의 일로, 물체의 온도 측정에 쓰이는 온도계는 17세기에 이르러서야 처음으로 만들어졌다. 온도계는 대다수의 물질이 온도의 영향을 받으면 수축 또는 팽창하는 성질에 기인하여 만들어지는데, 최초의 온도계는 공기를 활용한 것이었다. 뒤이어 갈릴레오 갈릴레이는 물과 알코올을 사용하여 온도계를 만들었다. 이 온도계는 투명한 액체가 들어 있는 유리관과 온도 변화를 측정하는 내부의 유리공으로 이루어져 있으며, 내부의 유리공은 온도 변화로 인해 나타나는 외부 액체와의 밀도차로 뜨거나 가라앉았다. 즉, 물체의 이동을 통해 온도를 측정하는 방식을 활용하였는데, 이와 같은 방식으로는 대략적인 온도 변화를 파악할 수 있었으나 정확한 온도를 측정하는 데에는 무리가 있었다. 정확한 온도를 측정할 수 있게 된 것은 수은 온도계가 발명된 18세기 이후로, 이와 함께 온도계에 대한 연구도 비약적으로 발전할 수 있었다. 수은 온도계는 1714년 독일의 물리학자였던 가브리엘 파렌하이트에 의해 처음 만들어졌다. 그는 수은이 온도 변화에 따른 부피 팽창이 일정하고, 물보다 반응 속도도 빠르다는 원리를 토대로 물의 어는점(32℉)과 끓는점(212℉) 사이를 180등분한 화씨온도계를 만들었다. 이후 1742년에는 스웨덴의 천문학자였던 셀시우스가 물의 어는점(0℃)과 끓는점(100℃) 사이를 100등분한 섭씨온도계를 제작하였으며, 이 온도계는 오늘날까지 대중적으로 사용되고 있다는 점에서 의의가 있다.

① 갈릴레이는 유리관과 유리공을 이용하여 온도를 측정하는 데 성공하였다.

② 온도계에는 온도 변화에 따라 물질 대부분의 부피가 변화한다는 원리가 적용되어 있다.

③ 파렌하이트와 셀시우스가 제작한 온도계는 특정 온도의 구간을 나누는 방법에 따라 구분된다.

④ 불의 발견과는 별개로 온도에 관한 본격적인 연구는 1600년대 이후부터 시작되었다.

⑤ 셀시우스는 물보다 수은이 온도에 빠르게 반응한다는 사실을 발견한 최초의 인물이다.

28. 다음 주장에 대한 반박으로 가장 타당한 것을 고르시오.

간척 사업이란 농경지나 주택지 및 공장 부지 따위로 이용할 수 있는 땅을 확보하고자 얕은 바다나 호수, 하천 등을 방조제로 막고 물을 빼내어 육지로 만드는 사업이다. 간척이 이루어진 땅은 다양한 용도로 활용되며, 과거에는 주로 식량 증대를 위한 농지로 이용되었으나 오늘날에는 주택, 항공, 항만 건설 등을 위한 공업 용지로 이용되고 있다. 용지를 추가로 확보할 수 있다는 점에서 경제적 효용 가치가 매우 크지만, 갯벌과 같이 자연적으로 조성된 환경을 인위적으로 파괴한다는 점에서 문제가 있다. 특히, 대다수의 간척지는 조성에 필요한 다량의 물을 공급하고자 인공 호수를 만드는 경우가 많고, 이 경우 방조제에 막힌 호수가 오랜 시간이 흐르면서 오염될 수 있어 그로 인한 환경 문제 역시 심각하다. 일부 선진국에서는 환경 문제의 심각성을 깨닫고 간척지 조성 계획을 취소하거나 이미 조성된 간척지를 다시 자연 상태로 되돌리기도 하지만, 토지에 대한 수요가 높아 간척 역시 지속해서 이루어지는 실정이다. 그러나 간척지 형성으로 인한 환경 오염 문제는 이미 심각한 수준이고, 경제적인 이점을 고려하더라도 미래 세대와 생태계를 헤아려 보았을 때 환경 문제 해결이 매우 시급하므로 일부 선진국이 아닌 전 세계적으로 간척을 금지하고, 역간척이 확대 시행될 수 있도록 노력해야 한다.

① 여타 선진국과 달리 간척지 조성이 유리한 우리나라에서는 간척지를 조성했을 때의 효과가 더 크다.

② 역간척은 자연환경을 더 크게 훼손시킬 수 있으므로 현존하는 간척지는 유지하고, 새로운 간척지를 조성하지 않도록 제재해야 한다.

③ 역간척 시행으로 불필요한 자본이 소모되지 않도록 관련 비용은 모두 환경 보호 비용에 투자할 필요가 있다.

④ 토지 수요를 고려하여 단순히 간척 사업을 막기보다는 간척시 환경 오염을 최소화할 방안을 모색해야 한다.

⑤ 농경지 확대를 통해 농업구조를 개선하여 국가적 경쟁력을 확보하는 것이 우선시되어야 한다.

29. **다음 글을 바탕으로 아래 〈보기〉를 이해한 것으로 적절한 것을 고르시오.**

영국의 수학자 앨런 튜링은 컴퓨터가 인간처럼 사고할 수 있다고 판단하여 인공지능을 판별하는 방법으로 '튜링 테스트(Turing test)'를 제시하였다. 튜링 테스트는 서로 보이지 않는 공간에서 정해진 시간 내에 심판이 인간과 컴퓨터를 대상으로 대화를 나눔으로써 컴퓨터의 사고 여부를 판단하는 테스트이다. 테스트 과정에서 일정 비율 이상의 심판이 인간과 컴퓨터를 구분하지 못하거나 컴퓨터를 인간으로 간주하는 경우 컴퓨터는 인간처럼 사고할 수 있는 것으로 인정받는다. 실제로 영국의 레딩대학교가 개발한 인공지능 '유진 구스트만'은 일부 상황에서는 적절치 못한 대답을 하기도 했지만, 유진과 대화한 심판의 약 30%가 유진을 진짜 인간이라고 판단하여 세계 최초로 튜링 테스트를 통과한 인공지능으로 여겨지기도 한다. 일각에서는 인공지능이 진정으로 인간처럼 여겨지기 위해서는 인간과 마찬가지로 종합적인 사고 및 판단을 할 수 있어야 하므로 튜링 테스트는 컴퓨터의 종합적 판단력을 변별할 수 없다고 꼬집기도 한다. 하지만, 현존하는 최강의 인공지능으로 불리는 GPT-3의 경우 인간의 문맥을 파악하고 창의적인 답변을 내놓는 것이 가능하다. 지금까지 모든 심판의 동의로 튜링 테스트를 통과한 인공지능이 없다는 것을 고려하면 튜링 테스트 자체의 문제라기보다는 기술의 미발전으로 제대로 된 판단을 내리기 어려웠다고 볼 수도 있다. GPT-3가 가장 완벽하게 튜링 테스트를 통과할 유력한 후보로 꼽히는 만큼 인공지능 분야에서 튜링 테스트의 중요도 또한 높다고 할 수 있다.

〈보기〉

인공지능과 어린아이에게 개와 고양이 사진을 보여준 다음, 어느 사진이 개인지 질문한다면 어린아이는 쉽게 정답을 말할 수 있는 반면, 인공지능은 쉽게 정답을 내리지 못한다. 머리와 같이 일부분만 보여주거나 다른 동물과 함께 있는 사진이라면 더욱 대답하기 어려울지도 모른다. 이는 인간이 인공지능에 비해 인지 능력이 뛰어나다는 것을 시사하는데, 우리 몸이 직접 보고 느끼면서 데이터 수집 장치 역할을 하기 때문이다. 인공지능이 인간과 같은 몸을 가지고 눈, 귀, 손, 발 등으로 주변의 사물을 직접 학습할 수 있다면 유아기 아이처럼 완전한 자율 학습이 가능해짐은 물론 인간처럼 유연한 사고를 할 수 있게 될 것이다.

① 데이터 수집 장치가 부착된 인공지능과 대화할 경우 심판은 인간과 인공지능을 구분하지 못한다.
② 인공지능이 직접 학습하는 사물이 늘어나면 종합적 판단력이 높아져 실제 인간과 유사해질 수 있다.
③ 유진 구스트만과 GPT-3 간의 가장 큰 차이점은 자율 학습 가능 여부이다.
④ 인공지능이 튜링 테스트에서 높은 성적을 거두었더라도 개와 고양이를 완벽히 구분하는 것은 불가능하다.
⑤ 인지 능력이 뛰어난 인공지능이라고 하더라도 문맥 이해력은 유아기 아이 수준에서 발전하기 어렵다.

30. 다음 글을 바탕으로 아래 〈보기〉를 이해한 것으로 적절한 것을 고르시오.

> 고기를 구울 때 센 불을 가하면 '마이야르 반응'이 발생하여 고기의 맛이 좋아지게 된다. 마이야르 반응은 모든 식품에서 발생하는 자연적인 현상으로, 아미노산과 환원당 사이의 화학적 반응을 말한다. 식품을 불에 조리하면 식품이 갈색으로 변하면서 풍미가 나타나는데 이를 일컬어 마이야르 반응이라 하며, 갈색으로 변한다는 점에서 '갈변 현상'이라고도 불린다. 마이야르 반응은 주로 130~200℃의 열을 가하면 강하게 형성되고, 이때 향기 물질도 다량으로 만들어지기 때문에 마이야르 반응을 위해서는 해당 온도에서 식품을 구울 필요가 있다. 그러나 꼭 고온에서만 마이야르 반응이 발생하는 것은 아니며, 간장이나 된장과 같이 실온 상태에서 마이야르 반응이 천천히 나타나도록 하여 깊은 맛이 나도록 만드는 경우도 있다.

〈보기〉

> 2002년 4월 스웨덴의 국립식품청에서 감자튀김, 시리얼, 구운 빵 등에서 '아크릴아마이드'라 불리는 물질을 발견했다는 발표가 있었고, 그 후 유럽, 미국과 일본 및 우리나라에서도 발견되면서 큰 논란이 있었다. 아크릴아마이드는 쥐에게 암을 유발하는 것으로 알려져 있었기 때문에 인간이 섭취하는 음식에 이 물질이 포함되어 있어 문제가 된 것이다. 물론 음식에 포함된 아크릴아마이드는 쥐를 실험할 때 사용하는 양의 1/1000에 불과하기 때문에 염려할 정도는 아니라고는 하지만, 실험 결과 동물에게 발암 물질인 동시에 인간에게는 신경계에 악영향을 미칠 수 있는 물질이라는 사실이 밝혀졌다. 다만, 영국과 스위스 연구팀에서 170℃ 이상의 고온에서 포도당을 가열해야 아크릴아마이드가 발생한다는 결과를 내놓은 바 있어 음식 조리 시 굽거나 튀기지 않고 끓는 물에 삶으면 아크릴아마이드가 함유되지 않은 음식을 섭취할 수 있다.

① 음식을 가열해 마이야르 반응이 나타날 경우 무조건적으로 아크릴아마이드가 발생하게 된다.

② 식품을 고온으로 익히면 풍미가 더해지지만 건강을 위해서는 끓는 물에 삶아 조리할 필요가 있다.

③ 음식에서 검출되는 아크릴아마이드는 쥐에게만 악영향을 미칠 뿐 인간에게는 어떤 해도 끼치지 않는다.

④ 더 훌륭한 맛의 고기를 맛보기 위해서는 고온에서 가열해 아크릴아마이드가 생성되도록 해야 한다.

⑤ 간장과 된장 등을 실온에서 오래 두어 마이야르 반응이 나타나면 해당 음식은 식중독을 유발할 수 있다.

약점 보완 해설집 p.22

모의고사의 수리 영역 문제풀이 시 본 문제풀이 용지를 이용하여 풀어보세요.

성명:

수험번호:

①

정답

②

정답

③

정답

④

정답

⑤

정답

수리

자르는 선

모의고사의 수리 영역 문제풀이 시 본 문제풀이 용지를 이용하여 풀어보세요.

성명:

수험번호:

⑥

정답

⑦

정답

⑧

정답

⑨

정답

⑩

정답

모의고사의 수리 영역 문제풀이 시 본 문제풀이 용지를 이용하여 풀어보세요.

성명:

수험번호:

⑪

정답

⑫

정답

⑬

정답

⑭

정답

⑮

정답

자르는 선

모의고사의 수리 영역 문제풀이 시 본 문제풀이 용지를 이용하여 풀어보세요.

성명:

수험번호:

⑯

정답

⑰

정답

⑱

정답

⑲

정답

⑳

정답

수리

모의고사의 추리 영역 문제풀이 시 본 문제풀이 용지를 이용하여 풀어보세요.

성명:

수험번호:

① 정답	② 정답
③ 정답	④ 정답
⑤ 정답	⑥ 정답
⑦ 정답	⑧ 정답

추리

자르는 선

모의고사의 추리 영역 문제풀이 시 본 문제풀이 용지를 이용하여 풀어보세요.

성명:

수험번호:

⑨ 정답	⑩ 정답
⑪ 정답	⑫ 정답
⑬ 정답	⑭ 정답
⑮ 정답	⑯ 정답

추리

모의고사의 추리 영역 문제풀이 시 본 문제풀이 용지를 이용하여 풀어보세요.

성명:

수험번호:

⑰

정답

⑱

정답

⑲

정답

⑳

정답

추리

㉑

정답

㉒

정답

㉓

정답

㉔

정답

자르는 선

모의고사의 추리 영역 문제풀이 시 본 문제풀이 용지를 이용하여 풀어보세요.

성명:

수험번호:

㉕ 정답	㉖ 정답
㉗ 정답	㉘ 정답
㉙ 정답	㉚ 정답

추리

해커스

GSAT

삼성직무적성검사

FINAL 봉투모의고사

기출동형모의고사

3회

해커스잡

수험번호	
성명	

기출동형모의고사
3회

시작과 종료 시각을 정한 후, 실전처럼 모의고사를 풀어보세요.

• 수리 　　　시 　　분 ~ 　　시 　　분 (총 20문항/30분)

• 추리 　　　시 　　분 ~ 　　시 　　분 (총 30문항/30분)

□ **시험 유의사항**

GSAT는 다음과 같이 영역별 제한 시간이 있습니다. 본 모의고사의 마지막 페이지에 있는 GSAT 문제풀이 용지와 해커스ONE 애플리케이션의 학습 타이머를 이용하여 실전처럼 모의고사를 풀어본 후, p.35의 '바로 채점 및 성적 분석 서비스' QR코드를 스캔하여 응시 인원 대비 본인의 성적 위치를 확인해보시기 바랍니다.

영역	문항 수	시간
수리	20문항	30분
추리	30문항	30분

※ 2025년 상반기 GSAT 기준

수리

총 20문항/30분

▶ 해설 p.32

01. 올해 초 영업팀 팀원 140명 중 14명이 연구팀으로 부서 이동을 하여 연구팀의 직원 수가 작년 대비 20% 증가하였고 올해 말 영업팀에서 12명이 더 연구팀으로 부서 이동을 했을 때, 올해 말 영업팀과 연구팀의 직원 수 차이는?

① 14명 ② 16명 ③ 18명 ④ 20명 ⑤ 22명

02. 카페에서 당일 판매할 간식을 전시대에 진열하려고 한다. 서로 다른 초콜릿 7개와 사탕 5개 중 4개를 골라 순서대로 진열하려고 할 때, 초콜릿을 1개 이상 포함하여 진열하는 경우의 수는?

① 4,200가지 ② 10,920가지 ③ 11,760가지 ④ 15,960가지 ⑤ 21,600가지

03. 다음은 주요 국가별 석유 수출량에 대한 자료이다. 다음 중 자료에 대한 설명으로 옳은 것을 고르시오.

[주요 국가별 석유 수출량]

(단위: 천 배럴)

구분	2020년	2021년	2022년	2023년	2024년
A 국	15,988	18,052	31,240	41,300	59,531
B 국	59,905	57,206	44,158	46,508	63,222
C 국	70,142	72,338	91,644	99,174	112,879
D 국	22,007	17,541	14,187	21,555	24,181
E 국	8,563	24,191	13,962	11,571	16,886
F 국	96,891	76,807	72,525	57,239	48,218
G 국	34,434	30,011	13,859	13,975	16,566

① B 국 석유 수출량이 다른 해에 비해 세 번째로 많은 해에 B 국 석유 수출량은 E 국 석유 수출량의 2배 미만이다.

② 제시된 국가 중 2023년 석유 수출량이 전년 대비 증가한 국가는 총 4개국이다.

③ C 국 석유 수출량이 다른 해에 비해 가장 적은 해는 2021년이다.

④ 2021년 이후 A 국 석유 수출량의 전년 대비 증가량이 가장 큰 해에 A 국 석유 수출량의 전년 대비 증가율은 40% 이상이다.

⑤ 제시된 기간 중 F 국과 G 국 석유 수출량의 차이가 가장 큰 해는 2022년이다.

04. **다음은 A 국의 표지판 유형별 안내표지판 개수를 나타낸 자료이다. 다음 중 자료에 대한 설명으로 옳지 <u>않은</u> 것을 고르시오.**

[표지판 유형별 안내표지판 개수]

(단위: 개)

구분	계도	이정표	다목적위치	생태해설	기타	합계
2020년	2,314	4,187	2,895	1,955	2,469	13,820
2021년	2,512	4,351	2,930	1,973	2,552	14,318
2022년	2,508	4,413	2,930	1,994	2,493	14,338
2023년	2,657	4,540	2,920	1,957	2,345	14,419
2024년	2,713	4,628	3,222	2,033	2,429	15,025

① 제시된 기간 동안 계도 안내표지판의 평균 개수는 다목적위치 안내표지판의 평균 개수보다 적다.

② 전체 안내표지판 개수에서 이정표의 개수가 차지하는 비중은 2022년이 2023년보다 작다.

③ 제시된 기간 동안 이정표 개수의 전년 대비 증감 추이는 전체 안내표지판 개수의 전년 대비 증감 추이와 동일하다.

④ 제시된 기간 동안 생태해설 안내표지판의 개수가 다른 해에 비해 가장 많은 해에 계도 안내표지판 개수의 전년 대비 증가율은 5% 이상이다.

⑤ 다목적위치 안내표지판과 생태해설 안내표지판 개수의 차이가 가장 큰 해는 2024년이다.

05. 다음은 A 국의 업무상 질병으로 인한 보험 급여 수급자 수를 나타낸 자료이다. 제시된 기간 동안 CS2으로 인한 보험 급여 수급자 수가 가장 적은 해에 전체 업무상 질병으로 인한 보험 급여 수급자 수에서 뇌심혈관계질환으로 인한 보험 급여 수급자 수가 차지하는 비중은?

[업무상 질병으로 인한 보험 급여 수급자 수]

(단위: 명)

구분	2020년	2021년	2022년	2023년	2024년
진폐	18,374	18,276	18,434	18,432	18,589
뇌심혈관계질환	11,610	11,804	11,997	12,359	14,040
CS2	814	806	792	782	774
근골격계질환	7,436	9,162	9,262	10,407	10,575
기타 질환	2,711	3,976	6,448	8,293	10,022

① 23% ② 24% ③ 25% ④ 26% ⑤ 27%

06. 다음은 A 국의 연도별 연구개발활동 연구원 수에 대한 자료이다. 다음 중 자료에 대한 설명으로 옳은 것을 고르시오.

[연도별 연구개발활동 연구원 수]

구분	전체		여성	
	연구원 수(명)	전년 대비 증가율(%)	연구원 수(명)	전년 대비 증가율(%)
2016년	345,912	7.0	57,662	12.9
2017년	375,176	8.5	65,067	12.8
2018년	401,724	7.1	70,997	9.1
2019년	410,333	2.1	74,617	5.1
2020년	437,447	6.6	80,904	8.4
2021년	453,262	3.6	85,652	5.9
2022년	460,769	1.7	90,615	5.8
2023년	482,796	4.8	97,042	7.1
2024년	514,170	6.5	104,728	7.9

① 연구개발활동 전체 연구원 수 대비 여성 연구원 수의 비율은 2023년이 2016년보다 작다.

② 2020년 연구개발활동 남성 연구원 수는 전년 대비 감소하였다.

③ 2015년 연구개발활동 여성 연구원 수는 52,000명 이상이다.

④ 제시된 기간 동안 연구개발활동 여성 연구원 수의 전년 대비 증가율이 가장 작은 해에 연구개발활동 남성 연구원 수의 전년 대비 증가율은 5% 미만이다.

⑤ 2024년 연구개발활동 전체 연구원 수에서 남성 연구원 수가 차지하는 비중은 2년 전보다 크다.

07. 다음은 2024년 제조업 부문의 지역별 온실가스 배출량을 나타낸 자료이다. 다음 중 자료에 대한 설명으로 옳지 않은 것을 고르시오.

[지역별 온실가스 배출량]

(단위: 천tCO_2eq)

구분	석탄류	석유류	도시가스	기타연료	열에너지	전력
A 지역	1,039.1	19,440.8	2,926.6	344.4	3,344.2	12,618.9
B 지역	9.3	1,782.5	4,227.2	688.6	1,375.0	29,054.5
C 지역	4,766.1	2,630.0	167.8	1,659.3	0.2	2,774.8
D 지역	3,520.7	1,328.7	1,086.5	394.5	384.2	7,851.2
E 지역	31,234.9	16,840.7	2,227.0	168.9	1,486.7	16,959.7
F 지역	257.9	673.8	994.7	761.4	921.9	6,349.4
G 지역	42,644.7	18,894.6	1,816.9	336.4	2,483.5	11,825.8

① 제시된 지역 중 도시가스 온실가스 배출량이 다른 지역에 비해 가장 많은 지역은 B 지역이다.

② C 지역의 석탄류 온실가스 배출량은 F 지역의 열에너지 온실가스 배출량의 5배 이상이다.

③ A 지역, E 지역, G 지역의 석유류 온실가스 배출량에서 A 지역의 석유류 온실가스 배출량이 차지하는 비중은 30% 미만이다.

④ 전력 온실가스 배출량이 다른 지역에 비해 가장 많은 지역과 두 번째로 많은 지역의 기타연료 온실가스 배출량의 합은 800천tCO_2eq 이상이다.

⑤ D 지역과 E 지역의 도시가스 온실가스 배출량의 합은 F 지역과 G 지역의 도시가스 온실가스 배출량의 합보다 크다.

08. 다음은 A 국의 2023년 1/4분기부터 2024년 1/4분기까지 경제활동별 생산국민소득을 나타낸 자료이다. 다음 중 자료에 대한 설명으로 옳은 것을 고르시오.

[경제활동별 생산국민소득]

(단위: 십억 원)

구분	2023년				2024년
	1/4분기	2/4분기	3/4분기	4/4분기	1/4분기
농림어업	6,222	8,159	8,322	10,157	6,198
광업	412	525	451	480	420
제조업	113,266	120,836	124,059	131,452	117,204
전기·가스 및 수도 사업	12,437	12,049	9,634	10,802	13,329
건설업	17,063	24,410	22,282	25,730	17,570
서비스업	254,291	258,040	258,181	269,391	254,753

① 2023년 전기·가스 및 수도 사업의 생산국민소득은 50,000십억 원 미만이다.

② 제시된 기간 동안 서비스업의 생산국민소득은 전 분기 대비 꾸준히 증가하였다.

③ 2023년 2/4분기 생산국민소득의 전 분기 대비 증가액은 제조업이 광업의 70배 이상이다.

④ 제시된 기간 동안 건설업과 광업의 생산국민소득의 전 분기 대비 증감 추이는 서로 다르다.

⑤ 2024년 1/4분기 농림어업의 생산국민소득의 전 분기 대비 감소율은 50% 이상이다.

09. 다음은 S 기업의 2024년 하반기 월별 재택근무자 수 및 재택근무자 수의 전월 대비 증감률을 나타낸 자료이다. 2024년 6월 S 기업의 재택근무자 수는?

[2024년 하반기 월별 재택근무자 수 및 전월 대비 증감률]

(단위: 명, %)

구분	7월	8월	9월	10월	11월	12월
재택근무자 수	1,200	1,500	2,400	1,800	2,700	2,970
전월 대비 증감률	−40	25	60	−25	50	10

① 860명 ② 1,680명 ③ 2,000명 ④ 2,400명 ⑤ 3,000명

[10 – 11] 다음은 A 국의 건강기능식품 제조업체 500개의 2023년과 2024년 종사자 규모별 업체 점유율과 매출 점유율을 나타낸 자료이다. 각 물음에 답하시오.

[종사자 규모별 업체 및 매출 점유율]

(단위: %)

구분	2023년		2024년	
	업체 점유율	매출 점유율	업체 점유율	매출 점유율
1~4인	15.1	0.7	14.4	0.7
5~10인	23.2	1.8	23.0	1.9
11~20인	22.0	5.6	21.6	5.1
21~30인	9.9	3.4	9.0	4.0
31~50인	10.5	4.9	11.4	5.0
51~80인	8.9	10.7	9.4	9.9
81~100인	3.2	9.6	3.2	8.2
101~150인	4.0	32.7	3.6	12.2
151~200인	1.8	3.4	2.2	28.6
201~300인	0.6	3.2	1.4	6.4
301~500인	0.8	24.0	0.8	18.0
합계	100.0	100.0	100.0	100.0

10. 다음 중 자료에 대한 설명으로 옳지 않은 것을 고르시오.

① 2024년 종사자 수가 101~500인인 업체 수에서 종사자 수가 101~150인인 업체 수가 차지하는 비중은 40%이다.

② 2023년 종사자 수가 50인 이하인 전체 업체 수는 400개 이상이다.

③ 2024년 종사자 수가 51~80인인 업체의 매출 점유율은 전년 대비 1.0%p 이하 감소하였다.

④ 2023년 업체 점유율이 가장 낮은 종사자 규모의 업체 수와 2024년 업체 점유율이 가장 낮은 종사자 규모의 업체 수의 합은 7개이다.

⑤ 종사자 규모별 2024년 업체 점유율이 전년도와 동일한 업체는 모두 2024년 매출 점유율이 전년 대비 하락하였다.

11. 건강기능식품 제조업체 500개의 2023년 전체 매출액은 22,000억 원, 2024년 전체 매출액은 25,000억 원일 때, 종사자 수가 101~500인인 업체의 2023년과 2024년 매출액의 합은?

① 30,226억 원 ② 30,326억 원 ③ 30,426억 원 ④ 30,526억 원 ⑤ 30,626억 원

[12 - 13] 다음은 2024년 5월 A 국과 B 국의 메모리 반도체 종류별 수입액 비중을 나타낸 자료이다. 각 물음에 답하시오.

[A 국 및 B 국 메모리 반도체 종류별 수입액 비중]

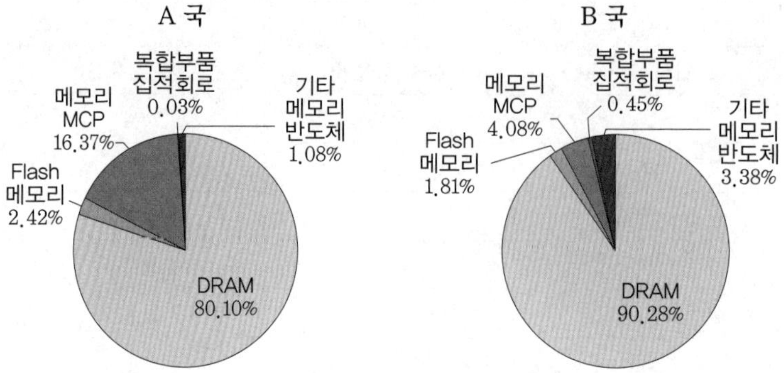

12. 다음 중 자료에 대한 설명으로 옳지 않은 것을 고르시오.

① A 국과 B 국의 메모리 반도체 수입액 비중이 높은 순서대로 순위를 매기면 서로 같지 않다.

② A 국의 DRAM 수입액 비중은 메모리 MCP 수입액 비중의 4배 이상이다.

③ A 국의 메모리 반도체 수입액 비중이 세 번째로 작은 메모리 반도체의 A 국과 B 국의 수입액 비중 차이는 2.3%p이다.

④ 제시된 메모리 반도체 중 A 국과 B 국 모두 복합부품집적회로 수입액이 가장 적다.

⑤ B 국의 Flash 메모리 수입액 비중은 기타 메모리 반도체 수입액 비중의 절반을 초과한다.

13. 2024년 5월 A 국과 B 국의 메모리 반도체 수입액이 600만 달러로 동일하다고 가정하면, A 국과 B 국의 메모리 MCP 수입액의 차이는?

① 725,000달러 ② 731,900달러 ③ 737,400달러 ④ 736,700달러 ⑤ 740,000달러

[14－15] 다음은 Z 지역의 연도별 기상 현황에 대한 자료이다. 각 물음에 답하시오.

[연도별 기상 현황]

구분	평균 기온 (℃)	강수량 (mm)	강수일수 (일)	안개일수 (일)	상대습도 (%)	일조시간 (시간)	최대풍속 (m/s)
2020년	14.0	1,228	118	22	70.0	2,440	7.9
2021년	13.4	1,128	114	14	68.2	2,318	9.9
2022년	13.5	1,542	95	17	68.9	2,542	9.0
2023년	14.0	980	101	19	67.8	2,474	10.9
2024년	13.7	1,624	116	18	70.8	2,395	8.1

14. 다음 중 자료에 대한 설명으로 옳지 <u>않은</u> 것을 고르시오.

① 2024년 강수일수 1일당 평균 강수량은 13mm이다.

② 2021년 이후 평균 기온과 안개일수의 전년 대비 증감 추이는 매년 동일하다.

③ 제시된 기간 중 안개일수가 가장 많은 해와 가장 적은 해의 안개일수 차이는 8일이다.

④ 제시된 기간 중 최대풍속이 가장 높은 해에 상대습도는 가장 낮다.

⑤ 2021년 일조시간은 전년 대비 5% 감소하였다.

15. 다음 중 자료에 대한 설명으로 옳은 것을 <u>모두</u> 고르시오.

a. 2021년 이후 평균 기온의 전년 대비 변화량이 가장 작은 해는 2022년이다.
b. 2023년과 2024년 평균 강수량은 1,300mm 이상이다.
c. 2024년 상대습도는 전년 대비 3%p 증가하였다.

① a　② a, b　③ a, c　④ b, c　⑤ a, b, c

[16 - 17] 다음은 공영주차장 정기권 현황에 대한 자료이다. 각 물음에 답하시오.

[공영주차장 정기권 현황]

(단위: 원, 대)

구분	월정기권 요금	주차 가능 대수	월정기권 이용대수
A 주차장	60,000	34	28
B 주차장	65,000	196	168
C 주차장	50,000	177	167
D 주차장	60,000	58	58
E 주차장	50,000	231	230
F 주차장	60,000	147	132
G 주차장	55,000	93	92
H 주차장	65,000	87	84
I 주차장	50,000	121	116
J 주차장	55,000	113	91

※ 신규 이용 가능 대수 = 주차 가능 대수 - 월정기권 이용대수

16. 다음 중 자료에 대한 설명으로 옳은 것을 모두 고르시오.

a. 월정기권 요금이 60,000원인 주차장은 총 4곳이다.
b. 신규 이용 가능 대수가 가장 많은 주차장은 J 주차장이다.
c. 주차 가능 대수가 가장 많은 주차장의 월정기권 요금의 총액은 11,500,000원이다.

① a　　② b　　③ c　　④ a, b　　⑤ b, c

17. 다음 중 자료에 대한 설명으로 옳지 않은 것을 모두 고르시오.

a. 월정기권 요금이 C 주차장과 5,000원 차이 나는 주차장은 총 2곳이다.
b. 월정기권 이용대수가 100대 미만인 주차장은 주차 가능 대수도 100대 미만이다.
c. 월정기권 요금이 50,000원인 주차장은 주차 가능 대수와 월정기권 이용대수가 모두 100대 이상이다.

① a　　② b　　③ c　　④ a, b　　⑤ b, c

18. 다음은 Z 박람회의 참여 인원수에 따른 볼펜 준비 수량을 나타낸 자료이다. 자료를 보고 A, B에 해당하는 값을 예측했을 때 가장 타당한 값을 고르시오.

[기업별 참여 인원수에 따른 볼펜 준비 수량]

(단위: 명, 개)

구분	갑 기업	을 기업	병 기업	정 기업
참여 인원수	12	20	(　　)	8
볼펜 준비 수량	94	222	150	(　　)

※ $\left(\frac{\text{참여 인원수}^2}{\text{A}}+\text{B}\right)+10=\text{볼펜 준비 수량}$

	A	B
①	1	12
②	1	16
③	2	12
④	2	16
⑤	3	16

19. **다음은 A 종목의 월별 주가 현황에 대한 자료이다. 이를 바탕으로 2월 이후 A 종목 주가의 전월 대비 증감률을 바르게 나타낸 것을 고르시오.**

[월별 A 종목 주가 현황]

(단위: 원)

구분	1월	2월	3월	4월	5월	6월
가격	58,000	63,800	60,610	65,350	61,400	64,470

①
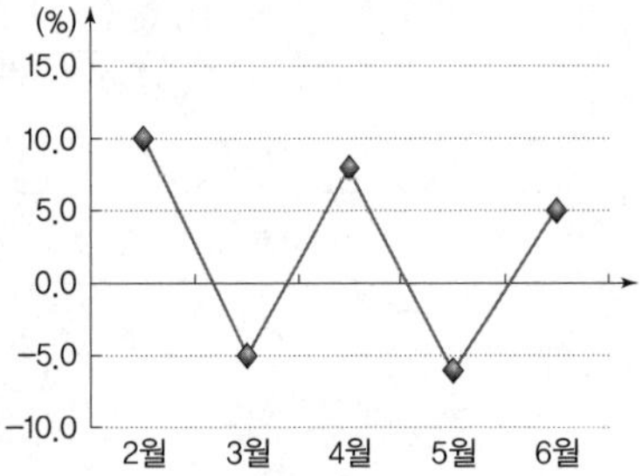

②
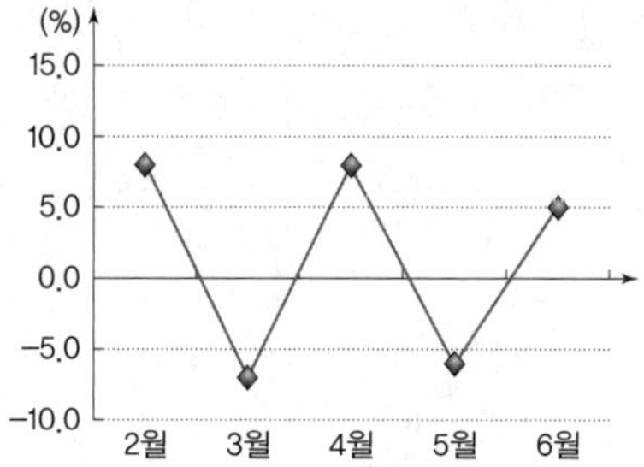

③
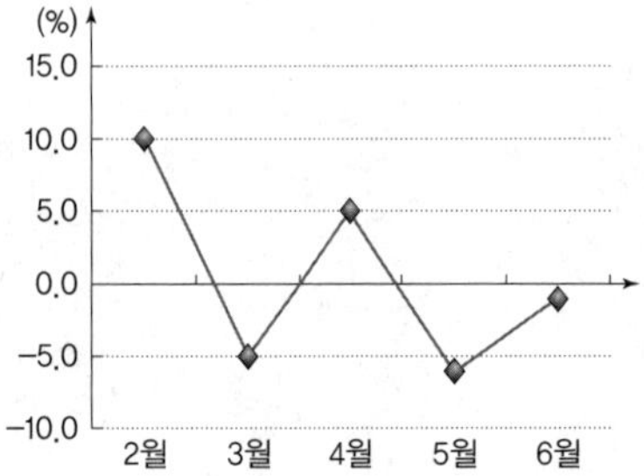

④
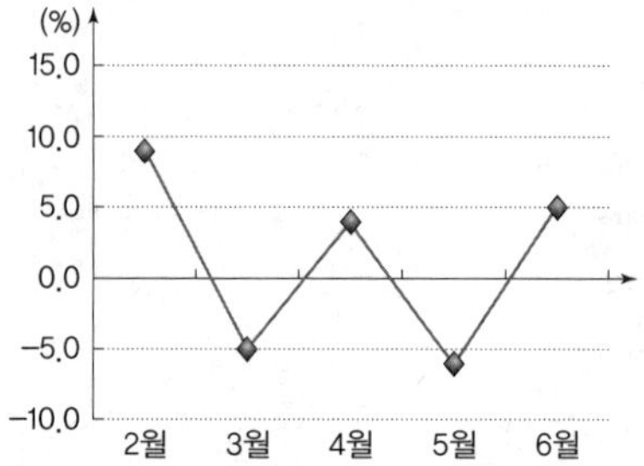

⑤
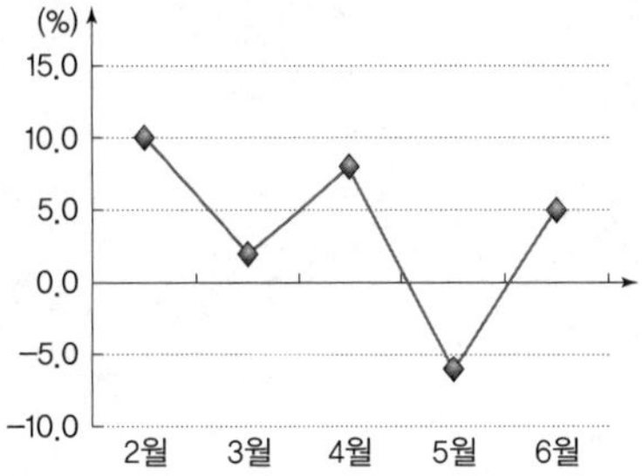

20. 다음은 A 식물원과 B 식물원이 5월 1일에 국화를 새로 파종한 후 5월 11일부터 매일 관찰하여 싹이 난 국화의 수를 기록한 것이다. 식물원별 싹이 난 국화의 수는 일정한 규칙으로 변화할 때, A 식물원과 B 식물원의 싹이 난 국화의 수 차이가 처음으로 천 송이 이상이 되는 때는?

[일별 싹이 난 국화의 수]

(단위: 송이)

구분	5월 11일	5월 12일	5월 13일	5월 14일	5월 15일
A 식물원	15	20	30	50	90
B 식물원	10	17	24	31	38

① 5월 19일 ② 5월 20일 ③ 5월 21일 ④ 5월 22일 ⑤ 5월 23일

약점 보완 해설집 p.32

추리

총 30문항/30분

▶ 해설 p.37

[01 – 02] 다음 전제를 읽고 반드시 참인 결론을 고르시오.

01.

전제	피아노를 칠 수 있는 모든 사람은 기타를 칠 수 없다.
	피아노를 칠 수 있는 모든 사람은 바이올린을 켤 수 있다.
결론	

① 바이올린을 켤 수 없는 모든 사람은 기타를 칠 수 있다.
② 바이올린을 켤 수 있는 모든 사람은 기타를 칠 수 없다.
③ 기타를 칠 수 있는 어떤 사람은 바이올린을 켤 수 있다.
④ 기타를 칠 수 없는 어떤 사람은 바이올린을 켤 수 있다.
⑤ 기타를 칠 수 없는 모든 사람은 바이올린을 켤 수 없다.

02.

전제	스킨을 바르는 모든 사람은 로션을 바른다.
	수분크림을 바르는 어떤 사람은 스킨을 바른다.
결론	

① 로션을 바르지 않는 어떤 사람은 수분크림을 바른다.
② 로션을 바르는 모든 사람은 수분크림을 바르지 않는다.
③ 로션을 바르는 어떤 사람은 수분크림을 바른다.
④ 수분크림을 바르지 않는 모든 사람은 로션을 바르지 않는다.
⑤ 수분크림을 바르지 않는 어떤 사람은 로션을 바른다.

03. **다음 결론이 반드시 참이 되게 하는 전제를 고르시오.**

전제	딸기주스를 마시는 어떤 사람은 칵테일을 좋아한다.
결론	칵테일을 좋아하는 어떤 사람은 탄산수를 마시지 않는다.

① 딸기주스를 마시는 모든 사람은 탄산수를 마신다.

② 탄산수를 마시는 모든 사람은 딸기주스를 마시지 않는다.

③ 탄산수를 마시는 모든 사람은 딸기주스를 마신다.

④ 딸기주스를 마시는 어떤 사람은 탄산수를 마신다.

⑤ 탄산수를 마시는 어떤 사람은 딸기주스를 마신다.

04. **A~H 8명은 4명씩 두 팀을 구성하여 축구 시합을 하였다. 다음 조건을 모두 고려하였을 때, 항상 거짓인 것을 고르시오.**

- 시합에서 승리한 팀은 10골, 패배한 팀은 9골을 넣었다.
- A~H 모두 적어도 1골씩 넣었다.
- B가 속한 팀의 팀원이 넣은 골 수는 모두 다르다.
- E와 같은 팀인 C는 3골을 넣었고, 승리한 팀이다.
- F는 A와 다른 팀이고, A보다 2골을 더 넣었다.
- G와 H는 같은 팀이다.
- A~H 중 최다 득점자는 2명이고, D, E, G, H는 최다 득점자가 아니다.

① 최다 득점자는 B와 F이다.

② B와 C는 같은 팀이다.

③ D는 패배한 팀에 속한다.

④ E와 F가 넣은 골의 합은 5골이다.

⑤ A는 1골을 넣었다.

05. A, B, C, D, E, F 6명은 멀리 뛰기를 하여 서로 다른 등수를 기록했으며, 1등부터 3등까지만 상품을 받았다. 다음 여섯 명의 말이 모두 진실일 때, 항상 참인 것을 고르시오.

- A : 나는 E보다 멀리 뛰었어.
- B : 내가 한 명만 더 이겼다면 상품을 받을 수 있었어.
- C : 나는 B보다 멀리 뛰었어.
- D : 나보다 멀리 뛴 사람은 없어.
- E : 난 상품을 받지 못했어.
- F : 나보다 C가 멀리 뛰었어.

① A는 2등이다.

② C는 3등이다.

③ F는 상품을 받지 못했다.

④ A는 B보다 멀리 뛰었다.

⑤ 여섯 명의 순위로 가능한 경우의 수는 5가지이다.

06. 김 대리는 12월 둘째 주에 차량 P 또는 차량 Q를 월요일부터 금요일까지 매일 운행한다. 다음 조건을 모두 고려하였을 때, 항상 참인 것을 고르시오.

- 차량 5부제는 번호판 끝자리가 월요일에 1과 6, 화요일에 2와 7, 수요일에 3과 8, 목요일에 4와 9, 금요일에 5와 0인 차량을 운행하지 못하는 제도이다.
- 12월 둘째 주에 차량 5부제가 시행된다.
- 김 대리는 하루에 1대의 차량만 운행한다.
- 차량 P는 번호판 끝자리가 7이고, 차량 Q는 번호판 끝자리가 5이다.
- 김 대리는 월요일부터 금요일까지 동일한 차량을 연달아 3일 이상 운행하지 않는다.

① 월요일과 금요일에 동일한 차량을 운행한다.

② 차량 P를 이틀 연달아 운행한다.

③ 월요일에 차량 Q를 운행하면, 목요일에 차량 P를 운행한다.

④ 수요일에 차량 Q를 운행하면, 차량 Q보다 차량 P를 더 많이 운행한다.

⑤ 차량 Q를 두 번 운행한다.

07. **혜지, 채은, 대환, 희진, 홍비, 소연이는 A 아파트 주차장에 각자의 차를 주차했다. 다음 조건을 모두 고려하였을 때, 항상 거짓인 것을 고르시오.**

- 경차는 경차 전용 주차장에만 주차할 수 있다.
- 혜지는 대환이의 차 바로 옆에 주차했다.
- 채은이의 차 양옆에는 아무도 주차하지 않았다.
- 홍비의 차는 입구 쪽에 가장 가까이 주차되어 있다.
- 채은이는 혜지의 차 바로 맞은편에 주차했다.
- 희진이는 소연이의 차 바로 맞은편에 주차했다.
- 소연이의 차만 경차이다.

[A 아파트 주차장 배치도]

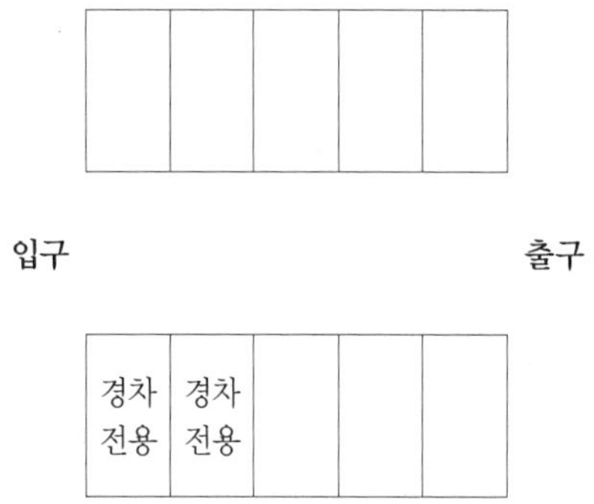

① 홍비는 희진이의 차 바로 옆에 주차했다.

② 대환이는 혜지와 소연이의 차 사이에 주차했다.

③ 채은이의 차는 희진이의 차와 옆으로 나란히 주차되어 있다.

④ 대환이의 차 바로 맞은편에는 아무도 주차하지 않았다.

⑤ 희진이의 차 양옆에는 아무도 주차하지 않았다.

08. **갑, 을, 병, 정, 무 다섯 명 중 놀이공원에 간 사람만 진실을 말하고 있다. 다섯 명 중 두 명만 진실을 말했을 때, 놀이공원에 간 사람을 모두 고르시오.**

- **갑** : 정은 거짓을 말하고 있어.
- **을** : 무는 놀이공원에 갔어.
- **병** : 나와 갑은 함께 놀이공원에 갔어.
- **정** : 나는 놀이공원에 갔어.
- **무** : 갑은 놀이공원에 가지 않았어.

① 갑, 을 ② 갑, 병 ③ 을, 무 ④ 병, 정 ⑤ 정, 무

09. 가, 나, 다, 라 4명은 각자 견과류, 요구르트, 쿠키, 아이스크림 중 두 가지를 구입하여 간식을 먹으려고 한다. 다음 조건을 모두 고려하였을 때, 항상 참인 것을 고르시오.

- 아무도 먹지 않는 간식은 없다.
- 요구르트를 먹는 사람은 3명이다.
- 쿠키와 아이스크림을 모두 먹는 사람이 있다.
- 나만 견과류를 먹는다.
- 다와 라가 먹는 간식 중 한 가지만 동일하다.
- 가가 요구르트를 먹으면 다는 쿠키를 먹는다.

① 가는 요구르트와 아이스크림을 먹는다.

② 다가 쿠키를 먹으면, 라는 아이스크림을 먹는다.

③ 나는 견과류와 쿠키를 먹는다.

④ 가가 요구르트를 먹으면, 라는 쿠키 또는 아이스크림을 먹는다.

⑤ 나와 라는 한 가지의 동일한 간식을 먹는다.

10. 유미, 수지, 경미, 지효 4명은 자동차 또는 자전거를 이용하여 쇼핑몰에 가서 모자, 티셔츠, 청바지 중 한 가지 물건을 구매하려고 한다. 다음 조건을 모두 고려하였을 때, 항상 거짓인 것을 고르시오.

- 아무도 구매하지 않는 물건은 없다.
- 자전거를 이용하는 사람은 티셔츠를 구매하지 않는다.
- 유미와 수지는 서로 다른 교통수단을 이용한다.
- 수지는 모자를 구매한다.
- 지효는 자전거를 이용하지 않고, 경미가 이용하는 교통수단과 다른 교통수단을 이용한다.

① 유미가 자전거를 이용하면, 지효는 모자 또는 청바지를 구매한다.

② 수지는 자전거를 이용한다.

③ 유미가 모자를 구매하면, 경미는 청바지를 구매한다.

④ 청바지를 구매하는 사람은 자동차를 이용한다.

⑤ 경미가 모자를 구매하면, 유미는 청바지를 구매한다.

11. 약국, 카페, 학원, 마트, 병원, 꽃집, 헬스장, 레스토랑은 상가 1단지 또는 2단지에 위치해 있다. A~D동 건물은 아래 배치도와 같이 단지 내 위치하고, 각 층에는 한 가지의 업종만 입점해 있다. 다음 조건을 모두 고려하였을 때, 항상 참인 것을 고르시오.

- 3층 규모의 업종은 병원뿐이고, 2층 규모의 업종은 학원과 레스토랑뿐이다.
- 2층 이상 규모의 업종은 연속된 층을 이용한다.
- 헬스장은 가장 위층에 위치한다.
- 마트와 레스토랑은 다른 건물에 위치한다.
- 병원과 카페는 같은 단지 내에 위치한다.
- 카페와 마트는 서로 다른 건물의 1층에 위치한다.
- 병원은 강 바로 옆 건물에 위치한다.
- 약국은 병원 바로 옆 건물에 위치한다.
- 학원은 C동에 위치한다.

[1단지 및 2단지 배치도]

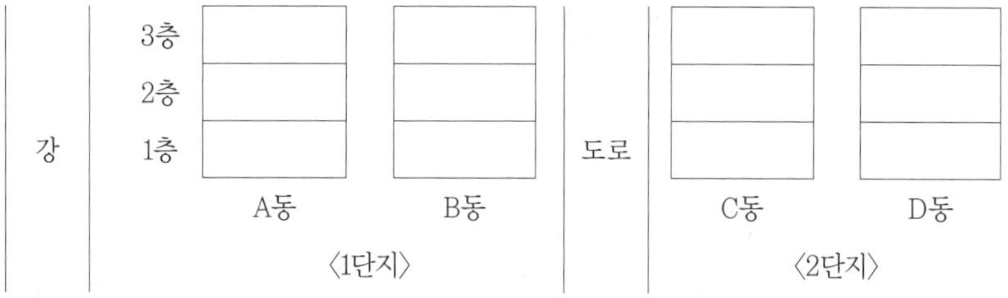

① 약국은 헬스장과 같은 건물에 위치한다.

② 꽃집은 2단지에 위치한다.

③ 약국은 카페 바로 위층에 위치한다.

④ D동 2층에는 레스토랑이 위치한다.

⑤ 꽃집과 레스토랑은 다른 건물에 위치한다.

12. A, B, C, D, E, F, G, H, I 9명은 3명씩 3개 조로 나뉘어 각각 수상 스키, 래프팅, 웨이크보드 중 한 가지 수업을 수강하였다. 다음 조건을 모두 고려하였을 때, C와 같은 수업을 수강한 사람을 고르시오.

- B는 F와 같은 조이고 H와 같은 조가 아니다.
- G는 수상 스키 수업을 수강하지 않았다.
- E는 웨이크보드 수업, I는 래프팅 수업을 수강하였다.
- H는 수상 스키 수업을 수강하였고, A와 같은 조가 아니다.

① A, E ② B, F ③ D, H ④ E, I ⑤ E, H

13. **지희는 자물쇠를 새로 구입하여 네 자리 수로 구성된 비밀번호를 설정하려고 한다. 다음 조건을 모두 고려하였을 때, 항상 거짓인 것을 고르시오.**

- 자물쇠 비밀번호는 서로 다른 4개의 숫자로 구성된다.
- 천의 자리 숫자는 2 또는 3이다.
- 천의 자리 숫자와 백의 자리 숫자를 곱한 수의 일의 자리 숫자는 비밀번호의 십의 자리 숫자와 같다.
- 각 자리 숫자의 곱은 0이 아니다.
- 각 자리 숫자의 합은 짝수가 아니다.
- 각 자리 숫자 중 3의 배수는 1개이다.

① 비밀번호로 가능한 경우의 수는 10가지이다.

② 일의 자리 숫자는 1부터 9까지 모두 가능하다.

③ 백의 자리 숫자와 십의 자리 숫자의 곱은 홀수이다.

④ 백의 자리 숫자가 짝수일 때, 일의 자리 숫자는 홀수이다.

⑤ 천의 자리 숫자가 홀수일 때, 십의 자리 숫자는 짝수이다.

14. **같은 해에 입사한 A, B, C, D, E 5명은 서로 다른 달에 입사하였다. 다음 조건을 모두 고려하였을 때, 항상 거짓인 것을 고르시오.**

- A, B, C, D, E가 입사한 기간에 입사한 다른 사람은 없다.
- C와 E 사이에 입사한 사람은 2명이다.
- A는 D보다 늦게 입사하였다.
- E 바로 다음으로 입사한 사람은 B이다.
- 첫 번째 순서로 입사한 사람은 D가 아니다.

① A는 다섯 번째 순서로 입사하였다.

② C 바로 다음으로 입사한 사람은 A이다.

③ E는 네 번째 순서로 입사하였다.

④ A와 E 사이에 입사한 사람은 1명이다.

⑤ D는 B 바로 다음으로 입사하였다.

[15 – 17] 다음 도형에 적용된 규칙을 찾아 '?'에 해당하는 도형을 고르시오.

15.

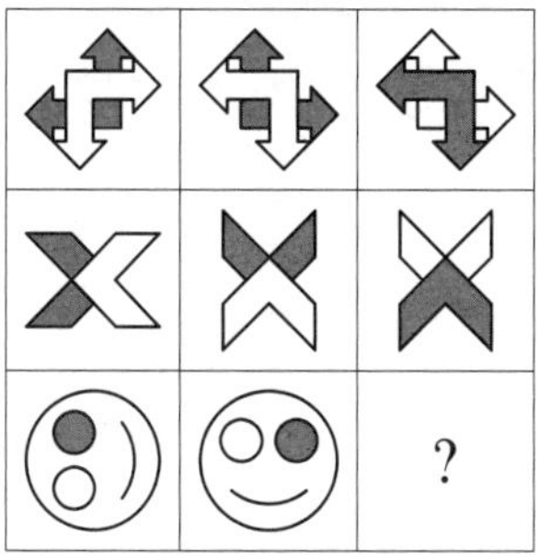

① 
② 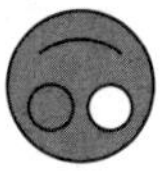
③ 
④ 
⑤ 

16.

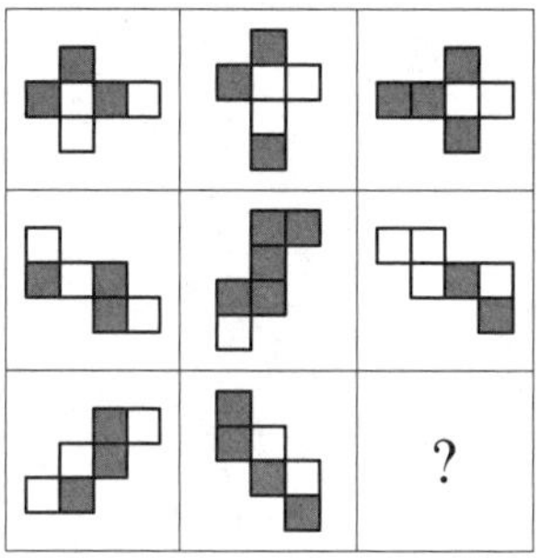

① 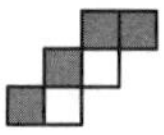
② 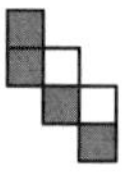
③ 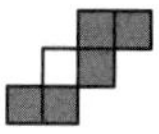
④ 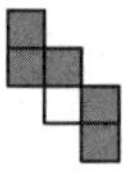
⑤ 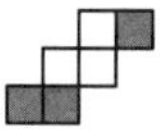

17.

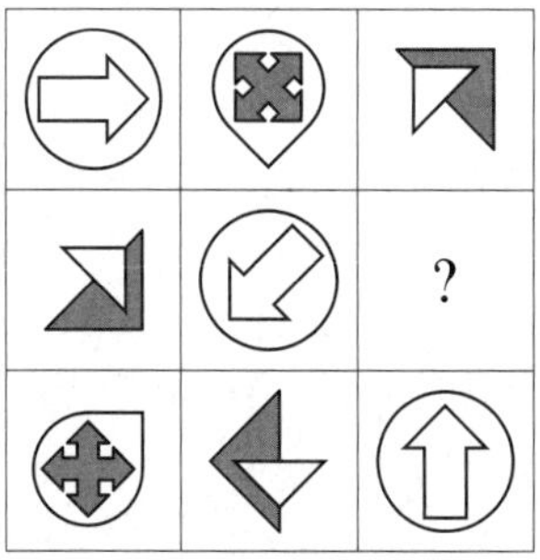

① 
② 
③ 
④ 
⑤ 

[18－21] 다음 각 기호가 문자, 숫자의 배열을 바꾸는 규칙을 나타낸다고 할 때, 각 문제의 '?'에 해당하는 것을 고르시오.

3Q5S
↓
M46P → ◎ → O27M
↓ ↓
5M2E → ◇ → △ → F1O2
↓ ↓
□ 6N8M
↓
M4P6

18.

IA37 → □ → ◇ → ?

① 82CF ② AI73 ③ 64GD ④ AI37 ⑤ 82KX

19.

8LC4 → △ → ◎ → □ → ?

① 3CL6 ② 8F1I ③ 0Z5O ④ 4D7M ⑤ 7Z1F

20.

? → ◎ → △ → C29N

① Z56T ② F92H ③ D56N ④ K2Z8 ⑤ B92N

21.

? → ◇ → □ → ◎ → 4WG8

① E20B ② E2W5 ③ 2YF1 ④ 2Y7F ⑤ 2Y1F

22. **다음 문단을 논리적 순서대로 알맞게 배열한 것을 고르시오.**

(A) 이와 반대로 부정적인 믿음에서 비롯된 현상이 있다. 바로 노시보 효과이다. 이는 올바른 약을 처방 받았음에도 불구하고 환자가 그 약에 대해 의심을 품게 되면 약의 효과가 나타나지 않는 현상이다. 노시보 효과는 해롭지 않은 물질로 인해 병에 걸리거나 죽음에 이르는 원인이 되기도 한다.

(B) 제2차 세계대전 당시 미국의 마취과 의사 헨리 비쳐는 수많은 부상자들에게 처치할 마약성 진통제인 모르핀의 수가 턱없이 부족하자 식염수를 모르핀으로 속이고 부상자들에게 처치하였는데, 놀랍게도 부상자 중 약 35% 정도가 증상이 호전되는 반응을 보였다.

(C) 와인을 하역한 후 포르투갈 항구로 돌아온 선박의 냉동창고에 동료 선원의 실수로 감금되어 죽은 선원의 사례가 가장 대표적이다. 그는 엄청난 추위 속에서 몸이 점점 굳어져 숨이 멎어가는 상황을 냉동창고 벽에 자세하게 기록해 두었다. 그러나 실제 그 냉동창고의 온도는 영상 19도였으며, 그 선원을 죽음에 이르게 한 원인은 자신이 냉동창고에 갇혔다는 생각 자체였다는 것이 밝혀졌다.

(D) 이러한 현상을 플라시보 효과라고 하는데, 실제로 효과가 없는 가짜 약을 환자에게 효과가 있는 진짜 약이라고 속이고 복용하게 하였을 때, 환자의 병세가 호전되는 현상을 말한다. 이는 만성 질환이나 심리 상태에 영향을 쉽게 받는 질환에서 높은 효과를 보일 수 있다. 그러나 환자가 자신의 치료제가 가짜인 것을 알았을 때, 오히려 환자의 건강을 악화시키는 부작용이 발생할 우려가 있다.

① (B) – (A) – (C) – (D)

② (B) – (D) – (A) – (C)

③ (C) – (A) – (B) – (D)

④ (C) – (D) – (A) – (B)

⑤ (D) – (B) – (A) – (C)

23. **다음 문단을 논리적 순서대로 알맞게 배열한 것을 고르시오.**

(A) 외부효과란 어떤 경제주체의 행위가 제3자에게 영향을 미치지만 그에 대한 보상은 이루어지지 않는 현상을 말한다. 외부효과는 제3자에게 미치게 되는 영향의 성격에 따라 긍정적 외부효과와 부정적 외부효과로 나누어진다.

(B) 마찬가지로 벌들이 나무에서 피는 꽃들을 오가며 꽃가루를 많이 날리게 되면 나무에 사과가 더욱 잘 열리게 되고, 이로 인해 많은 사과를 수확할 수 있게 됨으로써 과수 농가의 경제적 후생도 늘어난다. 이들 사이에 금전적 보상이 오고 가지는 않았지만, 서로의 경제적 후생을 높여주는 긍정적 외부효과가 발생한 것이다.

(C) 공장에서 흘러나오는 매연으로 인해 공장 인근에 거주하고 있는 주민들이 좋지 않은 공기를 마시게 되거나 길거리 흡연자로 인해 비흡연자들이 간접흡연을 하게 되는 경우 역시 외부효과가 발생하게 된다. 이는 어떤 경제주체의 행위가 제3자의 경제적 후생을 낮춤에도 금전적인 보상이 주어지지 않기 때문에 부정적 외부효과라고 한다.

(D) 먼저 긍정적 외부효과란, 한 사람의 행위가 제3자의 경제적 후생을 높이는 것으로 대표적으로는 과수 농가와 양봉 농가의 사례를 들 수 있다. 만일 과수 농가에서 사과 수확을 위해 사과나무를 많이 심는다면, 그 나무에서 피는 꽃으로부터 양봉 농가의 벌들은 많은 꿀을 따게 되어 양봉 농가의 꿀 수확이 늘어나며 양봉 농가의 경제적 후생이 늘어난다.

① (A) – (B) – (C) – (D)

② (A) – (C) – (B) – (D)

③ (A) – (C) – (D) – (B)

④ (A) – (D) – (B) – (C)

⑤ (A) – (D) – (C) – (B)

24. **다음 진술이 모두 참이라고 할 때 반드시 거짓일 수밖에 없는 것을 고르시오.**

> 오늘날 라이터나 발광 신발, 발로 밟으면 소리가 나는 계단 등 다양한 분야에서 활용되는 압전소자는 압전기(壓電氣) 현상을 일으키는 소자를 말한다. 여기서 압전기 현상이란 특정 종류의 결정판에 일정한 방향으로 물리적 힘을 가하면 결정판 양면에는 힘에 비례하는 양전하와 음전하가 나타나는 현상을 말한다. 우리 주변 대부분의 물질은 대체로 양의 전하량과 음의 전하량이 동일해 평형을 이루고 있으며, 전기적으로 중성을 띠고 있다. 이때 결정 구조로 이루어진 소재 중에는 분자 구조 또는 결정격자 구조로 인해 전기쌍극자를 나타내는 물질이 존재한다. 물질을 결정 구조의 단위로 보면 양전하의 위치와 음전하의 위치가 일치하지 않거나 양전하를 띤 물질과 음전하를 띤 물질이 일정 거리의 간격을 두고 있을 때가 있는데, 이를 전기쌍극자라 일컫는 것이다. 전기쌍극자를 나타내는 결정판에 물리적인 힘이 가해지면 결정을 이루고 있는 분자 간 또는 이온 간의 상태가 변한다. 결정판이 외부로부터 압력을 받으면 결정 구조가 일그러지면서 전기쌍극자의 크기 변형에 영향을 미치며, 이로 인해 주변의 전기장이 변화하게 되는 것이다. 이러한 원리에 따라 압전소자와 연결된 전기회로에는 양 또는 음의 전기가 흐르게 되는 압전효과가 발생하며, 이를 1차 압전효과라 한다. 반대로 압전소자와 연결된 전기회로에 전압을 가하면 외부의 전기적 인력 등에 의해 압전소자의 물리적 변형을 가져오는 역압전효과가 발생하며, 이를 2차 압전효과라 한다.

① 양전하의 물질과 음전하의 물질이 일정한 간격을 두고 떨어져 있을 때를 전기쌍극자라 한다.

② 외부에서 가해진 힘에 의해 소리가 나는 피아노 계단은 압전효과의 발생 원리가 적용되었다.

③ 자연계에 존재하는 대부분의 물질은 같은 양의 양전하와 음전하로 이루어져 있다.

④ 2차 압전효과는 압전소자 회로에 전기를 가함으로써 압전소자의 물리적 변형을 가져오는 효과이다.

⑤ 압전소자에 동일한 방향으로 물리적인 힘을 가하면 힘에 반비례하는 양전하와 음전하가 발생한다.

25. **다음 진술이 모두 참이라고 할 때 반드시 거짓일 수밖에 없는 것을 고르시오.**

> 전 세계적으로 환경규제를 더욱 강화해야 한다는 목소리가 높아지면서 환경 오염 유발의 주 원인으로 손꼽히는 플라스틱의 사용을 줄여야 한다는 주장이 제기되고 있다. 플라스틱이 분해되기 위해서는 오랜 시간이 걸리며, 분해 과정에서 미세플라스틱이 생성될 뿐만 아니라 소각 과정에서 온실가스를 유발하기 때문이다. 이러한 문제를 해결하기 위해 정부와 기업들은 일반 플라스틱의 사용에 대한 규제를 강화하는 동시에 바이오 플라스틱 개발에 힘쓰고 있다. 계속해서 개발되고 있는 바이오 플라스틱 중 가장 각광받고 있는 친환경 플라스틱 소재는 PLA이다. PLA는 사탕수수, 옥수수 등과 같은 식물성 재료로 만든 젖산으로 만들어지며, 58℃에서 180일 이내의 기간 동안 90% 이상 토양에서 생분해되어 분해 이후에는 이산화탄소와 물의 형태로 돌아가게 된다. 일반 플라스틱을 분해하는 데 약 500년의 시간이 걸리는 것에 비해 PLA는 매립된 후 1년 이내에 모두 분해되며, PLA가 소각되는 과정에서도 유해 물질을 생성하지 않는다. PLA의 내열 온도 및 내한 온도는 일반 플라스틱과 유사하고, 강도가 강해 전자레인지나 식기세척기에 사용된다. 게다가 인간이 PLA를 사용하는 과정에서 몸속으로 미세플라스틱이 들어오더라도 인간의 세포호흡 과정을 통해 물과 이산화탄소로 분해된 후 배출될 수 있으므로 안전성 역시 높은 편이다. 한편 토양과 해양뿐만 아니라 거의 대부분의 환경에서 생분해되는 PHA 역시 친환경 플라스틱을 제조하는 데 있어 중요한 소재로 알려져 있다. 현재 PHA의 생산 기술은 극소수의 기업이 보유하고 있으며, 그중 한 기업에서는 높은 강도에 비해 유연성이 부족한 PLA에 고무와 유사한 성질을 가진 PHA를 섞어 만든 투명 비닐을 선보이면서 PHA 소재를 사용한 세계 최초의 식품 포장재로 이목을 끌은 바 있다.

① PLA 사용으로 인해 몸속에 들어온 미세플라스틱은 특정 과정을 거쳐 물과 이산화탄소로 분해 가능하다.

② PHA는 PLA에 비해 상대적으로 덜 부드러운 성질을 가지고 있다.

③ 젖산은 옥수수와 같은 식물성 재료로 만들어진다.

④ PLA는 생분해될 수 있는 환경의 범위가 PHA보다 좁다.

⑤ 높은 열에 견디는 온도가 일반 플라스틱과 비슷한 PLA는 식기세척기에서 사용할 수 있다.

26. 다음 진술이 모두 참이라고 할 때 반드시 거짓일 수밖에 없는 것을 고르시오.

지표의 성질이 비교적 균일한 대평원이나 바다 등의 지역에 형성되는 유사한 성질의 공기 덩어리를 기단이라고 한다. 수평적으로는 약 1,000km 이상이고 수직적으로는 수 km 이상인 대규모의 공기 덩어리를 일컫는 말이기 때문에 모든 공기 덩어리를 전부 기단이라고 하지는 않는다. 공기층은 바람의 영향을 강하게 받을수록 한 지역에 오랫동안 머물 수 없기 때문에 기단은 바람의 영향력이 비교적 작은 고위도나 저위도 지역에서 형성되나 이때 기단은 형성된 지역의 지리적 성격에 따라 고유한 특성을 갖게 된다. 고위도 지역에서 발생한 기단은 기온이 낮고, 저위도 지역에서 발생한 기단은 기온이 높은 것이 특징이다. 또한, 대륙에서 발생한 기단은 건조하고, 해양에서 발생한 기단은 습하다. 한편 다양한 종류의 기단은 우리나라의 계절에 상당한 영향력을 행사한다. 늦은 봄부터 초여름에는 한랭 다습한 오호츠크해기단, 여름철에는 고온 다습한 북태평양기단, 봄·가을철에는 온난 건조한 양쯔강기단, 겨울철에는 한랭 건조한 시베리아기단이 영향을 주며, 그밖에 태풍을 몰고 오는 고온다습한 적도기단도 있다. 그러나 오호츠크해기단과 북태평양기단 사이에 생기는 장마전선으로 인해 장마철이 시작되는 것처럼 계절이 바뀌는 동안 계절별 기단의 영향력은 각 계절에 영향을 미치는 두 개의 기단이 점점 강해지거나 점점 약해지기도 하며, 동시에 영향을 미치기도 한다. 이는 계절별로 특정 기단만이 발생하는 것이 아닌 그 기단의 영향력이 강해지는 것을 의미한다.

① 우리나라 계절 중 봄에 영향을 끼치는 기단은 양쯔강기단과 오호츠크해기단이다.

② 국내의 여름철에는 북태평양기단의 영향력이 강하게 작용한다고 할 수 있다.

③ 고위도 지역의 대륙에 생성되는 기단은 고온 건조하다는 특징이 있다.

④ 일정한 기준을 충족하지 않는 대규모의 공기 덩어리는 기단이라고 할 수 없다.

⑤ 바람의 영향이 강하게 미치는 특정 지역에서는 기단이 형성될 확률이 낮다.

27. **다음 진술이 모두 참이라고 할 때 반드시 거짓일 수밖에 없는 것을 고르시오.**

> 코퍼(copper) 즉, 구리는 은(銀) 다음으로 우수한 열전도율을 자랑하며, 무르다는 특성으로 인해 쉽게 구부리고 자를 수 있다. 이 때문에 구리는 전기, 전자, 자동차 등 제조업 전반에서 재료로 두루 사용되며, 최근에는 재생에너지 분야까지 그 활용 범위를 넓히고 있다. 이러한 구리를 의인화하여 표현한 용어가 있는데, 바로 닥터 코퍼(Dr. Copper)이다. 구리의 가격은 마치 경제 전문가와 같은 역할을 하므로 구리 가격을 알면 향후 경제 상황을 예상할 수 있음을 나타내는 말이다. 이는 구리가 경기 흐름에 민감하게 반응한다는 특징이 있기 때문으로, 구리의 가격 변동을 통해 경기의 회복과 둔화를 예측할 수 있다. 게다가 구리는 비교적 원유나 금보다 지정학적, 정치적 영향을 덜 받을뿐더러 제조업 전반에서 활용되므로 실물 경제의 경기 선행 지표로도 활용될 수 있는 것이다. 예를 들어 구리의 수요가 증가함에 따라 구리 가격이 상승한다는 것은 경기 상승의 가능성이 있음을 의미하고, 반대로 구리의 수요가 감소함에 따라 구리 가격이 하락한다는 것은 경기 침체가 이어질 가능성이 높음을 뜻한다. 실제로 1996년 말 아시아 금융위기, 2000년대 중반 정보기술 버블 위기, 2008년 글로벌 금융위기, 2020년 코로나19 확산 등의 사건이 발생했을 때는 구리 선물 가격이 급락한 바 있다.

① 구리 가격으로 경제 상황을 예상할 수 있는 이유는 구리가 경제 상황에 예민하게 반응하기 때문이다.

② 아시아 금융위기와 글로벌 금융위기가 발생했을 때 구리 선물 가격은 하락하였다.

③ 쉽게 구부리고 자를 수 있는 금속인 구리보다 열전도율이 높은 금속은 없다.

④ 구리를 구매하려는 사람이 많아진다는 것은 경기가 상승 국면에 접어들 수 있다는 의미이다.

⑤ 구리가 경기 선행 지표로서의 역할을 수행할 수 있는 것은 정치적 영향을 적게 받기 때문이다.

28. **다음 주장에 대한 반박으로 가장 타당한 것을 고르시오.**

> 전국 10여 개의 지방자치단체는 국립공원과 같이 생태계 보전 가치가 높은 지역에 관광용 케이블카를 설치하는 사업을 진행하고 있다. 이는 해당 지역으로의 관광을 더욱 활성화시키는 데 영향을 미쳤으며, 지역 경제 성장으로까지 그 영향력을 이어가고 있다. 해외만 보더라도 국립공원에 케이블카를 설치하여 관광객을 유치하고 있다. 하지만 국립공원에 케이블카를 설치하면 동식물 서식 환경에 악영향을 미칠 수 있으며, 후손에게 물려주어야 할 자연유산 파괴가 불 보듯 뻔하기 때문에 케이블카 설치 사업을 반대하는 이들도 적지 않다. 물론 케이블카가 설치되어 있지 않아 국립공원을 등산하는 이들에 의해 등산로가 훼손되는 경우도 적지 않으나, 케이블카를 설치하는 과정에서의 자연환경 훼손은 더욱 심각한 문제이며, 케이블카를 설치한다는 것은 국립공원이 지닌 고유의 의미까지 망각하는 행위이므로 국립공원을 후손에게 온전히 물려주기 위해서는 국립공원에 케이블카를 설치하는 사업을 중단해야 한다.

① 케이블카 설치에 앞서 케이블카 설치 사업을 추진하는 과정에서 규정 위반 사항이나 절차상 문제가 없는지부터 확인해야 한다.

② 케이블카를 설치하려는 이유가 관광객 유치 및 교통약자 배려 차원이라면 설치 전 국립공원 내 전기 버스 운영 등 다른 방안을 충분히 검토해보아야 한다.

③ 케이블카 설치 사업의 장기적인 수익성 확보를 위해서는 관광객을 유치하기 전에 편의시설 설치 등 관광 인프라를 먼저 갖출 필요가 있다.

④ 케이블카를 설치하지 않아도 국립공원은 훼손될 수 있으므로 국립공원 보존을 위해 등산로를 폐쇄하고 케이블카를 설치하는 것이 더욱 효율적이다.

⑤ 케이블카가 관광 활성화에 영향을 미친다면 증가하는 관광객으로 인한 자연 훼손이 더욱 심각해질 수 있으므로 일일 관광객 수를 제한해야 한다.

29. **다음 글을 바탕으로 아래 〈보기〉를 이해한 것으로 적절한 것을 고르시오.**

사람들은 어떤 물건을 구매하고자 할 때 그 물건의 가격이 올랐을 경우 그에 대한 구매 욕구가 떨어지는 경향을 보인다. 이러한 현상을 경제 용어로 수요의 법칙이라고 한다. 수요의 법칙은 상품의 가격이 상승하면 그에 대한 수요량은 줄어들고, 상품의 가격이 하락하면 그에 대한 수요량은 늘어나는 것을 말한다. 즉, 가격과 수요량 사이에 음(−)의 상관관계가 성립하는 것이다. 이 법칙이 성립하기 위해서는 가격을 제외한 모든 요인들이 일정해야 한다. 이때, 요인이란 수요량을 결정하는 요인으로, 가격을 제외한 수요자의 소득 수준, 소비자의 선호 가격 등을 일컫는다. 이러한 수요의 법칙에 의해 수요 곡선은 일반적으로 우하향하는 모양을 가지고 있다.

〈보기〉

기펜의 역설은 어떤 재화의 가격이 떨어졌음에도 불구하고 재화에 대한 구매자들의 수요량이 오히려 줄어드는 현상을 말한다. 이는 구매자가 가격이 하락한 재화를 소비하는 대신에 더 좋은 재화를 소비하고자 하기 때문이다. 즉, 재화의 가격이 하락함으로써 실질적으로 늘어나게 된 자신의 소득을 가지고 더 좋은 재화를 소비하려고 하는 것이다. 기펜의 역설에 대한 예시로 마가린과 버터를 들 수 있는데, 일반적으로 마가린보다 버터가 더 좋은 제품이지만 그만큼 더 비싸기 때문에 소비자들은 상대적으로 가격이 더 저렴한 마가린을 구매하는 경우가 많다. 그러나 만일 마가린의 가격이 하락하게 되면 사람들은 마가린 구입 비용이 줄어들게 되어 자신의 소득이 늘어났다고 느끼게 되면서, 더 비싸지만 더 좋은 제품인 버터를 구매하게 되고, 이로 인해 마가린의 수요량이 감소하게 되는 것이다.

① 사람들은 수요의 법칙에 따라 특정 제품을 구매하는 습관이 있다.

② 제품의 가격이 떨어지면 그에 대한 수요량은 늘어나는 것이 일반적이지만, 오히려 수요량이 줄어드는 경우도 있다.

③ 마가린과 버터 중에서 사람들은 더 좋은 제품인 버터보다는 저렴한 마가린을 선택한다.

④ 수요의 법칙이 성립하기 위해서는 재화의 가격만이 수요량에 영향을 주어야 한다.

⑤ 우하향하는 수요 곡선을 가지고 있는 재화의 가격이 상승하면 수요량은 증가하게 된다.

30. 다음 글을 바탕으로 아래 〈보기〉를 이해한 것으로 적절한 것을 고르시오.

> 구조 조정 또는 사업 재구축이라고도 불리는 리스트럭처링(Restructuring)은 기업이 오랜 시간 구축해 온 사업 구조나 조직 구조를 개혁하는 작업을 의미한다. 리스트럭처링은 성장성 및 수익성이 둔화되고 있는 부실기업이나 비능률적인 조직을 능률적인 구조로 전환하는 것에 목적을 두고 경영 전략의 혁신을 꾀한다. 이를 위해 기업의 비전 점검 및 미래 목표 설정을 최우선 과제로 삼으며, 기업이 지금껏 구축해 온 구조를 수립한 목표 달성에 적합한 구조로 재설정한다. 따라서 리스트럭처링을 시행한 기업은 기업의 전반적인 경영 구조를 변경하는 방법을 통해 경제적으로 안정적인 상태로 돌아갈 수 있으며, 세부적으로는 미래 지향적인 사업 구조를 가질 수 있을 뿐만 아니라 자신들이 가지고 있던 제한된 자원을 올바르게 배분할 수도 있다.

〈보기〉

> 기업 구조나 경영 방식 등을 근본적으로 재설계하여 기업 경쟁력을 획기적으로 향상시키는 경영 혁신 방법을 리엔지니어링(Re-engineering)이라고 한다. 이는 현재 기업의 경영 전략에 맞추어 업무 진행 방법을 다시 설계하는 것으로, 인원 삭감, 조직의 부분적인 폐쇄 등과 같은 방법을 넘어 기능별로 구분되어 있던 구조를 하나의 구조로 재조정한다. 뿐만 아니라 기업 구조의 특성 및 경영 목적을 바탕으로 업무를 전반적으로 재조정한다. 즉, 기업의 경쟁력을 약화시키는 문제를 점진적으로 개선해 나가는 방법이 아닌 기업의 경영 전략에 적합하지 않은 업무 방식을 급진적으로 개선하고자 하는 방법이다.

① 전체적인 기업 구조를 조금씩 한 단계씩 변화시키기 위해서는 리스트럭처링보다 리엔지니어링을 사용하는 것이 효율적이다.

② 급변하는 기업 환경에 대응하는 전략으로 리엔지니어링을 취한다면 리스트럭처링을 적용할 때보다 경영 혁신 비용을 절감할 수 있다.

③ 어떤 경영 혁신 방법을 시행하는지와 상관없이 근로자 수를 줄여야 기업 내 조직 구조의 효율성을 높일 수 있다.

④ 기업의 재무 상태나 경영 구조를 재조정하려는 목적이 아니라 기업의 전략에 맞춰 운영 방식을 개선하려는 목적이라면 리엔지니어링이 적합하다.

⑤ 기업의 사업군이 속한 시장에서 확고한 경쟁 우위를 선점하려는 기업이라면 리스트럭처링과 리엔지니어링을 함께 사용하여야 한다.

약점 보완 해설집 p.37

모의고사의 수리 영역 문제풀이 시 본 문제풀이 용지를 이용하여 풀어보세요.

성명:

수험번호:

① 정답	② 정답
③ 정답	④ 정답
⑤ 정답	

수리

자르는 선

모의고사의 수리 영역 문제풀이 시 본 문제풀이 용지를 이용하여 풀어보세요.

성명:

수험번호:

⑥

정답

⑦

정답

⑧

정답

⑨

정답

수리

⑩

정답

모의고사의 수리 영역 문제풀이 시 본 문제풀이 용지를 이용하여 풀어보세요.

성명: 수험번호:

⑪ 정답	⑫ 정답
⑬ 정답	⑭ 정답
⑮ 정답	

수리

자르는 선

모의고사의 수리 영역 문제풀이 시 본 문제풀이 용지를 이용하여 풀어보세요.

성명:

수험번호:

⑯ 정답	⑰ 정답
⑱ 정답	⑲ 정답
⑳ 정답	

수리

모의고사의 추리 영역 문제풀이 시 본 문제풀이 용지를 이용하여 풀어보세요.

성명:

수험번호:

추리

①	②
정답	정답
③	④
정답	정답
⑤	⑥
정답	정답
⑦	⑧
정답	정답

자르는 선

모의고사의 추리 영역 문제풀이 시 본 문제풀이 용지를 이용하여 풀어보세요.

성명:

수험번호:

추리

⑨ 정답	⑩ 정답
⑪ 정답	⑫ 정답
⑬ 정답	⑭ 정답
⑮ 정답	⑯ 정답

모의고사의 추리 영역 문제풀이 시 본 문제풀이 용지를 이용하여 풀어보세요.

성명:

수험번호:

추리

⑰ 정답	⑱ 정답
⑲ 정답	⑳ 정답
㉑ 정답	㉒ 정답
㉓ 정답	㉔ 정답

자르는 선

모의고사의 추리 영역 문제풀이 시 본 문제풀이 용지를 이용하여 풀어보세요.

성명:

수험번호:

㉕ 정답	㉖ 정답
㉗ 정답	㉘ 정답
㉙ 정답	㉚ 정답

추리

해커스

GSAT

삼성직무적성검사

FINAL 봉투모의고사

기출동형모의고사

4회

고난도

해커스잡

수험번호	
성명	

기출동형모의고사
4회
(고난도)

시작과 종료 시각을 정한 후, 실전처럼 모의고사를 풀어보세요.

- 수리　　　시　　분 ~　　시　　분 (총 20문항/30분)
- 추리　　　시　　분 ~　　시　　분 (총 30문항/30분)

□ **시험 유의사항**

GSAT는 다음과 같이 영역별 제한 시간이 있습니다. 본 모의고사의 마지막 페이지에 있는 GSAT 문제풀이 용지와 해커스ONE 애플리케이션의 학습 타이머를 이용하여 실전처럼 모의고사를 풀어본 후, p.39의 '바로 채점 및 성적 분석 서비스' QR코드를 스캔하여 응시 인원 대비 본인의 성적 위치를 확인해보시기 바랍니다.

영역	문항 수	시간
수리	20문항	30분
추리	30문항	30분

※ 2025년 상반기 GSAT 기준

수리

총 20문항/30분

▶ 해설 p.48

01. 작년 A 팀과 B 팀의 판매실적 합은 총 3,000만 원이었으나, 올해 A 팀의 판매실적이 30% 감소하고, B 팀의 판매실적이 5% 증가하여 올해 A 팀과 B 팀의 판매실적 합이 작년 대비 총 200만 원 감소했다. 올해 B 팀의 판매실적은?

① 2,000만 원　② 2,100만 원　③ 2,200만 원　④ 2,300만 원　⑤ 2,400만 원

02. A 주머니에는 흰색 공 3개, 검은색 공 2개가 들어 있고, B 주머니에는 흰색 공 2개, 검은색 공 2개가 들어 있다. 주사위를 던져 4 이하의 숫자가 나오면 A 주머니에서 한 개의 공을 뽑고, 5 이상의 숫자가 나오면 B 주머니에서 한 개의 공을 뽑는다고 한다. 뽑은 공이 흰색일 때, 이 공을 A 주머니에서 뽑았을 확률은?

① $\frac{5}{9}$　② $\frac{5}{17}$　③ $\frac{6}{17}$　④ $\frac{12}{17}$　⑤ $\frac{5}{18}$

03. 다음은 2024년 갑 국의 지역별 보험료를 나타낸 자료이다. 다음 중 자료에 대한 설명으로 옳지 않은 것을 고르시오.

[2024년 지역별 보험료]

(단위: 십억 원)

구분	1분기	2분기	3분기	4분기
A 지역	2,911	3,364	3,165	3,066
B 지역	358	409	378	362
C 지역	73	88	91	90
D 지역	3,360	3,939	3,684	3,572
E 지역	349	410	380	366
전국	7,051	8,210	7,698	7,456

① 제시된 기간 동안 보험료가 전 분기 대비 꾸준히 증가한 지역은 없다.

② 분기별 A 지역과 D 지역의 보험료를 합한 금액은 매 분기마다 전국 보험료의 90%를 넘는다.

③ 1분기 대비 4분기 보험료의 증가액이 가장 큰 지역은 D 지역이다.

④ 2024년 B 지역의 보험료는 E 지역의 보험료보다 많다.

⑤ 4분기 전국의 보험료는 1분기 대비 10% 미만 증가하였다.

04. 다음은 5년 동안 야구선수 A의 기록을 나타낸 자료이다. 다음 중 자료에 대한 설명으로 옳은 것을 고르시오.

[야구선수 A의 5개년 기록]

구분	2020년	2021년	2022년	2023년	2024년
출전 경기 수(게임)	116	108	144	116	122
득점(점)	97	105	108	100	60
안타(개)	143	147	175	159	127
홈런(개)	11	14	21	20	15
타점(점)	50	70	100	84	71
도루(개)	17	10	10	10	11
볼넷(개)	45	55	63	43	38
삼진(개)	79	68	138	110	88
타율	0.349	0.343	0.310	0.333	0.267
장타율	0.534	0.547	0.527	0.533	0.444
출루율	0.417	0.420	0.383	0.392	0.327

※ OPS = 장타율 + 출루율

① 제시된 기간 동안 OPS가 가장 높은 해는 2020년이다.

② 제시된 기간 동안 득점과 타점의 차이가 가장 작은 해와 도루가 가장 많은 해는 동일하다.

③ 2021년 타점의 전년 대비 증가율은 2022년 타점의 전년 대비 증가율보다 작다.

④ 제시된 기간 동안 출전 경기 수가 전년 대비 감소한 해에 타율도 전년 대비 감소하였다.

⑤ 5개년 삼진 개수의 합은 5개년 볼넷 개수의 합의 두 배 이상이다.

05. 다음은 ○○ 의류업체의 A~D 지점별 매출액 및 성장률에 대한 자료이다. 다음 중 자료에 대한 설명으로 옳지 않은 것을 고르시오.

[지점별 매출액 및 성장률]

(단위: 억 원, %)

구분	2021년		2022년		2023년		2024년	
	매출액	성장률	매출액	성장률	매출액	성장률	매출액	성장률
A 지점	791	0.8	816	3.2	890	9.1	847	−4.8
B 지점	1,049	−11.6	915	−12.8	1,129	23.4	1,190	5.4
C 지점	337	6.0	350	3.9	369	5.4	385	4.3
D 지점	231	−2.5	219	−5.2	277	26.5	268	−3.2
전체	2,408	−4.7	2,300	−4.5	2,665	15.9	2,690	0.9

※ 성장률은 매출액의 전년 대비 증감률을 의미함

① 2021년 이후 매출액이 매년 전년 대비 증가한 지점은 C 지점뿐이다.

② B 지점의 매출액은 2024년이 2022년의 2배 미만이다.

③ 2020년 A 지점의 매출액은 C 지점의 매출액보다 크다.

④ B 지점의 매출액은 매년 전체 매출액의 40% 이상을 차지한다.

⑤ 제시된 기간 동안 D 지점의 성장률이 다른 해에 비해 가장 큰 해에 D 지점의 매출액 대비 A 지점의 매출액의 비율은 3.0 이상이다.

06. 다음은 A 국의 연도별 우편물 물량 현황에 대한 자료이다. 다음 중 자료에 대한 설명으로 옳은 것을 고르시오.

[연도별 우편물 물량 현황]

(단위: 만 통)

구분	2021년	2022년	2023년	2024년
일반통상	433,587	417,045	392,049	378,230
특수통상	29,202	28,971	28,394	28,276
소포	16,932	16,898	20,328	19,830
합계	479,721	462,914	440,771	426,336

① 2022년 이후 특수통상 물량과 소포 물량의 전년 대비 증감 추이는 서로 같다.

② 제시된 기간 동안 일반통상 물량과 소포 물량의 차이가 가장 큰 해는 2022년이다.

③ 2022년 이후 특수통상 물량의 전년 대비 감소량이 가장 큰 해에 일반통상 물량은 전년 대비 25,000만 통 이상 감소하였다.

④ 2023년 특수통상 물량은 소포 물량의 2배 이상이다.

⑤ 제시된 기간 동안 일반통상 물량이 전체 우편물 물량의 90% 이상을 차지하는 해는 총 2개 연도이다.

07. 다음은 OECD 주요국의 1인당 소비지출수준 지수에 대한 자료이다. 다음 중 자료에 대한 설명으로 옳은 것을 고르시오.

[국가별 1인당 소비지출수준 지수]

구분	2010년	2011년	2012년	2013년	2014년	2015년	2016년
헝가리	52.5	53.7	53.9	53.7	52.6	51.9	52.0
폴란드	59.4	61.7	62.8	62.5	62.1	61.6	61.9
한국	70.9	70.8	71.5	69.7	69.2	69.7	69.6
스웨덴	89.6	90.1	90.2	89.5	87.8	86.5	84.5
이탈리아	98.2	98.4	95.5	92.1	89.7	89.6	91.2
프랑스	92.2	91.6	89.4	90.6	89.2	88.0	87.9
일본	93.7	92.7	94.6	96.5	93.6	92.6	92.0
캐나다	105.6	103.3	102.3	103.5	103.9	103.0	101.9
독일	103.8	105.1	105.3	105.0	104.7	102.8	101.8
영국	109.1	106.3	107.4	108.6	108.9	109.5	109.6
호주	107.1	105.9	103.9	110.6	110.1	109.5	107.0
미국	152.7	152.4	152.3	150.6	152.3	154.2	154.9

※ OECD 평균 1인당 소비지출수준 지수=100

① 2011년 대비 2016년 프랑스의 1인당 소비지출수준 지수는 4.0 이상 감소하였다.

② 제시된 기간 동안 미국의 1인당 소비지출수준 지수가 가장 높은 해와 가장 낮은 해의 한국의 1인당 소비지출수준 지수 차이는 0이다.

③ OECD 평균 1인당 소비지출수준 지수가 130이면 2012년 이탈리아의 1인당 소비지출수준 지수는 120.0 이상이다.

④ 영국의 1인당 소비지출수준 지수는 매년 헝가리의 1인당 소비지출수준 지수의 2배 이상이다.

⑤ 2016년 1인당 소비지출수준 지수가 두 번째로 높은 국가는 2년 전과 동일하다.

08. 다음은 X 국 5개 지역의 대학교 재학생 수를 나타낸 자료이다. 다음 중 자료에 대한 설명으로 옳지 않은 것을 모두 고르시오.

[2023년 지역별 대학교 재학생 수]

(단위: 명)

구분	전체	일반대	전문대	교육대
A 지역	560,000	502,000	56,400	1,600
B 지역	245,000	195,000	48,500	1,500
C 지역	118,000	63,400	53,000	1,600
D 지역	68,000	44,600	22,000	1,400
E 지역	111,000	84,000	25,600	1,400

[2024년 지역별 대학교 재학생 수]

(단위: 명)

구분	전체	일반대	전문대	교육대
A 지역	562,000	505,000	55,000	2,000
B 지역	237,500	190,000	46,000	1,500
C 지역	116,000	62,000	52,400	1,600
D 지역	67,000	43,700	22,000	1,300
E 지역	109,000	82,000	25,600	1,400

a. A 지역의 전체 대학교 재학생 수에서 일반대 재학생 수가 차지하는 비중은 2023년과 2024년 모두 90% 미만이다.

b. 제시된 5개 지역의 전체 전문대 재학생 수는 2024년이 2023년보다 많다.

c. 제시된 지역 중 2024년 전문대 재학생 수가 다른 지역에 비해 두 번째로 많은 지역의 2024년 전체 대학교 재학생 수는 전년 대비 감소하였다.

d. 2024년 D 지역의 전체 대학교 재학생 수에서 교육대 재학생 수가 차지하는 비중은 5% 미만이다.

① a ② b ③ a, c ④ b, d ⑤ a, c, d

09. 다음은 2024년 S 지역의 연령대별 기부인원 및 기부금액에 대한 자료이다. 2024년 기부금액이 가장 많은 연령대의 기부인원 1명당 평균 기부금액은?

[연령대별 기부인원 및 기부금액]

(단위: 명, 백만 원)

구분	기부인원	기부금액
30세 미만	200	254
30세 이상 40세 미만	1,050	1,800
40세 이상 50세 미만	2,300	5,725
50세 이상 60세 미만	2,800	9,800
60세 이상 70세 미만	1,740	8,750
70세 이상	425	3,550
합계	8,515	29,879

① 2.5백만 원　② 2.8백만 원　③ 3.0백만 원　④ 3.2백만 원　⑤ 3.5백만 원

[10－11] 다음은 A 국의 예금 취급기관의 2024년 하반기 가계대출 금액에 대한 자료이다. 각 물음에 답하시오.

[기관별 가계대출 금액]

(단위: 백억 원)

구분		7월	8월	9월	10월	11월	12월
예금은행	주택담보대출	51,439	51,924	52,329	52,822	53,248	53,397
	기타대출	22,382	22,657	22,742	23,004	23,213	23,375
비은행 예금 취급기관	주택담보대출	10,377	10,295	10,213	10,144	10,062	9,978
	기타대출	21,356	21,367	21,363	21,480	21,513	21,648
합계		105,554	106,243	106,647	107,450	108,036	108,398

[비은행 예금 취급기관별 가계대출 금액]

(단위: 백억 원)

구분	7월	8월	9월	10월	11월	12월
상호저축은행	2,505	2,533	2,529	2,578	2,601	2,605
신용협동조합	3,602	3,597	3,584	3,575	3,556	3,566
상호금융	18,872	18,835	18,814	18,828	18,804	18,852
새마을금고	6,618	6,563	6,516	6,506	6,477	6,463
기타	136	134	133	137	137	140

10. 제시된 기간 동안 비은행 예금 취급기관의 주택담보대출 금액이 두 번째로 많은 월에 예금은행의 주택담보대출 금액의 전월 대비 증가액은?

① 465백억 원 ② 470백억 원 ③ 475백억 원 ④ 480백억 원 ⑤ 485백억 원

11. 다음 중 자료에 대한 설명으로 옳지 않은 것을 고르시오.

① 제시된 기간 동안 예금은행의 기타대출 금액이 가장 많은 달에 비은행 예금 취급기관의 기타대출 금액도 가장 많다.

② 12월 상호금융의 가계대출 금액의 전월 대비 증가액은 12월 신용협동조합의 가계대출 금액의 전월 대비 증가액보다 많다.

③ 8월 비은행 예금 취급기관의 전체 가계대출 금액에서 상호저축은행의 가계대출 금액이 차지하는 비중은 10% 미만이다.

④ 8월부터 12월까지 예금은행의 주택담보대출 금액과 비은행 예금 취급기관의 주택담보대출 금액의 전월 대비 증감 추이는 정반대이다.

⑤ 제시된 기간 동안 비은행 예금 취급기관의 평균 주택담보대출 금액은 10,300백억 원 이상이다.

[12 - 13] 다음은 10년간 계절별 강수량과 10년 평균 및 평년 강수량에 대한 자료이다. 각 물음에 답하시오.

[계절별 강수량]

(단위: mm)

구분	2010년	2011년	2012년	2013년	2014년	2015년	2016년	2017년	2018년	2019년
봄	302.9	256.9	256.5	264.3	215.9	223.2	312.8	118.6	368.1	173.9
여름	692.6	1,053.6	770.6	567.5	599.8	387.1	446.2	609.7	586.5	493.0
가을	307.6	225.5	363.5	231.2	293.1	247.7	381.6	172.5	351.2	448.4
겨울	98.7	45.6	139.3	59.9	76.9	109.1	108.1	75.6	66.5	168.1

[계절별 10년 평균 및 평년 강수량]

(단위: mm)

구분	10년 평균 (2010~2019년)	평년 (1981~2010년)
봄	249.3	236.6
여름	620.7	723.2
가을	302.2	259.7
겨울	94.8	88.8
합계	1,267.0	1,308.3

※ 출처: KOSIS(기상청, 기상관측통계)

12. 다음 중 자료에 대한 설명으로 옳은 것의 개수를 고르시오.

a. 제시된 기간 동안 여름 강수량이 가장 많았던 해에 전체 연 강수량도 가장 많았다.
b. 제시된 기간 동안 봄 강수량이 가장 많았던 해에 봄 강수량의 4년 전 대비 증가량은 150.0mm 이상이다.
c. 2019년 여름 강수량은 평년 여름 강수량보다 230.0mm 이상 더 적다.
d. 2013년 이후 가을 강수량과 겨울 강수량의 전년 대비 증감 추이는 서로 같다.

① 0개 ② 1개 ③ 2개 ④ 3개 ⑤ 4개

13. 다음 중 자료에 대한 설명으로 옳지 않은 것을 모두 고르시오.

a. 2010~2019년 10년 평균 가을 강수량 대비 2019년 가을 강수량의 비율은 2.0 이상이다.
b. 1981년부터 2010년까지 30년간 총 강수량은 40,000.0mm 미만이다.
c. 2015년 봄과 가을 강수량의 합은 같은 해 여름과 겨울 강수량의 합보다 작다.

① a ② b ③ c ④ a, c ⑤ b, c

[14 – 15] 다음은 제조업의 매출액 규모에 따른 직군별 2023년 인원 및 2024년 입직인원 현황에 대한 자료이다. 각 물음에 답하시오.

[직군별 2023년 인원 및 2024년 입직인원]

(단위: 명)

구분	A 직군		B 직군		C 직군		D 직군	
	2023년 인원	2024년 입직인원	2023년 인원	2024년 입직인원	2023년 인원	2024년 입직인원	2023년 인원	2024년 입직인원
5억 원 초과 ~20억 원 이하	193,591	10,851	61,075	5,429	466,357	67,997	24,525	2,714
20억 원 초과 ~50억 원 이하	125,561	9,780	48,160	3,936	303,367	54,273	25,159	940
50억 원 초과 ~80억 원 이하	56,513	4,358	20,449	1,262	141,633	22,687	11,217	1,140
80억 원 초과 ~120억 원 이하	43,987	3,318	17,129	1,401	125,286	24,231	10,103	820
120억 원 초과 ~200억 원 이하	50,123	4,363	18,114	1,203	120,612	23,095	11,018	847
200억 원 초과 ~500억 원 이하	73,439	7,187	25,349	2,333	166,835	27,684	17,071	1,720
500억 원 초과 ~1,500억 원 이하	34,249	3,353	13,831	1,224	82,212	12,229	9,756	1,437

※ 입직률(%) = (입직인원/전년도 인원) × 100

14. 다음 중 자료에 대한 설명으로 옳지 않은 것을 모두 고르시오.

a. 매출액이 5억 원 초과~1,500억 원 이하인 제조업의 2023년 B 직군 총인원수는 D 직군 총인원수보다 많다.
b. 매출액이 50억 원 초과~80억 원 이하인 제조업의 2024년 C 직군 입직인원수는 같은 매출액 규모의 A 직군, B 직군, D 직군 총 입직인원수의 3배 미만이다.
c. 매출액이 500억 원 초과~1,500억 원 이하인 제조업의 2024년 C 직군 입직률은 20% 이상이다.

① b ② c ③ a, b ④ b, c ⑤ a, b, c

15. 다음 중 자료에 대한 설명으로 옳은 것을 모두 고르시오.

a. 제시된 모든 직군에서 매출액이 5억 원 초과~120억 원 이하인 제조업의 2024년 입직인원수는 매출액이 120억 원 초과~1,500억 원 이하인 제조업의 2024년 입직인원수보다 많다.
b. 매출액이 120억 원 초과~200억 원 이하인 제조업의 2024년 입직률은 A 직군이 C 직군보다 크다.
c. 제시된 모든 직군에서 매출액이 5억 원 초과~20억 원 이하인 제조업의 2023년 인원수는 매출액이 20억 원 초과~50억 원 이하인 제조업의 2023년 인원수보다 많다.

① a ② b ③ a, b ④ b, c ⑤ a, b, c

[16 - 17] 다음은 A 회사의 연도별 화장품 수입액 및 수출액을 나타낸 자료이다. 각 물음에 답하시오.

[연도별 화장품 수입액 및 수출액]

(단위: 만 달러)

구분	2020년	2021년	2022년	2023년	2024년
수입액	1,160	1,088	1,080	1,176	1,290
수출액	1,740	2,588	4,178	4,945	6,260

16. 다음 중 자료에 대한 설명으로 옳지 않은 것을 모두 고르시오.

a. 2021년 이후 A 회사의 화장품 수출액은 매년 전년 대비 증가하였다.
b. 2021년 이후 A 회사의 화장품 수입액의 전년 대비 변화량이 가장 작은 해는 2023년이다.
c. 제시된 기간 중 A 회사의 화장품 수입액과 수출액의 차이가 가장 큰 해는 2024년이다.

① a ② b ③ c ④ a, b ⑤ a, b, c

17. 2020년 A 회사의 수입액과 수출액의 합에서 수출액이 차지하는 비중은?

① 30% ② 35% ③ 40% ④ 60% ⑤ 65%

18. 다음은 A~C 대출금의 지불 횟수와 명목 이자율에 따른 실효 이자율을 나타낸 자료이다. 자료를 보고 a, b에 해당하는 값을 예측했을 때 가장 타당한 값을 고르시오.

[대출금의 지불 횟수와 명목 이자율에 따른 실효 이자율]

구분	A 대출금	B 대출금	C 대출금
지불 횟수(회)	24	10	19
명목 이자율	0.05	0.022	0.04
실효 이자율	0.1	0.044	0.08

※ 실효 이자율 = $\frac{a \times \text{명목 이자율} \times \text{지불 횟수}}{\text{지불 횟수} + 1} + b$

	a	b
①	0.5	0.002
②	1	0.002
③	1	0.004
④	2	0.002
⑤	2	0.004

19. 다음은 Z 회사의 연도별 연구원 수 및 총 연구비를 나타낸 자료이다. 이를 바탕으로 연도별 Z 회사의 연구원 1명당 평균 연구비를 바르게 나타낸 것을 고르시오.

[연도별 연구원 수 및 총 연구비]

(단위: 명, 만 원)

구분	2018	2019	2020	2021	2022
연구원 수	320	420	300	240	350
총 연구비	4,800	8,400	5,400	6,000	7,000

①
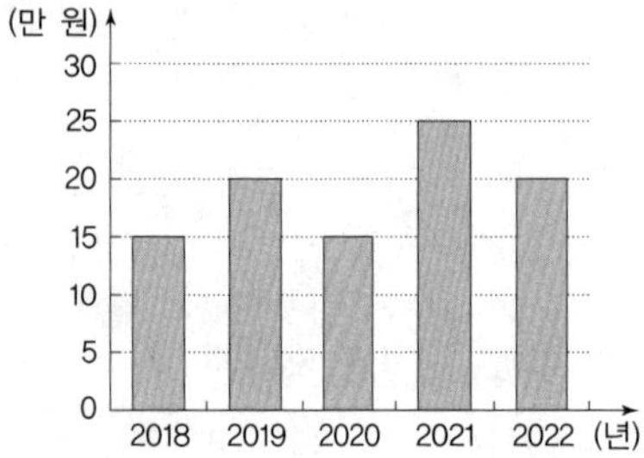

②
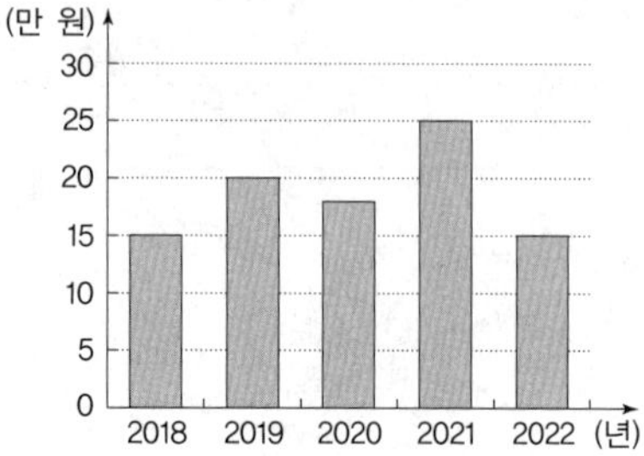

③
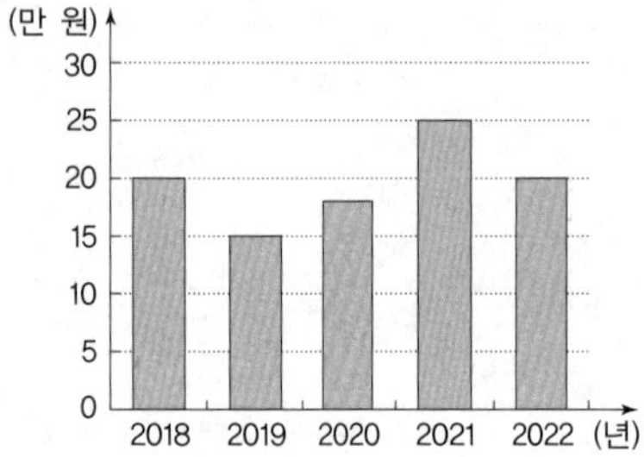

④
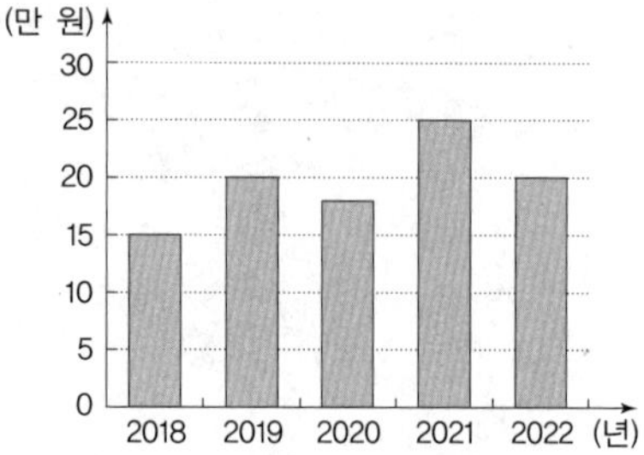

⑤
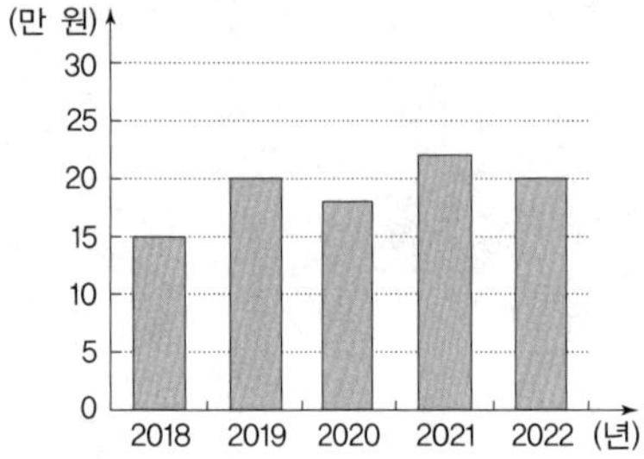

20. 다음은 A 도서와 B 도서의 드라마 노출 시간에 따른 누적 판매량을 나타낸 자료이다. 각 도서의 누적 판매량이 10초마다 일정하게 변화할 때, B 도서 누적 판매량이 처음으로 A 도서 누적 판매량의 3배 이상이 되는 드라마 노출 시간은?

[도서별 드라마 노출 시간에 따른 누적 판매량]

(단위: 권)

구분	A 도서	B 도서
10초	300	180
20초	400	360
30초	700	720
40초	1,100	1,440
50초	1,800	2,880

① 60초 ② 70초 ③ 80초 ④ 90초 ⑤ 100초

약점 보완 해설집 p.48

추리

총 30문항/30분

▶ 해설 p.52

[01 – 02] 다음 전제를 읽고 반드시 참인 결론을 고르시오.

01.

전제	팥을 좋아하는 모든 사람은 사탕을 좋아한다.
	팥을 좋아하는 어떤 사람은 두부를 먹는다.
결론	

① 두부를 먹는 모든 사람은 사탕을 좋아한다.

② 두부를 먹는 어떤 사람은 사탕을 좋아하지 않는다.

③ 사탕을 좋아하는 모든 사람은 두부를 먹는다.

④ 사탕을 좋아하는 어떤 사람은 두부를 먹는다.

⑤ 사탕을 좋아하는 어떤 사람은 두부를 먹지 않는다.

02.

전제	바다를 좋아하는 모든 사람은 낚시를 잘한다.
	등산을 잘하는 모든 사람은 낚시를 잘하지 못한다.
결론	

① 바다를 좋아하는 어떤 사람은 등산을 잘한다.

② 바다를 좋아하지 않는 어떤 사람은 등산을 잘한다.

③ 등산을 잘하는 모든 사람은 바다를 좋아한다.

④ 등산을 잘하지 못하는 모든 사람은 바다를 좋아한다.

⑤ 등산을 잘하지 못하는 모든 사람은 바다를 좋아하지 않는다.

03. **다음 결론이 반드시 참이 되게 하는 전제를 고르시오.**

전제	비가 오는 어떤 날은 구름이 있다.
결론	기온이 떨어지는 어떤 날은 비가 온다.

① 기온이 떨어지는 모든 날은 구름이 없다.

② 기온이 떨어지는 모든 날은 구름이 있다.

③ 구름이 있는 어떤 날은 기온이 떨어지지 않는다.

④ 구름이 있는 어떤 날은 기온이 떨어진다.

⑤ 구름이 있는 모든 날은 기온이 떨어진다.

04. **현주, 영주, 장미, 다은, 현우, 도균, 재호, 규빈 8명은 6층 빌딩에 거주하며, 한 층에는 최대 2명이 거주하고 있다. 다음 조건을 모두 고려하였을 때, 항상 거짓인 것을 고르시오.**

- 영주와 도균이는 같은 층에 거주한다.
- 재호보다 아래층에 거주하는 사람은 없다.
- 현주와 장미가 다른 층에 거주하고, 두 사람이 거주하는 층 사이에 거주하는 사람은 현우뿐이다.
- 규빈이와 같은 층에 거주하는 사람은 없다.
- 다은이는 영주보다 위층에 거주한다.
- 영주는 현우보다 2층 위에 거주한다.

① 다은이는 6층에 거주한다.

② 규빈이는 5층에 거주한다.

③ 현우는 3층에 거주한다.

④ 재호와 현주는 같은 층에 거주한다.

⑤ 영주보다 위층에 거주하는 사람은 총 2명이다.

05. K반 학생 지아, 경아, 미아, 현호, 민서, 경호 6명은 새 학기를 맞이하여 자리를 배정받으려고 한다. 다음 조건을 모두 고려하였을 때, 같은 행에 앉을 수 있는 사람을 고르시오.

- 지아, 경아, 미아, 현호, 민서, 경호는 칠판을 바라보고 앉는다.
- 지아와 경아는 1행에 앉지 않는다.
- 현호는 3행에 앉는다.
- 경호는 미아의 바로 뒷자리에 앉는다.
- 경아는 현호의 옆자리에 앉지 않는다.

[좌석 배치도]

칠판

1행		
2행		
3행		

① 지아, 경아 ② 지아, 미아 ③ 경아, 민서 ④ 경아, 경호 ⑤ 현호, 경호

06. A, B, C, D 4명은 서울, 대전, 부산으로 출장을 가려고 한다. 다음 조건을 모두 고려하였을 때, 항상 참인 것을 고르시오.

- A, B, C, D는 월요일, 화요일, 수요일 3일 동안 하루에 1곳씩 모든 출장지로 출장을 가야 한다.
- 각 출장지에는 하루에 최대 2명이 출장을 갈 수 있다.
- C는 3곳 모두 혼자 출장을 간다.
- B는 월요일에 서울로 출장을 간다.
- D가 수요일에 가는 출장지는 부산이 아니다.
- A와 D는 함께 대전으로 출장을 간다.

① A와 B가 함께 가는 출장지는 없다.

② A와 D가 함께 가는 출장지는 1곳이다.

③ C는 월요일에 대전으로 출장을 간다.

④ B는 수요일에 부산으로 출장을 간다.

⑤ B와 D가 함께 가는 출장지는 2곳이다.

07. 은서, 혜주, 은주, 혜미 4명은 가위바위보 카드 게임을 하였다. 다음 조건을 모두 고려하였을 때, 항상 거짓인 것을 고르시오.

> • 은서, 혜주, 은주, 혜미는 가위, 바위, 보 중 하나가 그려진 카드 1장을 선택한다.
> • 선택한 카드는 다시 제자리에 둔다.
> • 자신보다 카드를 늦게 선택한 사람의 카드만 볼 수 있다.
> • 은서는 세 번째로 카드를 선택했으며, 선택한 카드는 바위가 아니다.
> • 자신이 승리할 것을 예측할 수 있는 사람은 혜주뿐이다.
> • 게임은 단판으로 승패가 결정되었고, 이긴 사람은 총 2명이다.
> • 은주와 혜미는 서로 다른 카드를 선택했다.

① 혜주는 바위 카드를 선택하지 않았다.

② 은주는 두 번째로 카드를 선택했다.

③ 은서는 게임에서 이겼다.

④ 혜미는 가위 카드를 선택했다.

⑤ 은주는 혜미보다 먼저 카드를 선택했다.

08. A, B, C 3명은 파인애플, 불고기, 치즈피자 중 서로 다른 하나를 주문하였다. 다음 조건을 모두 고려하였을 때, 항상 거짓인 것을 고르시오.

> • B가 가장 먼저 피자를 주문하였다.
> • A가 주문한 피자는 치즈피자가 아니다.
> • 불고기피자 바로 다음으로 주문된 피자는 파인애플피자이다.

① A는 가장 마지막 순서로 피자를 주문하였다.

② C는 B 바로 다음 순서로 피자를 주문하였다.

③ B는 파인애플피자를 주문하였다.

④ 불고기피자를 주문한 사람이 A이면, C는 세 번째 순서로 피자를 주문하였다.

⑤ B가 치즈피자를 주문하였다면, 가능한 경우의 수는 2가지이다.

09. A, B, C, D, E, F, G 7명은 3명, 2명, 2명으로 3개의 조를 짜서 조별로 서로 다른 시간에 스터디를 진행하려고 한다. 다음 조건을 모두 고려하였을 때, 항상 거짓인 것을 고르시오.

- C와 G는 다른 조이다.
- A와 B는 같은 시간에 스터디를 한다.
- C는 D와 서로 다른 시간에 스터디를 한다.
- D는 3명으로 구성된 조에서 스터디를 한다.

① C와 F는 같은 조이다.

② E와 F는 같은 조이다.

③ F는 2명으로 구성된 조에 속한다.

④ E는 3명으로 구성된 조에 속하지 않는다.

⑤ D와 G는 같은 조가 아니다.

10. A 부장, B 팀장, C 대리, D 사원 4명은 월요일부터 토요일 중 서로 다른 요일에 하루씩 출장을 가려고 한다. 다음 조건을 모두 고려하였을 때, 항상 참인 것을 고르시오.

- A 부장과 B 팀장은 토요일에 출장을 가지 않는다.
- 주간 회의가 진행되는 수요일에는 아무도 출장을 가지 않는다.
- B 팀장은 화요일에 출장을 간다.
- C 대리는 D 사원보다 먼저 출장을 간다.

① A 부장은 D 사원보다 먼저 출장을 간다.

② A 부장은 금요일에 출장을 가지 않는다.

③ 토요일에 출장을 갈 수 있는 사람은 D 사원뿐이다.

④ 금요일에는 누군가 출장을 간다.

⑤ D 사원은 주간 회의 다음 날 출장을 가지 않는다.

11. 갑, 을, 병, 정, 무, 기는 아시아(일본), 북아메리카(미국), 유럽(프랑스, 영국, 독일) 중 한 나라로 여행을 가려고 한다. 다음 조건을 모두 고려하였을 때, 항상 거짓인 것을 고르시오.

- 각 나라에는 최소 1명이 여행을 간다.
- 병은 영국으로 여행을 간다.
- 을은 유럽으로 여행을 가지 않는다.
- 정과 기는 같은 나라로 여행을 간다.

① 정이 유럽으로 여행을 가지 않으면, 무도 유럽으로 여행을 가지 않는다.

② 갑은 미국으로 여행을 간다.

③ 병과 기는 같은 대륙으로 여행을 간다.

④ 을이 미국으로 여행을 가면, 무는 프랑스로 여행을 간다.

⑤ 무가 일본으로 여행을 가면, 갑은 미국으로 여행을 가지 않는다.

12. A, B, C, D 4명은 문구점에서 연필, 지우개, 풀, 가위를 구매하였다. 다음 조건을 모두 고려하였을 때, 항상 참인 것을 고르시오.

- 아무도 구매하지 않은 물건은 없다.
- A, B, C, D는 각각 다른 종류의 2가지 물건을 구매하였다.
- A와 C는 가위를 구매하였고, 풀을 구매하지 않았다.
- 연필을 구매하지 않은 사람은 C뿐이다.
- 풀을 구매한 사람 수보다 지우개를 구매한 사람 수가 더 많다.

① A와 B가 구매한 물건은 모두 같다.

② D는 풀을 구매하지 않았다.

③ C는 지우개를 구매하였다.

④ 지우개를 구매한 사람은 3명이다.

⑤ C와 D는 같은 종류의 물건을 1가지 구매하였다.

13. 어른 A, B, C, D 4명과 어린이 E, F 2명은 6인용 원탁에 앉아 점심을 먹으려고 한다. 다음 조건을 모두 고려하였을 때, 항상 거짓인 것을 고르시오.

- A와 B는 바로 옆자리에 앉는다.
- D는 어린이 바로 옆에 앉지 않는다.
- C는 D의 바로 옆자리에 앉는다.

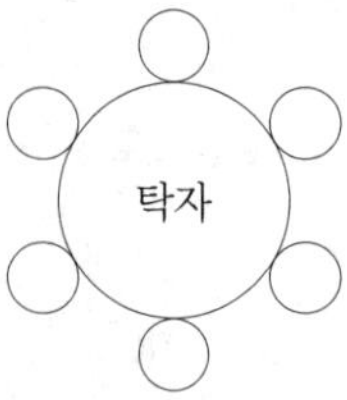

① A는 어린이 바로 옆에 앉는다.

② C의 양옆에는 어른이 앉는다.

③ B는 D의 바로 옆자리에 앉는다.

④ A와 E는 마주 보고 앉는다.

⑤ C와 F는 마주 보고 앉지 않는다.

14. 민규, 성규, 지희, 성지, 성호 5명은 댄스, 바둑, 볼링, 수영, 탁구 동호회 중 하나에 가입하려고 한다. 다음 조건을 모두 고려하였을 때, 항상 참인 것을 고르시오.

- 민규, 성규, 지희, 성지, 성호는 서로 다른 동호회에 가입한다.
- 민규는 바둑 또는 볼링 동호회에 가입한다.
- 성호는 댄스 동호회에 가입하지 않는다.
- 탁구 동호회에 가입하는 사람은 성규 또는 지희이다.
- 볼링 동호회에 가입하는 사람은 성지이다.

① 지희는 탁구 동호회에 가입한다.

② 댄스 동호회에 가입할 수 있는 사람은 3명이다.

③ 성규는 댄스 동호회에 가입하지 않는다.

④ 성호는 수영 동호회에 가입한다.

⑤ 5명이 동호회에 가입하는 경우의 수는 1가지이다.

[15 – 17] 다음 도형에 적용된 규칙을 찾아 '?'에 해당하는 도형을 고르시오.

15.

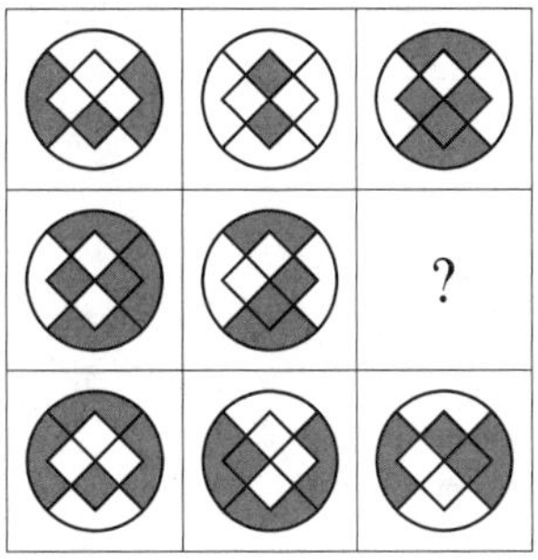

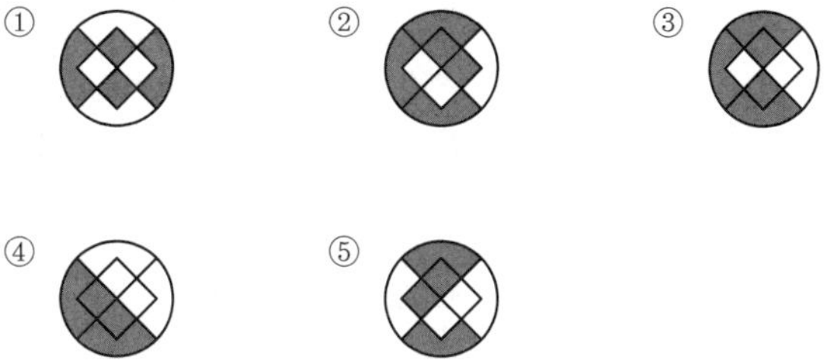

16.

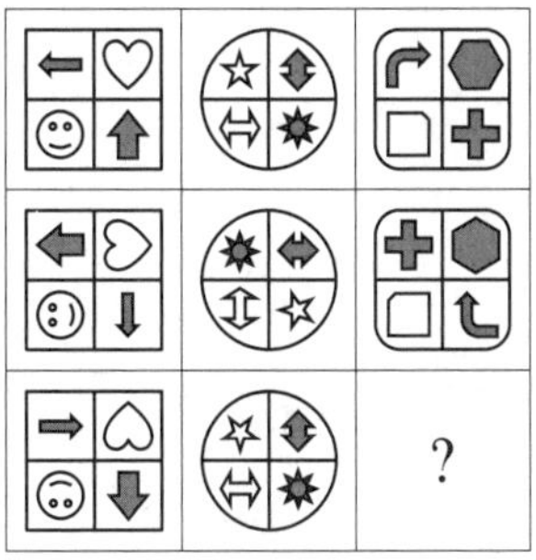

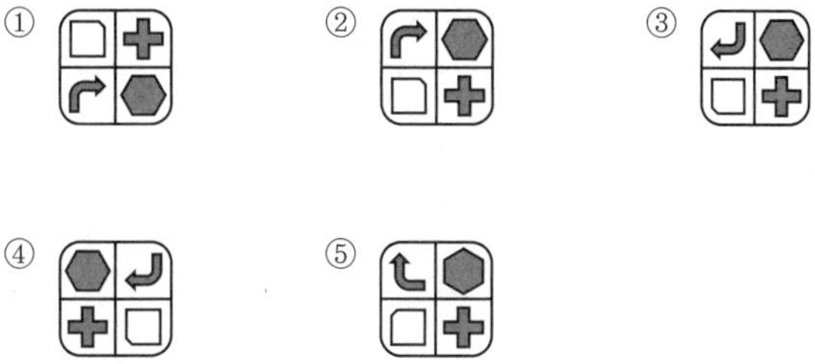

17.

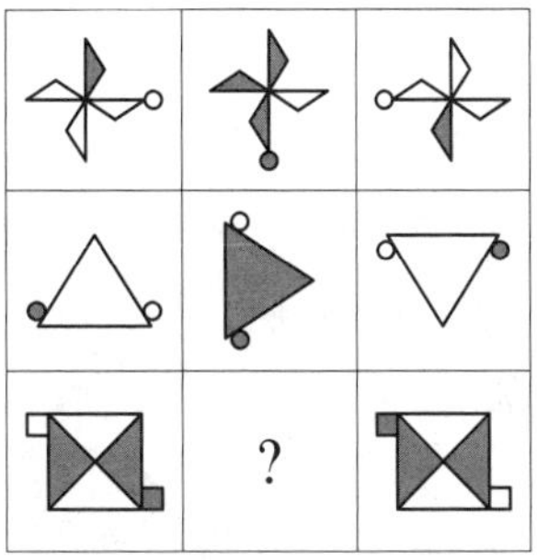

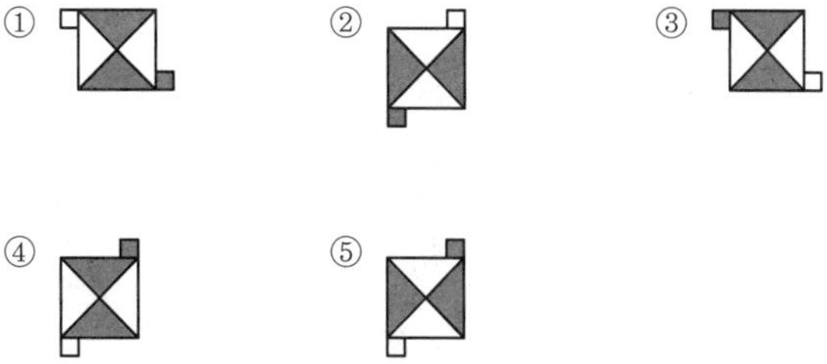

[18－21] 다음 각 기호가 문자, 숫자의 배열을 바꾸는 규칙을 나타낸다고 할 때, 각 문제의 '?'에 해당하는 것을 고르시오.

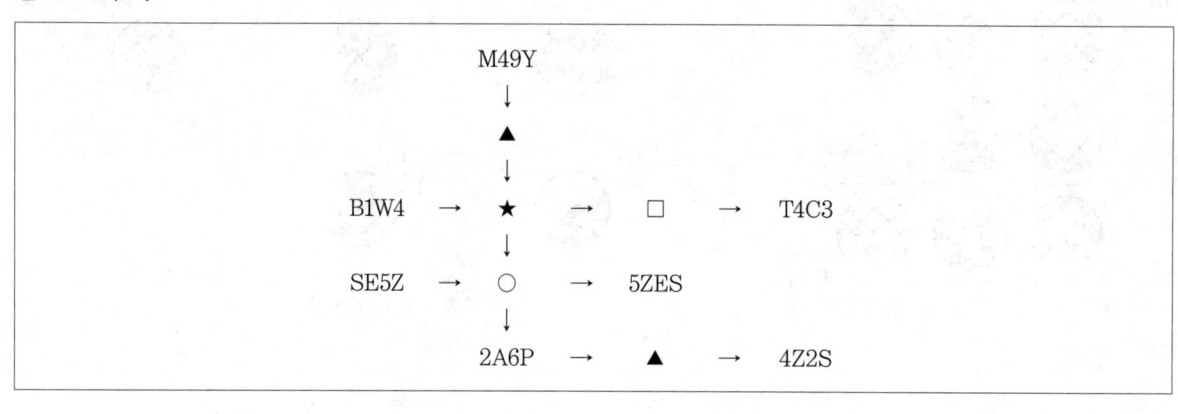

		M49Y				
		↓				
		▲				
		↓				
B1W4	→	★	→	□	→	T4C3
		↓				
SE5Z	→	○	→	5ZES		
		↓				
		2A6P	→	▲	→	4Z2S

18.

CV49 → ○ → □ → ?

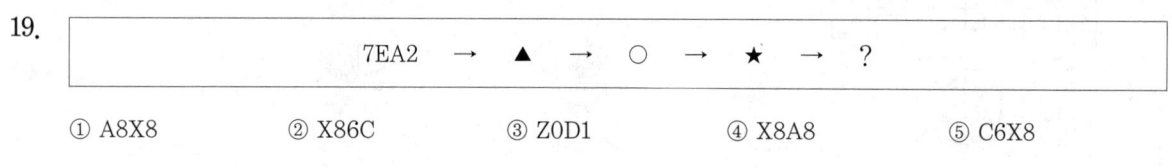

① V94C ② 49VC ③ Y18D ④ 18YD ⑤ 49CV

19.

7EA2 → ▲ → ○ → ★ → ?

① A8X8 ② X86C ③ Z0D1 ④ X8A8 ⑤ C6X8

20.

? → ★ → ▲ → P6J7

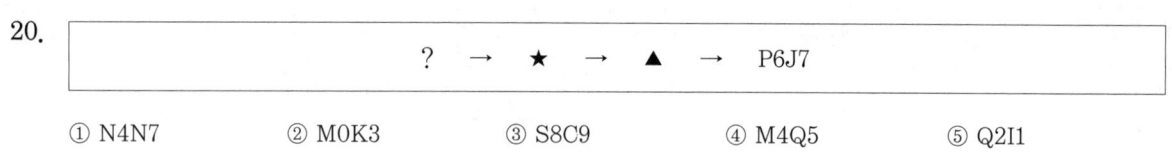

① N4N7 ② M0K3 ③ S8C9 ④ M4Q5 ⑤ Q2I1

21.

? → □ → ★ → ○ → D5I9

① 8GF6 ② HE86 ③ GF86 ④ 86GF ⑤ 8HE6

22. **다음 문단을 논리적 순서대로 알맞게 배열한 것을 고르시오.**

(A) 전기 자동차는 내연기관 자동차의 단점을 보완하고 환경 보호에도 기여할 수 있어 현재 자동차 업계에서 가장 주목받는 트렌드이다. 놀랍게도 전기 자동차는 내연기관 자동차보다 더 오랜 역사를 가지고 있다. 1885년 벤츠가 개발한 가솔린 엔진 삼륜차에는 내연기관과 증기기관이 사용되었으나, 당시 자동차 시장의 주류를 이루던 것은 오히려 전기 자동차였다.

(B) 이와 같이 오랜 역사를 지닌 전기 자동차가 오늘날 새롭게 느껴지는 이유는 과거 저렴한 석유를 연료로 사용하고 연료 충전 시간이 빠른 내연기관 자동차에 밀려 경쟁력을 잃고 사라졌기 때문이다. 일례로 1913년 에디슨의 전기 자동차는 완충에 7시간이 소요되는 500kg의 배터리를 장착해야 했으며, 최대 속도는 35km/h에 불과했다.

(C) 전기 자동차 개발의 선구자는 1827년 세계 최초의 전기 모터를 개발한 아니오스 예드릭이다. 이후 1830년대부터 충전식 납축전지와 전기 모터를 활용한 전기 자동차가 출시되어 1900년대 초까지 인기를 끌었다. 1888년 독일의 플록켄은 당시 내연기관 자동차와 비슷한 성능을 가진 전기 자동차를 3만 대 생산했으며, 1899년 벨기에에서는 주행 속도가 100km/h 이상인 전기 자동차가 개발되었다.

(D) 그러나 1980년대에 들어 환경에 대한 관심이 높아지고 내연기관 자동차로 인한 대기오염 문제가 대두되면서 21세기에 전기 자동차가 다시 주목받기 시작했다. '친환경'이라는 명분 아래 강화된 환경 규제와 정부의 지원 정책에 힘입어 전기 자동차 산업은 앞으로도 지속적으로 확대될 것으로 전망된다.

① (A) – (C) – (B) – (D)

② (A) – (D) – (C) – (B)

③ (C) – (A) – (B) – (D)

④ (C) – (A) – (D) – (B)

⑤ (C) – (B) – (D) – (A)

23. **다음 문단을 논리적 순서대로 알맞게 배열한 것을 고르시오.**

(A) 한편, 미국 AT&T 벨 연구소에서는 1960년대 말 소프트웨어 개발을 위한 운영체제인 유닉스(UNIX)를 개발하였다. 유닉스는 컴퓨터 역사상 가장 중요한 운영체제 중 하나로 평가되는데, 이는 유닉스가 당시 일반적으로 사용되던 어셈블리가 아닌 C언어라는 고급 프로그래밍 언어를 사용하여 커널을 포함한 전체 시스템을 작성한 최초의 운영체제이기 때문이다.

(B) 운영체제는 하드웨어 시스템을 효율적으로 운영하고 컴퓨터를 작동시키기 위한 소프트웨어로, 여러 프로그램으로 구성되어 있다. 이 소프트웨어는 시스템 전체를 감시하고, 데이터 처리와 작업 계획을 조정하며, 입출력 장치 등의 자원을 효율적으로 관리한다. 또한 프로그램 간 상호작용을 지원하고, 작업 순서를 정해 연산과 처리를 제어하는 역할도 수행한다.

(C) 최초의 운영체제는 대형 컴퓨터를 효율적으로 활용하기 위해 1950년대 초에 개발되었다. 이후 운영체제의 개념과 기능이 체계적으로 구성되면서 세그먼트 기법, 페이징 기반의 가상기억 장치, 파일링 시스템 등의 기술이 도입되었고, 이로 인해 운영체제의 개발 속도가 가속화되었다.

(D) C언어의 도입으로 유닉스는 다른 하드웨어로 이식하는 것이 편리해졌을 뿐만 아니라 멀티태스킹 기능도 도입되어 있어 여러 이용자가 함께 사용할 수 있는 운영체제로 발전하였다. 유닉스를 프로그래밍하고자 개발된 C언어는 유닉스의 등장 이후 시스템 프로그래밍 언어의 표준으로 자리 잡았으며, 이를 기반으로 유닉스를 모방한 많은 운영체제가 등장하였다.

① (B) – (A) – (D) – (C)

② (B) – (C) – (A) – (D)

③ (C) – (A) – (B) – (D)

④ (C) – (B) – (A) – (D)

⑤ (D) – (A) – (B) – (C)

24. **다음 진술이 모두 참이라고 할 때 반드시 거짓일 수밖에 없는 것을 고르시오.**

> 헤드램프는 어두운 밤 자동차로 주행을 할 때 앞을 환하게 비추기 위하여 설치된 전등이다. 이러한 헤드램프는 다양한 종류가 있는데, 그중 가장 많이 사용되어 온 헤드램프는 할로겐램프이다. 주로 경차에서 발견되는 할로겐램프는 전구 속에 들어 있는 할로겐 가스를 통해 필라멘트의 소모를 막고, 전구 안에서 나온 빛이 램프 안에 설치되어 있는 반사판을 통해 한쪽으로 뻗어나가 앞을 비춘다. 백열등에 비해 상대적으로 수명이 길고 밝기가 밝으며, 가격이 저렴하고 교체가 용이하다는 점이 특징이다. 그러나 구조적 특성상 반사판 전체를 움직여야 해서 램프의 조사각 범위가 좁고, 전구의 위치가 헤드램프의 성능에 미치는 영향이 크다는 단점이 존재한다. 또한, 안개가 자욱한 날씨에는 할로겐램프가 달린 자동차 전조등만으로는 충분한 시야를 확보하는 것이 쉽지 않아 할로겐램프가 달린 자동차에는 이러한 부분을 보완하기 위해 대부분 안개등이 장착되어 있었으나, LED램프의 등장으로 안개등과 같은 헤드램프 보조 장치의 필요성이 사라지게 되었다. LED램프는 할로겐램프, 프로젝션램프, HID램프 순으로 뒤이어 개발된 헤드램프로, 낮은 전력 소모로 인해 효율성이 높고 수명이 길며, 백색에 가깝고 짧은 파장의 푸른 광원을 뿜어내기 때문에 높은 직진성을 발휘할 수 있다. 할로겐램프의 에너지 효율보다 약 20배 정도 더 높고, 어떠한 기상 조건에서도 헤드램프만으로 충분한 시야를 확보할 수 있다. 게다가 고압 전류로 방전시킨 제논 가스로 생성한 플라스마를 광원으로 사용하는 등 HID램프의 장점을 포함하는 것은 물론 램프의 구조가 실용적이기 때문에 헤드램프의 자유로운 설계, 구성, 디자인 등도 가능하다.

① HID램프는 LED램프가 개발되기 전에 개발된 헤드램프이다.

② 백열등은 할로겐램프보다 상대적으로 수명이 짧다.

③ 안개가 짙은 날에는 할로겐램프가 부착된 자동차 전조등을 이용하여 시야를 확보해야 한다.

④ LED램프는 제논 가스를 고압 전류로 방전시켜 생성한 플라스마를 광원으로 사용한다.

⑤ 할로겐램프의 조사각은 램프 안에 설치되어 있는 반사판과 관련되어 있다.

25. 다음 진술이 모두 참이라고 할 때 반드시 거짓일 수밖에 없는 것을 고르시오.

잉크젯 프린터는 액체 잉크를 미세한 노즐을 사용해 분사하여 종이에 정착시키는 방식의 비충격식 프린터이다. 가느다란 노즐을 통과한 잉크는 일정한 크기로 분출된다는 원리를 이용한 것으로, 출력을 위해 잉크의 임시 저장소인 챔버에 잉크를 채운 뒤 여기에 열을 가하거나 전기적 신호를 가함으로써 잉크 방울을 고속 분사한다. 이때 잉크를 분사하는 방식은 프린터를 제조하는 회사마다 조금씩 다른데, 크게 피에조 분사방식, 서멀젯 분사방식, 버블젯 분사방식으로 나뉜다. 먼저 피에조 분사방식은 노즐 각각의 뒷면에 피에조 소자 즉, 압전소자를 둔다는 특징이 있다. 압전소자에 전기적 신호를 가하면 피에조 플레이트가 휘어지는데, 이 과정에서 발생하는 진동이 잉크를 밀어내는 방식이다. 피에조 분사방식은 소량의 잉크도 조절하여 분사하기 용이하다는 장점이 있다. 다음으로 서멀젯 분사방식은 달궈진 저항체에 의해 순간적으로 끓어오른 잉크가 분출되는 방식이다. 잉크가 있는 분사 노즐에는 열 전도체인 저항체가 결합되어 있는데, 이 저항체가 입력 신호에 따른 전류에 의해 달궈지면서 잉크를 분출시키는 것이다. 버블젯 분사방식 역시 노즐에 열을 가함으로써 발생한 압력이 잉크를 분사하지만, 서멀젯 분사방식과 달리 가열된 노즐로 인해 발생한 공기 방울이 잉크를 밀어내는 방식이다. 다만, 서멀젯 분사방식과 버블젯 분사방식은 모두 노즐에 열을 가해야 하기 때문에 잉크가 응고되기 쉬우며, 응고된 잉크가 노즐을 막을 수 있어 관리하기 쉽지 않다는 공통점이 있다.

① 잉크젯 프린터를 사용해 종이에 잉크 방울을 분사하는 방식은 제조사별로 일부 상이하다.

② 피에조 플레이트가 휘어지면서 발생하는 진동은 잉크의 양을 조절하기 어렵다는 단점이 있다.

③ 버블젯 분사방식은 서멀젯 분사방식과 마찬가지로 노즐을 가열하여 잉크를 분출시키는 원리로 작동한다.

④ 잉크젯 프린터는 용지에 충격을 가하지 않고 출력물을 인쇄하는 방식 중 하나이다.

⑤ 잉크젯 프린터는 잉크가 가느다란 관을 통과하면 동일한 크기로 분출된다는 원리를 이용한다.

26. **다음 진술이 모두 참이라고 할 때 반드시 거짓일 수밖에 없는 것을 고르시오.**

> 비휘발성 기억장치인 플래시 메모리는 저장 단위인 셀을 배열하는 방식에 따라 크게 셀이 수평으로 배치된 노어(NOR)형과 셀이 수직으로 배치된 낸드(NAND)형으로 분류된다. 노어형과 낸드형 모두 전원이 연결돼 있지 않아도 데이터 저장이 가능하며, 저장된 데이터를 자유롭게 삭제할 수 있으나 셀의 배열 방식에 따라 그 특징을 달리한다. 셀이 병렬로 배열되어 있는 노어형은 임의의 셀을 선택하여 데이터를 바로 읽을 수 있어 읽기 속도가 낸드형에 비해 빠르다. 다만, 데이터를 읽고 쓰는 데 많은 양의 전류가 필요하며, 셀이 병렬로 연결돼 있어 구조가 복잡하기 때문에 낸드형에 비해 셀 면적이 넓어져 집적도가 낮다. 이에 비해 셀이 직렬로 배열된 구조의 낸드형은 노어형에 비해 데이터를 읽는 속도는 느리지만, 회로가 직렬로 구성되어 있기 때문에 셀 면적의 크기가 작아 집적도가 높고 대용량화가 가능하다. 이와 같은 특징으로 인해 일정량의 정보를 저장해두고 작업해야 하는 휴대형 정보통신기기에 주로 사용된다. 가격 또한 노어형에 비해 저렴한 편이고, 플래시 메모리 중에서도 내구성이 우수하며 메모리의 대용량화에 최적화된 반도체 메모리로 손꼽힌다. 한편, 원낸드 플래시는 낸드형을 기반으로 한 차세대 주력 퓨전 메모리 반도체로, 낸드형의 장점인 큰 저장 용량과 노어형의 장점인 빠른 속도를 함께 갖추고 있다.

① 노어형과 낸드형 중 대용량화에 더 유리한 플래시 메모리는 낸드형이다.

② 셀의 배열 방식에 따라 플래시 메모리는 노어형과 낸드형으로 분류된다.

③ 원낸드 플래시는 큰 저장 용량과 빠른 속도를 모두 구현할 수 있다.

④ 낸드형과 달리 노어형은 전원의 연결 없이 데이터의 저장과 삭제가 가능하다.

⑤ 낸드형은 플래시 메모리 중에서도 내구성이 뛰어난 기억장치로 여겨진다.

27. **다음 진술이 모두 참이라고 할 때 반드시 거짓일 수밖에 없는 것을 고르시오.**

> 오늘날 이산화탄소와 온실효과는 지구 온난화의 주범으로 알려져 있다. 그러나 이산화탄소와 온실효과가 처음부터 자연에 해를 끼친 것은 아니다. 온실효과는 오히려 지구의 평균 기온을 유지시킴으로써 생명체가 살 수 있는 생태계를 만들어 주었다. 만약 자연적인 온실효과가 존재하지 않는다면 지구 표면에서 복사된 열에너지가 모두 우주 공간으로 방출되어 지구의 평균 기온이 영하 20℃ 정도로 낮아져 생물들이 살아갈 수 없게 될 것이다. 다만, 화석연료의 사용이 늘어나면서 대기 중에 배출된 이산화탄소가 급격하게 증가해 지구의 기온이 가파르게 상승하게 되는 것이 문제이다. 특히 이산화탄소는 장기 체류 물질로, 대기 중에 짧게는 5년에서 길게는 200년까지 머무를 수 있어 지구 온난화에 미치는 영향이 크다. 이산화탄소 외에도 지구 온난화에 직접적인 영향을 미치는 기체에는 프레온 가스, 아산화질소, 메탄, 수증기 등이 있다. 프레온 가스는 주로 전자 제품을 생산할 때 필요한 세척제나 냉장고의 냉매로 사용되며, 아산화질소와 메탄은 주로 공장과 자동차의 배기가스에서 발생한다. 수증기 역시 온실효과를 일으켜 지구 온난화에 영향을 미치기는 하지만, 자연 생태계가 수증기의 양을 조절하고 있기 때문에 큰 문제로 여겨지지는 않는다.

① 수증기도 지구 온난화에 일조하긴 하지만 다른 기체에 비해 영향력이 작은 편이다.

② 지구 온난화에 큰 영향을 미치는 이산화탄소는 공기 중에 체류하는 기간이 짧다.

③ 프레온 가스, 아산화질소, 메탄은 지구 온난화에 직접적인 영향을 미친다.

④ 자연적인 온실효과가 존재해야 지구 표면에서 복사된 열이 모두 외부로 방출되는 것을 막을 수 있다.

⑤ 전자 제품 생산 시 필요한 세척제에는 주로 프레온 가스가 사용된다.

28. 다음 주장에 대한 반박으로 가장 타당한 것을 고르시오.

> 약 50년 후에는 국내 인구의 절반가량이 만 65세 이상의 노인으로 구성될 것이라는 예측이 이어짐에 따라 노인 연령의 기준을 상향 조정해야 한다는 목소리가 높아지고 있다. 향후 초고령사회로 접어들 경우 경제 성장 둔화, 노인 부양비 등의 의료비·복지비 부담 증가 문제에 직면할 수 있음을 걱정하는 것이다. 그러나 노인 연령의 기준을 상향 조정하려는 시도는 복지를 축소하려는 의도가 다분하다며 노인 연령의 기준을 상향 조정하려는 시도에 대한 비난이 거세게 일어 추진하기 어려운 실정이다. 만약 노인 연령의 기준을 65세 이상에서 70세 이상으로 올리게 되면 65~69세의 연령대는 매달 10~20만 원씩 수령하는 기초연금 수령 대상자에서 제외되고 장기요양보험, 지하철 및 전철 무료 승차, 고궁·박물관 무료입장 또는 할인 혜택에서 제외되기 때문이다. 이처럼 노인 연령 기준을 상향 조정하게 되면 노인층의 기본권 침해 문제가 발생할 수 있으므로 노인 연령 기준의 상향 조정 추진은 보류되어야 한다.

① 노인 연령 기준의 상향 조정 추진 여부와 상관없이 현재 노인 연령별 복지의 범위를 명확히 수립해야 한다.

② 국가 경제와 복지 체제의 지속 가능성을 높이기 위해서라도 노인 연령 기준의 상향 조정은 시급히 추진되어야 한다.

③ 현재 노인 관련 복지는 65세 이상 노인층의 기본권을 침해할 우려가 높으므로 노인 연령 기준을 낮출 필요가 있다.

④ 노인층의 의료 및 복지 부담 증가에 대한 우려의 목소리가 줄어들기 전까지 노인 연령 기준의 상향 조정 추진은 중단되어야 한다.

⑤ 노인 연령 기준의 상향 조정을 추진하기에 앞서 노인 빈곤율 완화 및 노인층의 근로 환경 보장이 먼저 이루어져야 한다.

29. 다음 글을 바탕으로 아래 〈보기〉를 이해한 것으로 적절한 것을 고르시오.

빠르게 변화하는 트렌드에 맞추어 패션 문화는 끊임없이 새로운 것을 만들어 왔고, 이는 오랜 시간 동안 자원을 낭비하는 주요 원인 중 하나가 되었다. 그러나 소비 트렌드의 중심에 서 있는 밀레니얼 세대의 의식 있는 소비 생활이 앞선 패션 문화에 제동을 걸었다. 이들은 소재부터 제조 공정까지 모든 과정이 친환경적이고 윤리적인 제품을 구매하길 원했고, 이러한 소비 행동이 만들어낸 흐름이 바로 '컨셔스 패션(Conscious fashion)'이다. 컨셔스 패션은 버려진 의류나 폐기물을 재활용하여 만든 의류, 물을 사용하지 않고 염색한 의류, 합성섬유 대신 천연소재로 만든 의류 등 다양한 형태로 선보여지고 있으며 이를 접목한 의류 기업들은 버려질 예정이었던 제품들을 되살리거나, 다른 소품으로 재활용하여 새로운 제품을 만들어내고 있다. 최근 A 브랜드는 재활용 소재로 만든 의류를 출시하며 에너지 절약과 온실가스 배출 감소에 기여하는 컬렉션을 선보였다. 또한, 지난해 가을부터 플라스틱병 재활용을 격려하기 위해 제품 택에 리사이클링 비율을 표기하고 있다. 환경을 위해 시작된 변화인 컨셔스 패션은 비록 패션이라는 한정된 분야에서의 움직임이지만, 그 배경에는 밀레니얼 세대를 비롯하여 전 세계의 많은 사람들이 환경 오염의 심각성을 깨닫고 환경 문제를 해결하고자 한다는 사실이 자리 잡고 있다.

〈보기〉

환경 보호를 위해 쓰레기 배출량을 줄이는 캠페인인 제로 웨이스트 챌린지가 등장하였다. 이 캠페인은 개인의 SNS를 통해 일상에서 발생하는 쓰레기를 줄인 사례, 쓰레기 발생을 줄일 수 있는 자신만의 방법을 공유하는 등의 방식으로 이루어진다. 쓰레기 배출량이 제로에 가까워지도록 최소화하자는 취지로 시작되었으며, 개인 용기에 음식 포장하기, 텀블러 사용하기, 플라스틱 빨대 사용 자제하기 등이 그 예시이다. 이러한 흐름에 발맞춰 여러 기업들은 제품 포장에 새로운 변화를 시도하고 있다. 유통업계의 경우 과일 포장재에서 사용하는 받침대와 완충재 등을 플라스틱에서 종이로 바꾸고 있고, 전자업계의 경우 포장재 내 자석을 없애고 단일 재질만을 사용하여 재활용이 용이하도록 만들었다.

① 컨셔스 패션은 패스트 패션으로 발생한 환경 문제에 대한 자성의 움직임이다.

② 환경 및 동물 보호를 위해 의류를 포함한 패션 제품의 소비를 최소화하는 것이 권장된다.

③ 의식 있는 소비 문화의 확산은 다양한 분야에서의 친환경 행보를 부추길 수 있다.

④ 친환경 제품의 수익금을 환경 문제로 고통받는 곳에 활용하는 선순환 구조를 만들어야 한다.

⑤ 의류 분해 시 소모되는 에너지를 줄이기 위해 친환경 소재 개발에 투자하는 비용을 확대해야 한다.

30. **다음 글을 바탕으로 아래 〈보기〉를 이해한 것으로 적절한 것을 고르시오.**

누구나 삶을 살아가며 우울한 기분을 느낄 수 있다. 하지만 정신의학에서 정의하는 우울증은 일시적인 우울감을 의미하는 것이 아니라 의욕 저하와 우울감이 생기는 것을 넘어 사고, 수면, 신체활동 등 일상 기능에 문제가 생긴 상태를 말한다. 특히 우울증은 개인의 의지로 완화될 수 있는 증상이 아니기 때문에 우울증을 겪는 사람의 대다수가 오랜 기간 기능 저하로 인한 문제를 겪는다. 그러나 전문가의 적절한 치료를 받을 경우 대부분 상당히 호전될 수 있을뿐더러 이전의 일상적인 생활로 돌아가는 것 역시 가능하다. 대표적인 증상은 무기력감, 삶에 대한 에너지 상실 등인데, 실제로 우울증 환자의 약 80%는 수면 장애를 호소하거나 식욕 감소와 체중 저하 증상을 겪기도 하지만 일부 환자는 식욕이 증가하고 수면이 길어지는 등 일반적이지 않은 양상을 보이기도 한다.

〈보기〉

흔히 우울할 때 기름지고 단 음식을 먹어야 기분이 좋아진다는 속설이 있다. 그런데 실제로도 고지방·고당분의 음식이 우리의 정신건강에 도움이 될까? 연구진들은 음식이 우울증 완화에 도움이 되는지 확인하고자 우울증을 겪는 환자 67명을 두 개의 그룹으로 나누어 한 그룹에는 햄, 소시지와 같은 고지방 음식과 과자, 케이크 등의 고당분 음식을, 나머지 한 그룹에는 생선과 채소, 과일 등의 지중해식 음식을 제공하였다. 12주간 살펴본 결과 두 개의 그룹 모두 우울증은 개선되었지만 지중해식 음식을 먹은 그룹의 우울감 완화 정도가 크며 그중 약 30%는 우울증을 겪지 않았음을 확인할 수 있었다. 연구진들에 따르면 인간의 신체와 정신은 분리해 생각할 수 없으므로 음식이 우리 몸에 영향을 미친다는 사실은 부정할 수 없다고 한다. 다만, 장내 미생물은 우리의 기분과 감정을 조절하는 세로토닌과 도파민 등의 신경전달물질 분비에 영향을 미치기 때문에 건강한 식습관을 유지할 경우 장내 미생물 번식에 도움을 줄 수 있다고 한다.

① 우울증의 주요 증상은 무기력감과 삶에 대한 에너지 상실이므로 전문가의 처방을 따르기보다는 개인이 스스로 자존감을 높이고자 노력해야 한다.

② 우울증은 개인의 의지를 통해서도 충분히 개선 가능한 부분이므로 우울감 개선을 위해서는 본인이 좋아하는 음식 섭취가 권장된다.

③ 우울증 환자가 식욕 감소 증상을 겪는다면 고지방·고당분의 음식을 먹기보다 건강한 식습관을 영위하는 것이 우울증 완화에 도움이 될 수 있다.

④ 우울증의 발생 원인은 매우 복합적이므로 생선, 채소 위주의 식습관을 갖는다고 해서 우울증 완화를 기대하기는 어렵다.

⑤ 우울증 환자가 식욕 감퇴를 겪기도 하지만 식욕이 증가하는 환자도 있다는 점에서 우울증 증상과 음식 섭취와의 관련성은 적은 편이다.

약점 보완 해설집 p.52

모의고사의 수리 영역 문제풀이 시 본 문제풀이 용지를 이용하여 풀어보세요.

성명:

수험번호:

① 정답	② 정답
③ 정답	④ 정답
⑤ 정답	

수리

자르는 선

모의고사의 수리 영역 문제풀이 시 본 문제풀이 용지를 이용하여 풀어보세요.

성명:

수험번호:

⑥

정답

⑦

정답

⑧

정답

⑨

정답

수리

⑩

정답

모의고사의 수리 영역 문제풀이 시 본 문제풀이 용지를 이용하여 풀어보세요.

성명:

수험번호:

⑪ 정답	⑫ 정답
⑬ 정답	⑭ 정답
⑮ 정답	

수리

자르는 선

모의고사의 수리 영역 문제풀이 시 본 문제풀이 용지를 이용하여 풀어보세요.

성명:

수험번호:

⑯

정답

⑰

정답

⑱

정답

⑲

정답

⑳

정답

수리

모의고사의 추리 영역 문제풀이 시 본 문제풀이 용지를 이용하여 풀어보세요.

성명:

수험번호:

추리

①	②
정답	정답
③	④
정답	정답
⑤	⑥
정답	정답
⑦	⑧
정답	정답

자르는 선

모의고사의 추리 영역 문제풀이 시 본 문제풀이 용지를 이용하여 풀어보세요.

성명:

수험번호:

⑨ 정답	⑩ 정답
⑪ 정답	⑫ 정답
⑬ 정답	⑭ 정답
⑮ 정답	⑯ 정답

추리

모의고사의 추리 영역 문제풀이 시 본 문제풀이 용지를 이용하여 풀어보세요.

성명:

수험번호:

⑰ 정답	⑱ 정답
⑲ 정답	⑳ 정답
㉑ 정답	㉒ 정답
㉓ 정답	㉔ 정답

자르는 선

모의고사의 추리 영역 문제풀이 시 본 문제풀이 용지를 이용하여 풀어보세요.

성명:

수험번호:

㉕

정답

㉖

정답

㉗

정답

㉘

정답

추리

㉙

정답

㉚

정답

해커스
GSAT
삼성직무적성검사
FINAL 봉투모의고사

약점 보완 해설집

해커스잡

해커스 GSAT 삼성직무적성검사 FINAL 봉투모의고사

기출동형모의고사 1회

바로 채점 및 성적 분석 서비스

정답

수리

01	02	03	04	05	06	07	08	09	10
응용계산	응용계산	자료해석	자료해석	자료해석	자료해석	자료해석	자료해석	자료해석	자료해석
⑤	②	①	④	④	②	⑤	①	②	②
11	12	13	14	15	16	17	18	19	20
자료해석	자료해석	자료해석	자료해석	자료해석	자료해석	자료해석	자료해석	자료해석	자료해석
②	④	③	②	②	④	④	①	④	①

추리

01	02	03	04	05	06	07	08	09	10
언어추리	언어추리	언어추리	언어추리	언어추리	언어추리	언어추리	언어추리	언어추리	언어추리
③	⑤	③	③	④	⑤	③	①	⑤	②
11	12	13	14	15	16	17	18	19	20
언어추리	언어추리	언어추리	언어추리	도형추리	도형추리	도형추리	도식추리	도식추리	도식추리
②	⑤	③	②	⑤	③	⑤	②	③	④
21	22	23	24	25	26	27	28	29	30
도식추리	문단배열	문단배열	논리추론	논리추론	논리추론	논리추론	논리추론	논리추론	논리추론
⑤	③	②	②	①	④	⑤	③	②	②

취약 유형 분석표

유형별로 맞힌 개수, 틀린 문제 번호와 풀지 못한 문제 번호를 적고 나서 취약한 유형이 무엇인지 파악해 보세요.
취약한 유형은, 틀린 문제 및 풀지 못한 문제를 다시 풀어보면서 확실히 극복하세요.

수리

유형	맞힌 개수	틀린 문제 번호	풀지 못한 문제 번호
응용계산	/2		
자료해석	/18		
TOTAL	**/20**		

추리

유형	맞힌 개수	틀린 문제 번호	풀지 못한 문제 번호
언어추리	/14		
도형추리	/3		
도식추리	/4		
문단배열	/2		
논리추론	/7		
TOTAL	**/30**		

합계

영역	제한 시간 내에 푼 문제 수	정답률
수리	/20	%
추리	/30	%
TOTAL	**/50**	**%**

해설

수리 문제 p.4

01 응용계산 정답 ⑤

2023년 C 회사의 매출액을 x, D 회사의 매출액을 y라고 하면 2024년 C 회사의 매출액은 전년 대비 25% 증가했고, D 회사의 매출액은 전년 대비 10% 감소하여 두 회사의 매출액 합계는 9,100만 원이므로

$1.25x + 0.9y = 9{,}100$ … ⓐ

2023년 D 회사의 매출액은 C 회사 매출액의 1.5배였으므로

$y = 1.5x$ … ⓑ

ⓑ를 ⓐ에 대입하여 풀면 $1.25x + (0.9 \times 1.5x) = 9{,}100$

$\rightarrow 2.6x = 9{,}100 \rightarrow x = 3{,}500,\ y = 5{,}250$

따라서 2023년 D 회사의 매출액은 5,250만 원이다.

02 응용계산 정답 ②

리그전 경기 수는 서로 다른 n개에서 순서를 고려하지 않고 r개를 뽑는 경우의 수인 ${}_nC_r = \frac{n!}{r!(n-r)!}$임을 적용하여 구한다.

리그전으로 진행되는 예선 경기 수는 A 그룹이 ${}_5C_2 = \frac{5!}{2!3!} = 10$경기, B 그룹이 ${}_6C_2 = \frac{6!}{2!4!} = 15$경기로 총 10 + 15 = 25경기이다.

토너먼트전으로 진행되는 본선 경기 수는 네 팀이 두 팀씩 나뉘어 한 경기씩 진행한 다음, 각 경기에서 이긴 두 팀과 진 두 팀끼리 한 경기씩 더 진행하므로 총 4경기이다.

따라서 재호가 모든 야구 경기를 관람하기 위해 지불해야 할 금액은 25 × 1 + 4 × 2 = 33만 원이다.

03 자료해석 정답 ①

㉠ 한국의 국적선은 706척, 외국적선은 908척으로 총 선박 수는 706 + 908 = 1,614척이고, 노르웨이의 국적선은 525척, 외국적선은 1,167척으로 총 선박 수는 525 + 1,167 = 1,692척으로 노르웨이의 총 선박 수가 한국보다 많으므로 옳지 않은 설명이다.

㉡ 중국과 홍콩은 외국적선이 국적선보다 적으므로 옳지 않은 설명이다.

오답 체크

㉢ 그리스의 총 선박 수는 712 + 4,015 = 4,727척이고, 일본의 총 선박 수는 815 + 3,316 = 4,131척으로 총 선박 수에서 외국적선이 차지하는 비중은 그리스가 (4,015 / 4,727) × 100 ≒ 85%이고, 일본이 (3,316 / 4,131) × 100 ≒ 80%이므로 옳은 설명이다.

㉣ 국적선이 가장 적은 나라는 독일이고, 가장 많은 나라는 중국으로 독일과 중국의 외국적선 수의 차이는 2,752 − 2,447 = 305척이므로 옳은 설명이다.

04 자료해석 정답 ④

제시된 기간 중 C 장애의 치료감호소 수용자 수가 B 장애의 치료감호소 수용자 수의 10배 미만인 해는 954 / 98 ≒ 9.7배인 2020년이다.

따라서 2020년 A, B, C 장애의 치료감호소 전체 수용자 수는 49 + 98 + 954 = 1,101명이다.

05 자료해석 정답 ④

2024년 총매출액은 2023년 총매출액의 125%이므로 2023년의 총매출액은 18,672 / 1.25 ≒ 14,938억 원이며, 2023년 T 사의 매출액은 14,938 × 0.084 ≒ 1,255억 원이다. 2024년 T 사의 매출액은 전년 대비 1,255 − 859 ≒ 396억 원 감소하였으므로 옳지 않은 설명이다.

오답 체크

① 2024년 C 사의 매출 점유율은 36.5%로 전년 대비 증가하였으므로 옳은 설명이다.

② 2023년의 총매출액은 18,672 / 1.25 ≒ 14,938억 원이고, 2023년 M 사의 매출 점유율은 13.0%이다. M 사의 매출액은 2023년에 14,938 × 0.13 ≒ 1,942억 원이고, 2024년에 1,905억 원이므로 옳은 설명이다.

③ 2023년과 2024년에 매출 점유율이 높은 3사의 매출 점유율 순위는 C 사, S 사, M 사 순으로 같으므로 옳은 설명이다.

⑤ 2023년 S 사의 매출 점유율은 26.7%로 2023년 M 사와 J 사의 매출 점유율의 합인 13.0 + 6.6 = 19.6%보다 크므로 옳은 설명이다.

06 자료해석 정답 ②

2023년 학생과 기타를 제외한 나머지 직업 중 헌혈자 수가 두 번째로 많은 직업은 군인, 두 번째로 적은 직업은 가사이고, 2023년 군인과 가사의 헌혈자 수의 합은 387 + 51 = 438천 명 = 43.8만 명이므로 옳은 설명이다.

오답 체크

① 2024년 전체 헌혈자 수에서 회사원 헌혈자 수가 차지하는 비중은 (849 / 2,611) × 100 ≒ 32.5%이므로 옳지 않은 설명이다.

③ 전체 학생 헌혈자 수에서 대학생 헌혈자 수가 차지하는 비중은 2023년에 (600 / 1,212) × 100 ≒ 49.5%, 2024년에 (540 / 864) × 100 = 62.5%로 2024년에 전년 대비 증가하였으므로 옳지 않은 설명이다.

④ 2024년 공무원 헌혈자 수는 자영업 헌혈자 수의 132 / 64 ≒ 2.1배이므로 옳지 않은 설명이다.

⑤ 제시된 기간 동안 고등학생과 대학생 헌혈자 수의 차이가 가장 큰 해는 540 - 300 = 240천 명인 2024년이므로 옳지 않은 설명이다.

07 자료해석 정답 ⑤

2023년 9~11월 HDD 수출액의 합은 3,672 + 4,866 + 4,916 = 13,454천 달러로 2024년 상반기 HDD 수출액의 합인 4,438 + 3,940 + 3,246 = 11,624천 달러와 13,454 - 11,624 = 1,830천 달러 차이 나므로 옳은 설명이다.

오답 체크

① 2024년 5월 SSD 수출액은 HDD 수출액의 363,897 / 4,822 ≒ 75배이고, 2024년 6월 SSD 수출액은 HDD 수출액의 371,612 / 2,957 ≒ 126배이므로 옳지 않은 설명이다.

② 2023년에 수출 실적이 있는 월 중 2024년 HDD 수출액이 전년 동월 대비 증가한 달은 1월, 5월, 9월이므로 옳지 않은 설명이다.

③ 2023년 1월 SSD 수출액은 2024년 1월 SSD 수출액의 633,244 / 294,727 ≒ 2.1배이므로 옳지 않은 설명이다.

④ 2024년 HDD 수출액이 가장 적은 2월의 전년 동월 대비 감소율은 {(7,356 - 2,617) / 7,356} × 100 ≒ 64.4%로 2024년 SSD 수출액이 가장 적은 4월의 전년 동월 대비 감소율인 {(577,215 - 232,738) / 577,215} × 100 ≒ 59.7%보다 크므로 옳지 않은 설명이다.

빠른 문제 풀이 Tip

① 2024년 5월과 6월 SSD 수출액과 HDD 수출액의 100배 값을 비교한다.
2024년 5월 HDD 수출액의 100배는 4,822 × 100 = 482,200천 달러로 SSD 수출액인 363,897천 달러보다 크고, 2024년 6월 HDD 수출액의 100배는 2,957 × 100 = 295,700천 달러로 SSD 수출액인 371,612천 달러보다 작아 2024년 6월 SSD 수출액은 HDD 수출액의 100배 미만임을 알 수 있다.

08 자료해석 정답 ①

a. A 지역의 '매우 좋음'이라고 응답한 비율이 가장 낮은 학력은 대졸 이상이고, B 지역의 '매우 좋음'이라고 응답한 비율이 가장 낮은 학력은 고졸이므로 옳지 않은 설명이다.

b. 고졸 응답자 중 '매우 좋음'과 '좋음'이라고 응답한 비율의 합은 5.9 + 18.9 = 24.8%로 '나쁨'과 '매우 나쁨'이라고 응답한 비율의 합인 23.5 + 5.6 = 29.1%보다 낮고, 대졸 이상 응답자 중 '매우 좋음'과 '좋음'이라고 응답한 비율은 각각 '매우 나쁨'과 '나쁨'이라고 응답한 비율보다 낮으므로 옳지 않은 설명이다.

오답 체크

c. A 지역과 B 지역의 학력별 응답자 수가 모두 같다면 비율을 합산할 수 있어, B 지역의 '매우 좋음'이라고 응답한 비율의 합은 16.6 + 18.0 + 11.9 + 12.4 = 58.9%로 A 지역의 '매우 좋음'이라고 응답한 비율의 합인 8.3 + 9.2 + 5.9 + 5.5 = 28.9%의 58.9 / 28.9 ≒ 2.04배이므로 옳은 설명이다.

d. B 지역의 학력별 '나쁨'이라고 응답한 비율은 모든 학력에서 '보통'이라고 응답한 비율의 절반 이하이고, '매우 나쁨'이라고 응답한 비율도 모든 학력에서 '나쁨'이라고 응답한 비율의 절반 이하이므로 옳은 설명이다.

09 자료해석 정답 ②

유치원 1개당 전체 원아 수 / 학급 1개당 전체 원아 수 = (전체 원아 수 / 유치원 수) / (전체 원아 수 / 학급 수) = 학급 수 / 유치원 수임을 적용하여 구한다.
남자 원아 수와 여자 원아 수의 차이는 2020년에 5,612 - 5,444 = 168명, 2021년에 5,511 - 5,505 = 6명, 2022년에 5,220 - 5,105 = 115명, 2023년에 4,707 - 4,586 = 121명, 2024년에 4,636 - 4,535 = 101명이므로 2021년에 가장 적다.
따라서 2021년 유치원 1개당 전체 원아 수는 88.1명, 학급 1개당 전체 원아 수는 17.2명이므로 2021년 유치원 1개당 학급 수는 88.1 / 17.2 ≒ 5.12개이다.

[10 - 11]

10 자료해석 정답 ②

6월 철골 건축물 허가 동수의 전월 대비 감소량은 10,415 - 9,258 = 1,157동이고, 6월 철골 건축물 착공 동수의 전월 대비 감소량은 9,489 - 8,297 = 1,192동이므로 옳지 않은 설명이다.

오답 체크

① 기타 구조를 제외하고 5월 건축물 허가 동수와 건축물 착공 동수가 전월 대비 모두 증가한 구조는 철골철근콘크리트, 조적 2개이므로 옳은 설명이다.

③ 2월 이후 전체 건축물 허가 동수와 착공 동수의 전월 대비 증감 추이가 동일한 달은 3월, 4월, 6월 3개이므로 옳은 설명이다.

④ 제시된 기간 동안 철골철근콘크리트 건축물의 허가 동수의 합은 190 + 117 + 165 + 178 + 264 + 190 = 1,104동이므로 옳은 설명이다.

⑤ 3월 전체 건축물 허가 동수에서 목조 건축물 허가 동수가 차지하는 비중은 (1,061 / 18,270) × 100 ≒ 5.8%이고, 3월 전체 건축물 착공 동수에서 목조 건축물 착공 동수가 차지하는 비중은 (973 / 15,702) × 100 ≒ 6.2%이므로 옳은 설명이다.

11 자료해석 정답 ②

제시된 기간 동안 전체 건축물 허가 동수와 전체 건축물 착공 동수의 차이는 1월에 14,848 - 9,280 = 5,568동, 2월에 13,432 - 9,733 = 3,699동, 3월에 18,270 - 15,702 = 2,568동, 4월에 20,515 - 16,510 = 4,005동, 5월에 20,794 - 16,419 = 4,375동, 6월에 17,767 - 14,392 = 3,375동으로 1월이 가장 크다. 이에 따라 1월에 기타 구조를 제외하고 건축물 허가 동수 대비 착공 동수 비율은 콘크리트가 (3,064 / 5,746) × 100 ≒ 53.3%, 철골이 (5,269 / 7,329) × 100 ≒ 71.9%, 철골철근콘크리트가 (63 / 190) × 100 ≒ 33.2%, 조적이 (135 / 526) × 100 ≒ 25.7%, 목조가 (517/784) × 100 ≒ 65.9%이다.

따라서 1월에 기타 구조를 제외하고 건축물 허가 동수 대비 착공 동수 비율이 가장 큰 구조는 철골이다.

[12 - 13]

12 자료해석 정답 ④

기타를 제외하고 2024년 의료인력이 많은 순서에 따른 직종별 순위는 B 지역이 간호사, 의과, 약사, 의무기록사, 치과 순이고, C 지역이 간호사, 의과, 약사, 치과, 의무기록사 순이므로 옳은 설명이다.

오답 체크

① 2022년 이후 A~C 지역 전체 의료인력은 매년 전년 대비 증가하였으며, A 지역, B 지역, C 지역의 의료인력도 모두 매년 전년 대비 증가하였으므로 옳지 않은 설명이다.

② 2022년 B 지역의 의료인력은 전년 대비 {(8,358 - 7,113) / 7,113} × 100 ≒ 17.5% 증가하였으므로 옳지 않은 설명이다.

③ 2024년 A 지역 의과인력은 C 지역 의과인력의 3,011 / 107 ≒ 28.1배이므로 옳지 않은 설명이다.

⑤ 2024년 C 지역의 전체 의료인력 중 기타인력이 차지하는 비중은 (431 / 1,138) × 100 ≒ 37.9%이므로 옳지 않은 설명이다.

13 자료해석 정답 ③

2024년 A~C 지역 전체 의료인력이 가장 많은 직종은 A 지역, B 지역, C 지역에서 다른 직종보다 의료인력이 많은 간호사이며, 2024년 A~C 지역의 평균 간호사인력은 (6,524 + 4,870 + 570) / 3 = 3,988명이다.

[14 - 15]

14 자료해석 정답 ②

b. 2020년부터 2024년까지 5년 동안 연평균 20~22세 모집병 입영자 수는 (100 + 81 + 84 + 80 + 90) / 5 = 87천 명이므로 옳지 않은 설명이다.

오답 체크

a. 제시된 기간 중 육군의 모집병 입영자 수가 다른 해에 비해 가장 적었던 2023년에 전체 모집병 입영자 수에서 육군이 차지하는 비중은 (79 / 117) × 100 ≒ 68%이므로 옳은 설명이다.

c. 제시된 기간 중 20세 미만 모집병 입영자 수가 가장 많은 2020년에 육군을 제외한 전체 모집병 입영자 수는 140 - 101 = 39천 명이므로 옳은 설명이다.

15 자료해석 정답 ②

2021년 이후 전체 모집병 입영자 수가 전년 대비 감소한 해는 2021년과 2023년이고, 전년 대비 감소 인원은 2021년에 140 - 117 = 23천 명, 2023년에 120 - 117 = 3천 명이다. 이에 따라 전체 모집병 입영자 수의 전년 대비 감소 인원이 가장 적은 해는 2023년이다.

따라서 2023년 전체 모집병 입영자 수의 전년 대비 감소율은 {(120 - 117) / 120} × 100 = 2.5%이다.

[16 - 17]

16 자료해석 정답 ④

a. 2024년 법인 폐업자 수 대비 개인 사업자 폐업자 수의 비율은 E 구역이 8,700 / 300 = 29, G 구역이 10,200 / 600 = 17로 E 구역이 G 구역보다 크므로 옳지 않은 설명이다.

c. 제시된 기간 동안 C 구역의 법인 폐업자 수가 처음으로 700명을 넘은 2024년에 C 구역의 전체 폐업자 수에서 법인 폐업자 수가 차지하는 비중은 (750 / 9,500) × 100 ≒ 8%이므로 옳지 않은 설명이다.

오답 체크

b. 제시된 기간 동안 전체 개인 사업자 폐업자 수는 매년 40,000명 이상이고, 전체 법인 폐업자 수는 매년 4,000명 미만으로 전체 개인 사업자 폐업자 수는 매년 전체 법인 폐업자 수의 10배 이상이므로 옳은 설명이다.

17 자료해석 정답 ④

2024년 법인 폐업자 수가 600명 이상인 구역은 C 구역, G 구역이며, 두 구역의 2024년 개인 사업자 폐업자 수는 8,750 + 10,200 = 18,950명이다.

따라서 2024년 C 구역과 G 구역의 개인 사업자 폐업자 수의 평균은 18,950 / 2 = 9,475명이다.

18 자료해석 정답 ①

능력 향상도 = 교육시간 + $a^{\text{실습시간}}$ − b임을 적용하여 구한다.

B 사원의 교육시간은 30시간, 실습시간은 4시간, 능력 향상도는 31점이므로

$31 = 30 + a^4 - b \rightarrow b = a^4 - 1$ … ⓐ

C 사원의 교육시간은 20시간, 실습시간은 3시간, 능력 향상도는 13점이므로

$13 = 20 + a^3 - b \rightarrow b = a^3 + 7$ … ⓑ

ⓐ = ⓑ에서 $a^4 - 1 = a^3 + 7 \rightarrow a^4 - a^3 = 8 \rightarrow a^3(a - 1) = 8$

→ a = 2이므로 b = 16 − 1 = 15

따라서 a는 2, b는 15인 ①이 정답이다.

19 자료해석 정답 ④

제시된 자료에 따르면 2024년 드라마 수입액은 3,918 − 799 − 420 = 2,699만 달러, 애니메이션 수입액은 768 + 93 + 246 = 1,107만 달러, 영화 수입액은 6,480 − 1,959 + 140 = 4,661만 달러, 오락 수입액은 19 + 853 − 744 = 128만 달러이다.

따라서 2024년 방송 산업 장르별 수입액이 일치하는 ④가 정답이다.

20 자료해석 정답 ①

인공위성 수의 변화를 나타내면 다음과 같다

2021년	2022년	2023년	2024년
90	105	120	135

+15 +15 +15

인공위성 수는 매년 15개씩 증가함을 알 수 있다.

탐사선 수의 변화를 나타내면 다음과 같다.

2021년	2022년	2023년	2024년
24	28	35	46

+3 +7 +11

+4 +4

탐사선 수의 전년 대비 증가량은 매년 4개씩 증가함을 알 수 있다.

이에 따라 2025년 이후 인공위성과 탐사선 수를 계산하면 다음과 같다.

구분	인공위성	탐사선
2025년	135 + 15 = 150개	46 + 15 = 61개
2026년	150 + 15 = 165개	61 + 19 = 80개
2027년	165 + 15 = 180개	80 + 23 = 103개
2028년	180 + 15 = 195개	103 + 27 = 130개
2029년	195 + 15 = 210개	130 + 31 = 161개
2030년	210 + 15 = 225개	161 + 35 = 196개

따라서 2030년 인공위성 수와 탐사선 수의 차는 225 − 196 = 29개이다.

추리

문제 p.20

01 언어추리 정답 ③

비가 내리는 어떤 날에는 해가 없고, 비가 내리는 모든 날에는 구름이 있으면 해가 없으면서 구름이 있는 날이 반드시 존재하게 된다.
따라서 '해가 없는 어떤 날에는 구름이 있다.'가 타당한 결론이다.

오답 체크

비가 내리는 날을 '비', 해가 있는 날을 '해', 구름이 있는 날을 '구'라고 하면

① 구름이 있는 날 중에 해가 없는 날이 적어도 하루 존재하므로 반드시 거짓인 결론이다.

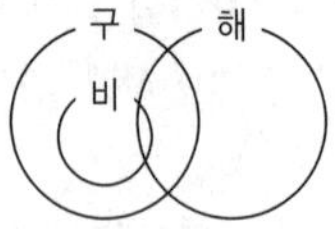

② 구름이 없는 날 중에 해가 있는 날이 있을 수도 있으므로 반드시 참인 결론은 아니다.

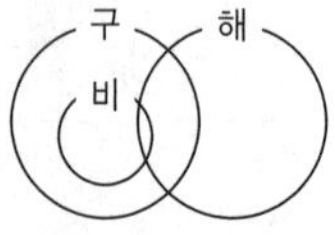

④, ⑤ 구름이 있는 모든 날에 해가 없을 수도 있으므로 반드시 참인 결론은 아니다.

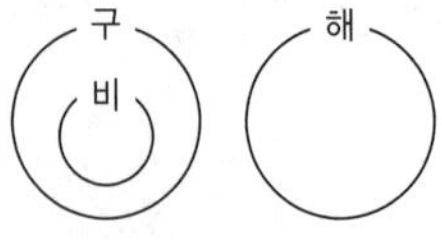

02 언어추리 정답 ⑤

인기 있는 제품이 비싸고, 인기 있는 제품이 실용성이 있으면 비싸면서 실용성이 있는 제품이 반드시 존재하게 된다.
따라서 '실용성이 있는 어떤 제품은 비싸다.'가 타당한 결론이다.

오답 체크

인기 있는 제품을 '인', 비싼 제품을 '비', 실용성이 있는 제품을 '실'이라고 하면

① 실용성이 있는 제품 중에 비싸지 않은 제품이 있을 수도 있으므로 반드시 참인 결론은 아니다.

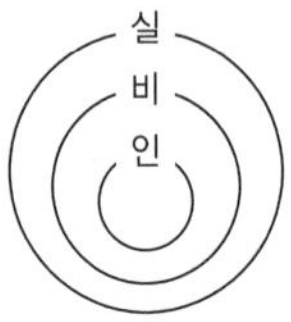

② 실용성이 없는 모든 제품이 비싸지 않을 수도 있으므로 반드시 참인 결론은 아니다.

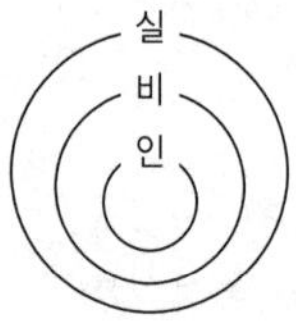

③ 비싸지 않은 모든 제품이 실용성이 없을 수도 있으므로 반드시 참인 결론은 아니다.

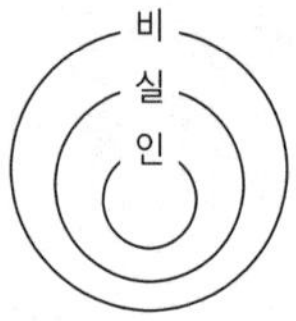

④ 비싼 제품 중에 실용성이 없는 제품이 있을 수도 있으므로 반드시 참인 결론은 아니다.

03 언어추리 정답 ③

쇼핑을 즐기는 어떤 사람이 유행에 민감하고, 쇼핑을 즐기는 모든 사람이 디자이너이면 디자이너이면서 유행에 민감한 사람이 반드시 존재하게 된다.
따라서 '쇼핑을 즐기는 모든 사람은 디자이너이다.'가 타당한 전제이다.

오답 체크

쇼핑을 즐기는 사람을 '쇼', 유행에 민감한 사람을 '유', 디자이너를 '디'라고 하면

①, ④ 쇼핑을 즐기는 어떤 사람이 유행에 민감하고, 어떤 디자이너가 쇼핑을 즐기거나 쇼핑을 즐기는 어떤 사람이 디자이너이면 모든 디자이너는 유행에 민감하지 않을 수도 있으므로 결론이 반드시 참이 되게 하는 전제가 아니다.

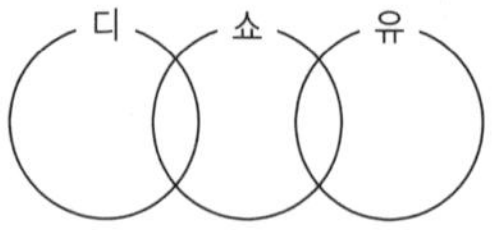

② 쇼핑을 즐기는 어떤 사람이 유행에 민감하고, 모든 디자이너가 쇼핑을 즐기면 모든 디자이너는 유행에 민감하지 않을 수도 있으므로 결론이 반드시 참이 되게 하는 전제가 아니다.

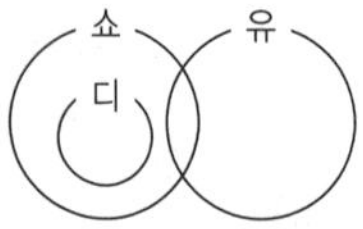

⑤ 쇼핑을 즐기는 어떤 사람이 유행에 민감하고, 쇼핑을 즐기는 모든 사람이 디자이너가 아니면 모든 디자이너는 유행에 민감하지 않을 수도 있으므로 결론이 반드시 참이 되게 하는 전제가 아니다.

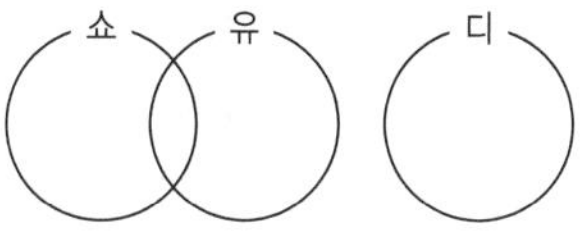

04 언어추리 정답 ③

제시된 조건에 따르면 은이는 4명 중 수리능력 성적이 가장 높으므로 수리능력에서 1등을 했고, 현수는 1등을 한 영역이 없으므로 정우와 채희가 의사소통능력 또는 문제해결능력에서 1등을 했다. 이때 현수는 문제해결능력에서 채희보다 등수가 높으므로 의사소통능력에서 1등을 한 사람은 채희, 문제해결능력에서 1등을 한 사람은 정우이다. 또한, 은이는 등수가 4등인 영역이 없으므로 문제해결능력에서 채희는 4등을 했고, 현수와 은이는 각각 2등 또는 3등을 했다. 문제해결능력에서 2등을 한 사람에 따라 가능한 경우는 다음과 같다.

경우 1. 문제해결능력에서 2등을 한 사람이 현수인 경우

구분	현수	정우	은이	채희
의사소통	3등	4등	2등	1등
수리	4등	2등 또는 3등	1등	2등 또는 3등
문제해결	2등	1등	3등	4등

경우 2. 문제해결능력에서 2등을 한 사람이 은이인 경우

구분	현수	정우	은이	채희
의사소통	2등	4등	3등	1등
수리	4등	2등 또는 3등	1등	2등 또는 3등
문제해결	3등	1등	2등	4등

따라서 현수는 수리능력에서 4등을 했으므로 항상 참인 설명이다.

오답 체크

① 은이는 의사소통능력에서 2등 또는 3등을 했으므로 항상 참인 설명은 아니다.

② 채희는 의사소통능력에서 1등을 했으므로 항상 거짓인 설명이다.

④ 정우는 수리능력에서 2등 또는 3등을 했으므로 항상 참인 설명은 아니다.

⑤ 현수는 문제해결능력에서 2등 또는 3등을 했으므로 항상 참인 설명은 아니다.

05 언어추리 정답 ④

제시된 조건에 따르면 4번 자리에 앉아 있는 B 양옆에 앉아 있는 사람은 헤드폰을 끼고 있으므로 3번, 5번 자리에 앉아 있는 사람은 헤드폰을 끼고 있고, 이어폰을 끼고 있는 사람끼리 바로 옆자리에 앉아 있으므로 이어폰을 끼고 있는 사람은 1번, 2번 자리 또는 1번, 6번 자리에 앉아 있다. 이때 1번 자리에 앉아 있는 사람은 F가 아니고, F와 마주 보고 앉아 있는 사람은 아무것도 끼고 있지 않으므로 F가 3번 자리에 앉아 있으면 아무것도 끼고 있지 않은 사람은 6번 자리에 앉아 있고, F가 5번 자리에 앉아 있으면 아무것도 끼고 있지 않은 사람은 2번 자리에 앉아 있다. 이때 A는 C의 바로 옆자리에 앉아 있고, A와 C는 이어폰 또는 헤드폰을 끼고 있으므로 A와 C는 각각 1번 또는 2번 자리에 앉아 있거나 1번 또는 6번 자리에 앉아 있음을 알 수 있다. 이어폰을 끼고 있는 사람이 앉아 있는 자리에 따라 가능한 경우는 다음과 같다.

경우 1. 이어폰을 끼고 있는 사람이 1번, 2번 자리에 앉아 있는 경우

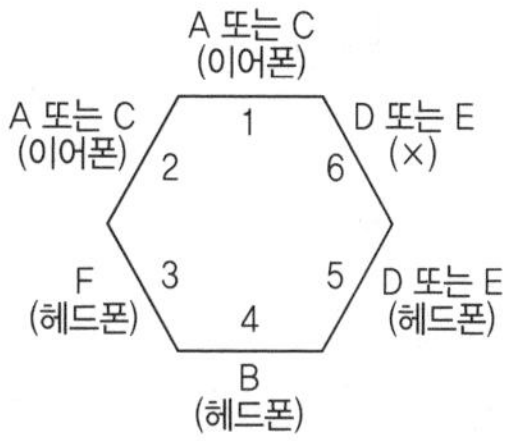

경우 2. 이어폰을 끼고 있는 사람이 1번, 6번 자리에 앉아 있는 경우

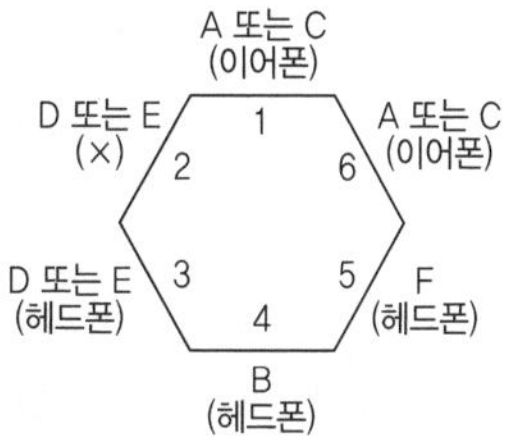

따라서 A 양옆에 앉아 있는 사람은 각각 이어폰, 헤드폰을 끼고 있거나 1명은 이어폰을 끼고 있고, 1명은 아무것도 끼고 있지 않으므로 항상 거짓인 설명이다.

오답 체크

① 헤드폰을 끼고 있는 사람끼리 3번, 4번, 5번 자리에 연달아 앉아 있으므로 항상 참인 설명이다.

② D 양옆에 앉아 있는 사람 중 이어폰을 끼고 있는 사람은 A 또는 C 1명이거나 아무도 없으므로 항상 거짓인 설명은 아니다.

③ E와 마주 보고 앉아 있는 사람은 A 또는 C 또는 F이므로 항상 거짓인 설명은 아니다.

⑤ B는 4번 자리에 앉아 있고, C는 1번 또는 2번 또는 6번 자리에 앉아 있으므로 항상 거짓인 설명은 아니다.

06 언어추리 정답 ⑤

제시된 조건에 따르면 주임인 C만 일본을 선택하고, 아무도 선택하지 않는 나라가 한 곳 있으므로 아무도 선택하지 않는 나라는 중국 또는 영국 또는 독일이다. 또한, A는 영국 또는 독일을 선택하고, 같은 직급의 팀원인 사원 A, B는 같은 나라를 선택하므로 B도 영국 또는 독일을 선택한다. 아무도 선택하지 않는 나라에 따라 가능한 경우는 아래와 같다.

경우 1. 아무도 선택하지 않는 나라가 중국인 경우

중국	일본	영국	독일	출장
X	C	A, B, D	E	영국
		D	A, B, E	독일
		A, B, E	D	영국
		E	A, B, D	독일

경우 2. 아무도 선택하지 않는 나라가 영국인 경우

중국	일본	영국	독일	출장
D	C	X	A, B, E	독일
E			A, B, D	독일

경우 3. 아무도 선택하지 않는 나라가 독일인 경우

중국	일본	영국	독일	출장
D	C	A, B, E	X	영국
E		A, B, D		영국

따라서 독일을 선택하는 사람이 없으면 영국으로 출장을 가므로 항상 거짓인 설명이다.

오답 체크

① D가 영국을 선택하면 영국 또는 독일로 출장을 가므로 항상 거짓인 설명은 아니다.

② E가 중국을 선택하면 영국 또는 독일로 출장을 가므로 항상 거짓인 설명은 아니다.

③ 사원이 선택하는 나라로 출장을 가므로 항상 참인 설명이다.

④ 과장인 E가 독일을 선택하면 영국 또는 독일로 출장을 가므로 항상 거짓인 설명은 아니다.

07 언어추리 정답 ③

제시된 조건에 따르면 C는 두 개의 질문을 합쳐 고려했을 때, 3명 중 가장 많은 항목에 체크하였고, A는 1번 질문의 4개 항목에, B는 2번 질문의 2개 항목에 체크하였으며, 3명이 2번 질문에 체크한 항목 개수의 합은 8개이므로 C는 2번 질문의 3개 이상 항목에 체크하였다. 이때 C가 두 개의 질문에 체크한 개수 차이는 2개 이하이므로 C가 2번 질문에 체크한 항목 개수에 따라 가능한 경우는 아래와 같다.

경우 1. C가 2번 질문의 5개 항목에 체크한 경우

구분	A	B	C
1번	4개	1~5개	3~5개
2번	1개	2개	5개
총합	5개	3~7개	8~10개

경우 2. C가 2번 질문의 4개 항목에 체크한 경우

구분	A	B	C
1번	4개	1~5개	4~5개
2번	2개	2개	4개
총합	6개	3~7개	8~9개

구분	A	B	C
1번	4개	1~4개	3개
2번	2개	2개	4개
총합	6개	3~6개	7개

경우 3. C가 2번 질문의 3개 항목에 체크한 경우

구분	A	B	C
1번	4개	1~5개	5개
2번	3개	2개	3개
총합	7개	3~7개	8개

따라서 C가 1번 질문에 체크한 항목 개수는 3개 또는 4개 또는 5개이므로 항상 참인 설명이다.

오답 체크

① B가 두 개의 질문에 체크한 개수 차이는 0개 또는 1개 또는 2개 또는 3개이므로 항상 참인 설명은 아니다.

② A가 2번 질문에 체크한 항목 개수는 1개 또는 2개 또는 3개이므로 항상 참인 설명은 아니다.

④ A, B, C 중 1번 질문에 가장 많이 체크한 사람은 A 또는 B 또는 C이므로 항상 참인 설명은 아니다.

⑤ A, B, C 중 2번 질문에 가장 많이 체크한 사람은 A 또는 C이므로 항상 참인 설명은 아니다.

08 언어추리 정답 ①

제시된 조건에 따르면 수학과 3명은 서로 이웃하여 줄을 서지 않고, 갑은 C보다 앞쪽에 줄을 섰으므로 C는 맨 앞에 줄을 서지 않는다. 이때 맨 앞에 줄을 선 사람은 경제학과가 아니므로 수학과이고, A와 B 순서 사이에 줄을 선 사람은 1명이므로 A와 B는 첫 번째 또는 세 번째 순서로 줄을 서고, A와 B 순서 사이에 선 사람은 을이 아니므로 갑 또는 병이다. A와 B 순서 사이에 줄을 선 사람에 따라 가능한 경우는 아래와 같다.

경우 1. A와 B 순서 사이에 줄을 선 사람이 갑인 경우

첫 번째	두 번째	세 번째	네 번째	다섯 번째	여섯 번째
A 또는 B	갑	A 또는 B	병	을	C
			을	C	병
			병	C	을

경우 2. A와 B 순서 사이에 줄을 선 사람이 병인 경우

첫 번째	두 번째	세 번째	네 번째	다섯 번째	여섯 번째
A 또는 B	병	A 또는 B	갑	C	을
			갑	을	C
			을	갑	C

따라서 병은 두 번째 또는 네 번째 또는 여섯 번째 순서로 줄을 서므로 항상 거짓인 설명이다.

오답 체크

② A는 첫 번째 또는 세 번째 순서로 줄을 서므로 항상 거짓인 설명은 아니다.

③ B와 C 순서 사이에 줄을 선 사람은 1명 또는 2명 또는 3명 또는 4명이므로 항상 거짓인 설명은 아니다.

④ 갑 바로 뒤에 줄을 선 사람은 A 또는 B 또는 C 또는 을이므로 항상 거짓인 설명은 아니다.

⑤ 6명이 줄을 서는 경우의 수는 총 12가지이므로 항상 참인 설명이다.

09 언어추리 정답 ⑤

제시된 조건에 따르면 D는 B보다 위층에 입주하며 호수도 더 크고, F는 E보다 아래층에 입주하며, B보다 호수가 두 개 더 크므로 B는 1층 1호 또는 2층 1호에 입주하고, F는 1층 3호 또는 2층 3호에 입주한다. 이에 따라 E가 입주하는 방의 호수는 D가 입주하는 방의 호수보다 크므로 D는 2호, E는 3호에 입주한다. 이때 A와 같은 층에 입주한 사람은 C뿐이므로 A와 C가 입주하는 층에 따라 가능한 경우는 아래와 같다.

경우 1. A와 C가 1층에 입주하는 경우

X	D	E	3층
B	X	F	2층
A 또는 C			1층
1호	2호	3호	

경우 2. A와 C가 2층에 입주하는 경우

X	D	E	3층
A 또는 C			2층
B	X	F	1층
1호	2호	3호	

경우 3. A와 C가 3층에 입주하는 경우

A 또는 C			3층
X	D	E	2층
B	X	F	1층
1호	2호	3호	

따라서 1층에 아무도 입주하지 않는 방은 1개이므로 항상 참인 설명이다.

오답 체크

① 2층 1호에는 아무도 입주하지 않거나 A 또는 B 또는 C가 입주하므로 항상 참인 설명은 아니다.

② E와 F가 입주하는 방은 1층, 2층이거나 1층, 3층이거나 2층, 3층이므로 항상 참인 설명은 아니다.

③ F가 1층에 입주하면 A는 2층 또는 3층에 입주하고, F가 2층에 입주하면 A는 1층에 입주하므로 항상 참인 설명은 아니다.

④ B가 1층에 입주하면 C는 2층 또는 3층에 입주하고, B가 2층에 입주하면 C는 1층에 입주하므로 항상 참인 설명은 아니다.

10 언어추리 정답 ②

제시된 조건에 따르면 2023년에 을은 연구팀에서 근무했고, 영업팀에서 근무한 사람은 바로 다음 해에 연구팀에서 근무했으므로 2022년에 을은 영업팀에서 근무했다. 또한, 기획팀에서 근무한 사람은 바로 이전 해에 마케팅팀에서 근무하지 않았고, 기획팀에서 2022년에 병이, 2023년에 정이 근무했으므로 2022년에 정은 연구팀, 갑은 마케팅팀에서 근무했다. 이에 따라 2023년에 갑은 영업팀, 병은 마케팅팀에서 근무했고, 2024년에 갑은 연구팀에서 근무했다.

구분	갑	을	병	정
2022년	마케팅	영업	기획	연구
2023년	영업	연구	마케팅	기획
2024년	연구	기획	영업	마케팅

따라서 갑은 2024년에 연구팀에서 근무했으므로 항상 참인 설명이다.

오답 체크

① 정은 영업팀에서 근무하지 않았으므로 항상 거짓인 설명이다.

③ 을은 연구팀, 영업팀, 기획팀에서 근무했으므로 항상 거짓인 설명이다.

④ 2023년에 병이 근무한 마케팅팀에서 2024년에 정이 근무했으므로 항상 거짓인 설명이다.

⑤ 3년 동안 같은 팀에서 두 번 근무한 사람은 없으므로 항상 거짓인 설명이다.

11 언어추리

정답 ②

제시된 조건에 따르면 5명 중 1명만 거짓을 말했고 민주와 이슬이의 나이가 같다는 혜령이의 말과 자신이 이슬이보다 나이가 많다는 민주의 말이 모순되므로 거짓을 말한 사람은 혜령이 또는 민주 중 1명이다. 혜령이의 말이 진실이면 민주의 말이 거짓이지만, 5명 중 자신의 나이가 다섯 번째로 많다는 이슬이의 말도 거짓이 되므로 5명 중 1명만 거짓을 말했다는 조건에 모순되어 혜령이의 말이 거짓임을 알 수 있다.

따라서 5명 중 거짓을 말한 사람은 혜령이다.

12 언어추리

정답 ⑤

제시된 조건에 따르면 콩은 2구역에, 옥수수는 7구역에 심고, 6구역에는 아무것도 심지 않는다. 이에 따라 팥은 짝수 숫자 구역에 심으므로 4구역 또는 8구역에 심는다. 또한, 쌀을 심는 구역의 숫자는 조를 심는 구역의 숫자보다 2만큼 크므로 조를 1구역에 심으면 쌀은 3구역에 심고, 조를 3구역에 심으면 쌀은 5구역에 심는다. 이때 밀과 수수는 양옆 또는 위아래로 서로 인접한 구역에 심으므로 팥, 밀, 수수를 심는 구역에 따라 가능한 경우는 아래와 같다.

경우 1. 팥을 4구역에, 밀과 수수를 5구역 또는 8구역에 심는 경우

조	콩	쌀
팥	**밀 또는 수수**	X
옥수수	밀 또는 수수	X

경우 2. 팥을 4구역에, 밀과 수수를 8구역 또는 9구역에 심는 경우

조 또는 X	콩	쌀 또는 조
팥	쌀 또는 X	X
옥수수	밀 또는 수수	밀 또는 수수

경우 3. 팥을 8구역에, 밀과 수수를 1구역 또는 4구역에 심는 경우

밀 또는 수수	콩	조
밀 또는 수수	쌀	X
옥수수	팥	X

경우 4. 팥을 8구역에, 밀과 수수를 4구역 또는 5구역에 심는 경우

조	콩	쌀
밀 또는 수수	**밀 또는 수수**	X
옥수수	팥	X

따라서 밀을 심는 구역의 숫자가 쌀을 심는 구역의 숫자보다 1만큼 크면, 팥은 8구역에 심으므로 항상 거짓인 설명이다.

오답 체크

① 콩과 수수는 서로 인접하거나 인접하지 않는 구역에 심으므로 항상 거짓인 설명은 아니다.

② 조는 1구역 또는 3구역에 심으므로 항상 거짓인 설명은 아니다.

③ 9구역에는 아무것도 심지 않거나 밀 또는 수수를 심으므로 항상 거짓인 설명은 아니다.

④ 곡식을 심는 경우의 수는 총 10가지이므로 항상 참인 설명이다.

13 언어추리

정답 ③

제시된 조건에 따르면 5명 중 1명만 거짓을 말하므로 나머지 4명의 말은 진실이다. 이때 을의 말이 거짓이라는 정의 말이 진실이면 을의 말은 거짓이고, 정의 말이 거짓이면 을의 말은 진실이므로 을과 정 중 1명의 말은 진실, 다른 1명의 말은 거짓이다. 이에 따라 갑, 병, 무 3명의 말은 진실이므로 자신보다 신발을 많이 가지고 있는 사람은 1명이라는 갑의 말에 따라 갑은 네 번째 순서로 줄을 섰고, 무 바로 뒤에 선 사람은 을이라는 병의 말과 자신은 정 바로 뒤에 서 있다는 무의 말에 따라 정이 첫 번째, 무가 두 번째, 을이 세 번째로 줄을 섰음을 알 수 있다. 이에 따라 병은 다섯 번째로 줄을 섰으므로 병 앞에 줄을 선 사람은 1명이라는 을의 말이 거짓이다.

첫 번째	두 번째	세 번째	네 번째	다섯 번째
정	무	을	갑	병

따라서 신발을 가장 많이 가지고 있는 사람은 병이다.

14 언어추리

정답 ②

제시된 조건에 따르면 세 번 이동하는 동안 나이트가 위치한 행과 열은 처음 두 번은 모두 감소했다가 마지막 한 번은 모두 증가하였고, K에서 행과 열이 처음 두 번은 모두 감소하여 이동할 수 있는 칸은 2행 1열과 1행 2열이다. 이때 2행 1열은 이동하지 않았으므로 처음 두 번 이동하여 위치한 칸은 1행 2열이다. 이에 따라 1행 2열에서 행과 열이 모두 증가하여 이동할 수 있는 칸은 3행 3열과 2행 4열이다.

따라서 나이트가 세 번 이동 후 도착할 수 있는 칸은 총 두 칸이므로 항상 참인 설명이다.

오답 체크

① 나이트가 세 번 이동 후 도착한 칸은 출발한 칸에서 세 칸 떨어진 곳이므로 항상 거짓인 설명이다.

③ 나이트는 세 번 이동 후 도착한 칸을 이미 이동 중에 지나갔을 수도 있고, 지나가지 않았을 수도 있으므로 항상 참인 설명은 아니다.

④ 나이트가 세 번 이동 후 도착한 칸의 열은 3열 또는 4열이며, 출발한 칸의 열은 4열이므로 항상 참인 설명은 아니다.

⑤ 나이트가 세 번 이동 후 도착한 칸의 행과 열은 3행 3열 또는 2행 4열이며, 출발한 칸의 행과 열은 5행 4열로, 행은 작지만 열은 작거나 같으므로 항상 참인 설명은 아니다.

15 도형추리 정답 ⑤

각 열에서 1행에 제시된 도형은 2행과 3행에 제시된 도형을 합친 후 상하 대칭한 형태이다.

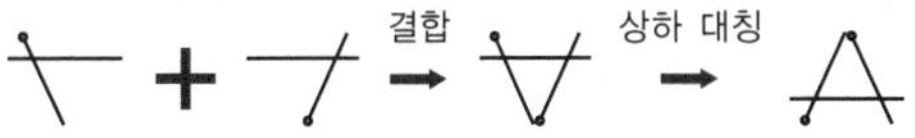

[2행 2열] [3행 2열] [1행 2열]

따라서 '?'에 해당하는 도형은 ⑤이다.

16 도형추리 정답 ③

각 열에서 다음 행에 제시된 도형은 이전 행에 제시된 도형을 시계 방향으로 90° 회전하면서 색반전한 형태이다.

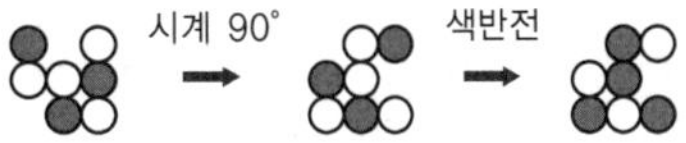

[2행 2열] **[3행 2열]**

따라서 '?'에 해당하는 도형은 ③이다.

빠른 문제 풀이 Tip

각 열에 제시된 도형이 다음 행에서 시계 방향으로 90° 회전하면서 색반전한 형태일 때, '?'에 해당하는 도형은 3행에 위치하므로 1행에 제시된 도형을 180° 회전하면서 같은 위치에 음영이 제시된 형태임을 알 수 있다.

17 도형추리 정답 ⑤

각 행에서 다음 열에 제시된 도형은 이전 열에 제시된 도형을 시계 방향으로 120° 회전한 형태이다.

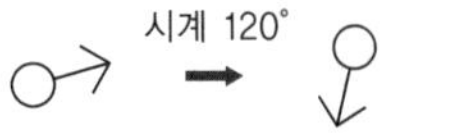

[2행 2열] **[2행 3열]**

따라서 '?'에 해당하는 도형은 ⑤이다.

[18-21]

▲: 문자와 숫자 순서에 따라 각 자리의 문자(숫자)를 이전 세 번째 순서에 오는 문자(숫자)로 변경한다.
ex. abcd → xyza (a-3, b-3, c-3, d-3)

☆: 첫 번째 문자(숫자)를 네 번째 자리로, 세 번째 문자(숫자)를 첫 번째 자리로, 네 번째 문자(숫자)를 세 번째 자리로 이동시킨다.
ex. abcd → cbda

□: 첫 번째 문자(숫자)를 세 번째 자리로, 두 번째 문자(숫자)를 네 번째 자리로, 세 번째 문자(숫자)를 두 번째 자리로, 네 번째 문자(숫자)를 첫 번째 자리로 이동시킨다.
ex. abcd → dcab

○: 문자와 숫자 순서에 따라 각 자리의 문자(숫자)를 다음 세 번째 순서에 오는 문자(숫자)로 변경한다.
ex. abcd → defg (a+3, b+3, c+3, d+3)

18 도식추리 정답 ②

MIC4 → □ → 4CMI → ☆ → MCI4

19 도식추리 정답 ③

82FT → ○ → 15IW → □ → WI15 → ▲ → TF82

20 도식추리 정답 ④

8543 → ▲ → 5210 → ○ → 8543

21 도식추리 정답 ⑤

2L4P → ☆ → 4LP2 → ○ → 7OS5 → □ → 5S7O

22 문단배열 정답 ③

이 글은 활성 산소의 긍정적 및 부정적 역할과 활성 산소를 억제하는 항산화제 섭취의 주의점에 대해 설명하는 글이다.
따라서 '(C) 활성 산소의 정의와 역할 → (B) 활성 산소의 부정적 역할: 노화 → (A) 항산화제의 기능과 종류 → (D) 항산화제 섭취의 주의점' 순으로 연결되어야 한다.

23 문단배열

정답 ②

이 글은 조선 후기 성리학을 비판하며 등장한 실학 사상의 전개 과정과 내용에 대해 설명하는 글이다.
따라서 '(A) 조선 후기 성리학 체제의 문제점 - (C) 실학의 등장과 학문적 성격 - (B) 중농학파의 실학: 토지 개혁론 - (D) 중상학파의 실학: 상공업 연구' 순으로 연결되어야 한다.

24 논리추론

정답 ②

지능형 주행 제어(ASCC)는 앞차와 일정한 간격을 유지할 수 있게 보조하는 기능이며, 안전하게 차선을 변경할 수 있도록 후측방 사각지대의 충돌 위험을 감지하는 기능은 후측방 충돌 회피 지원 시스템(ABSD)이라고 하였으므로 차선 변경을 어려워하는 초보 운전자들은 자동차에 ASCC를 장착하는 것이 좋다는 것은 옳지 않은 내용이다.

오답 체크

① 운전자 주의 경고(DAW)는 졸음운전이 의심되는 비정상적인 운전패턴이 감지되면 졸음운전에 대해 경고한다고 하였으므로 옳은 내용이다.

③ 환경 정보를 바탕으로 운전자에게 위험을 알리거나 자동차 스스로 제어하여 교통사고를 막는 안전 기술인 첨단 운전자 보조 시스템(ADAS)이 운전자 부주의로 인한 교통사고를 방지하는 방안으로 주목받고 있다고 하였으므로 옳은 내용이다.

④ 운전자가 의도하지 않은 차선 이탈이 발생할 때 경고 및 제어하는 차선 유지 보조 시스템(LKAS)은 안개로 인해 차선이 잘 보이지 않을 때 차선을 유지하는 데에 도움이 될 것임을 추론할 수 있으므로 옳은 내용이다.

⑤ 후측방 충돌 회피 지원 시스템(ABSD)은 후측방 사각지대의 충돌 위험을 감지하여 안전한 차선 변경을 돕는다고 하였으므로 옳은 내용이다.

25 논리추론

정답 ①

X-레이를 사람에게 과다하게 사용할 경우 부작용을 유발할 수 있어 공항 검색대에서는 승객에게 직접 투과하지 않는다고 하였으므로 마약, 총기류 등의 소지 여부를 확인하기 위해 승객에게 X-레이를 투과한다는 것은 옳지 않은 내용이다.

오답 체크

② X-레이는 피부암이나 유전적 기형을 유발할 수 있어 인체에 유해하다고 하였으므로 옳은 내용이다.

③ X-레이는 뢴트겐이 실험 도중 우연히 발견한 방사선으로, 오늘날 병원, 공항 보안 검색대, 제품의 비파괴 검사, 고미술품의 진품 여부 감정 등에 널리 활용되고 있다고 하였으므로 옳은 내용이다.

④ T-레이는 X-레이만큼 투과력이 높지만, 에너지는 100만 분의 1 정도로 낮아 인체 부작용이 거의 없다고 하였으므로 옳은 내용이다.

⑤ 카를로 교수는 현재 X-레이가 사용되는 분야 중 상당 부분을 T-레이가 대체할 수 있을 것으로 전망했다고 하였으므로 옳은 내용이다.

26 논리추론

정답 ④

OTT는 시간이나 장소의 제약을 받지 않음은 물론 이용자 본인이 직접 원하는 콘텐츠를 고를 수 있어 소비자의 능동적 이용이 가능하다고 하였으므로 OTT를 이용하는 사람은 추천 영상을 보기 때문에 콘텐츠를 수동적으로 이용할 수밖에 없다는 것은 옳지 않은 내용이다.

오답 체크

① OTT는 인터넷과 같은 개방된 네트워크를 통해 가입자에게 영상, 음악, 오락, 교육, 정보 등의 멀티미디어 콘텐츠를 실시간으로 제공하는 플랫폼이라고 하였으므로 옳은 내용이다.

② 2000년대 중후반부터 주목받기 시작한 OTT는 인터넷 기술과 스마트폰의 발전으로 급격하게 성장했다고 하였으므로 옳은 내용이다.

③ 본래 OTT는 TV에 연결해 셋톱박스로 영상 콘텐츠를 제공하는 서비스를 의미했다고 하였으므로 옳은 내용이다.

⑤ OTT는 시청 편수에 따라 금액을 지불하는 것이 아닌 월정액을 구독료로 납부하면, 해당 OTT에서 제공하는 모든 콘텐츠를 이용 가능하다고 하였으므로 옳은 내용이다.

27 논리추론

정답 ⑤

트랜지스터의 증폭 작용으로 인해 베이스와 이미터에 흐르는 전류의 양이 적더라도 콜렉터에 도달하는 전류의 양은 많을 수 있다고 하였으므로 이미터에서 콜렉터까지 다량의 전자가 이동하기 위해서는 이미터에서 베이스로 많은 양의 전자가 이동해야만 한다는 것은 옳지 않은 내용이다.

오답 체크

① 베이스에 양극을, 이미터에 음극을 접속시켜 이미터와 베이스 사이에 순방향의 전압이 걸리면 n형의 이미터에 있던 전자들이 베이스의 양극으로 이동한다고 하였으므로 옳은 내용이다.

② 콜렉터에 양극을, 베이스에 음극을 연결해 역전압을 걸어 주면 콜렉터의 전자들이 양극으로, 베이스의 정공들이 음극으로 움직인다고 하였으므로 옳은 내용이다.

③ npn형 트랜지스터의 세 전극 중 가운데에 위치한 p형은 양쪽에 결합된 n형에 비해 폭이 좁은 편이라고 하였으므로 옳은 내용이다.

④ npn형 트랜지스터에서 베이스와 콜렉터 사이에 역전압을 걸어주고 베이스와 이미터 사이에 순전압을 걸어주면 이미터에서 베이스로 움직이던 전자들이 폭이 좁은 베이스를 지나 콜렉터로 쉽게 건너갈 수 있는데, 이는 베이스와 콜렉터에 이미 역전압이 걸려 있기 때문이라고 하였으므로 옳은 내용이다.

28 논리추론

정답 ③

제시된 글의 필자는 메기 효과를 기업 경영에 접목하여 막강한 경쟁자를 기업 내부에 들이면 정체된 조직이 발전하는 데 도움이 될 수 있다고 주장하고 있다.

따라서 메기 효과를 적극적으로 활용할 경우 강자의 약자 억압을 합리화하게 되어 내부 직원이 스트레스를 받을 수 있다는 반박이 타당하다.

29 논리추론

정답 ②

이 글은 바이럴 마케팅이란 기업의 일방적 노출이 아닌 소비자의 자발적인 선택적 노출이라는 점에서 기존의 마케팅과 차별성을 지닌 방법이라는 내용이고, <보기>는 구전 마케팅이란 입소문을 통해 제품, 서비스, 기업 이미지 등을 마케팅하는 방법으로 광고 수단으로 인적 네트워크를 사용한다는 내용이다.

따라서 정보 제공자를 중심으로 메시지가 확산되는 구전 마케팅과 달리 바이럴 마케팅은 정보 수용자를 중심으로 메시지가 확산되는 것임을 알 수 있다.

30 논리추론

정답 ②

이 글은 개인과 기업이 가명정보를 통해 정보 활용 폭이 넓어짐에 따라 신사업 전개에 용이하다는 내용이고, <보기>는 가명정보의 데이터 결합을 통해 부가 가치 창출이 가능하여 각종 신규 서비스 출시가 가능해질 것이라는 내용이다.

따라서 비식별 조치를 한 가명정보 간의 결합을 통해 새로운 사업 모델의 구축이 가능함을 알 수 있다.

기출동형모의고사 2회

바로 채점 및 성적 분석 서비스

정답

수리

01	02	03	04	05	06	07	08	09	10
응용계산	응용계산	자료해석	자료해석	자료해석	자료해석	자료해석	자료해석	자료해석	자료해석
⑤	②	③	③	④	①	⑤	④	⑤	②
11	**12**	**13**	**14**	**15**	**16**	**17**	**18**	**19**	**20**
자료해석	자료해석	자료해석	자료해석	자료해석	자료해석	자료해석	자료해석	자료해석	자료해석
③	①	③	③	④	④	①	④	①	③

추리

01	02	03	04	05	06	07	08	09	10
언어추리	언어추리	언어추리	언어추리	언어추리	언어추리	언어추리	언어추리	언어추리	언어추리
④	⑤	③	④	③	④	⑤	①	⑤	③
11	**12**	**13**	**14**	**15**	**16**	**17**	**18**	**19**	**20**
언어추리	언어추리	언어추리	언어추리	도형추리	도형추리	도형추리	도식추리	도식추리	도식추리
②	②	④	③	①	③	②	①	②	③
21	**22**	**23**	**24**	**25**	**26**	**27**	**28**	**29**	**30**
도식추리	문단배열	문단배열	논리추론	논리추론	논리추론	논리추론	논리추론	논리추론	논리추론
④	⑤	①	②	②	⑤	⑤	④	②	②

취약 유형 분석표

유형별로 맞힌 개수, 틀린 문제 번호와 풀지 못한 문제 번호를 적고 나서 취약한 유형이 무엇인지 파악해 보세요.
취약한 유형은, 틀린 문제 및 풀지 못한 문제를 다시 풀어보면서 확실히 극복하세요.

수리

유형	맞힌 개수	틀린 문제 번호	풀지 못한 문제 번호
응용계산	/2		
자료해석	/18		
TOTAL	**/20**		

추리

유형	맞힌 개수	틀린 문제 번호	풀지 못한 문제 번호
언어추리	/14		
도형추리	/3		
도식추리	/4		
문단배열	/2		
논리추론	/7		
TOTAL	**/30**		

합계

영역	제한 시간 내에 푼 문제 수	정답률
수리	/20	%
추리	/30	%
TOTAL	**/50**	**%**

해설

수리

문제 p.4

01 응용계산 정답 ⑤

작년 A 회사의 인공지능 연구원 수를 x, 로봇공학 연구원 수를 y라고 하면

작년 A 회사의 인공지능 연구원 수와 로봇공학 연구원 수의 합은 2,600명이었으므로

$x+y=2{,}600$ … ⓐ

올해 A 회사는 인공지능 연구원 수가 30% 증가하고, 로봇공학 연구원 수가 20% 증가하여 총 700명이 증가하였으므로

$0.3x+0.2y=700$ … ⓑ

ⓑ−0.2ⓐ에서 $0.1x=180 \rightarrow x=1{,}800$

이를 ⓐ에 대입하면 $y=2{,}600-1{,}800=800$

따라서 작년 인공지능 연구원 수와 로봇공학 연구원 수의 차이는 1,800−800=1,000명이다.

02 응용계산 정답 ②

어떤 사건 A가 일어날 확률을 p, 어떤 사건 B가 일어날 확률을 q라고 하면 두 사건 A, B가 서로 영향을 주지 않을 때, 두 사건 A, B가 동시에 일어날 확률은 p×q이고, 두 사건 A, B가 동시에 일어나지 않을 때, 사건 A 또는 사건 B가 일어날 확률은 p+q임을 적용하여 구한다.

영완이가 자격증 시험에 합격할 확률은 30%이므로 불합격할 확률은 100−30=70%이고, 형길이가 자격증 시험에 불합격할 확률은 40%이므로 합격할 확률은 100−40=60%이다. 이에 따라 영완이와 형길이 중 1명만 자격증 시험에 합격할 확률은 영완이가 합격하고 형길이가 불합격하거나, 영완이가 불합격하고 형길이가 합격하는 확률과 같으므로 0.3×0.4+0.7×0.6=0.54이다.

따라서 영완이와 형길이 중 1명만 자격증 시험에 합격할 확률은 54%이다.

03 자료해석 정답 ③

2022년 E 지역의 연말정산 간소화 시스템 접속 건수는 2021년 대비 {(1,104−1,025)/1,025}×100≒7.7% 증가하였으므로 옳은 설명이다.

오답 체크

① 2021년 연말정산 간소화 시스템 접속 건수는 C 지역이 D 지역보다 많지만, 2022년 연말정산 간소화 시스템 접속 건수는 C 지역이 D 지역보다 적으므로 옳지 않은 설명이다.

② 2021년 C 지역의 연말정산 간소화 시스템 접속 근로자 1명당 연말정산 간소화 시스템 평균 접속 건수는 693/394≒1.8건이므로 옳지 않은 설명이다.

④ A 지역과 B 지역의 연말정산 간소화 시스템 접속 건수의 차이는 2021년에 4,863−1,408=3,455천 건, 2022년에 5,190−1,531=3,659천 건으로 2021년이 2022년보다 작으므로 옳지 않은 설명이다.

⑤ 2021년 연말정산 간소화 시스템 접속 근로자 수가 가장 적은 F 지역의 2022년 연말정산 간소화 시스템 접속 건수는 전년 대비 635−587=48천 건 증가하였으므로 옳지 않은 설명이다.

04 자료해석 정답 ③

해당 집단별 대상자 수=(해당 집단별 고혈압 유병자 수/고혈압 유병률)×100임을 적용하여 구한다.

2023년 소득수준이 '중'인 만 30세 이상 남자 대상자 수는 (477/30.0)×100=1,590명이고, 여자 대상자 수는 (600/25.0)×100=2,400명이다.

따라서 2023년 소득수준이 '중'인 만 30세 이상 남자와 여자 대상자 수의 차이는 2,400−1,590=810명이다.

05 자료해석 정답 ④

b. 2021년부터 2023년까지 EUV 리소그래피 특허 출원 건수는 매년 전년 대비 증가하였으나, 첨단 패키징 특허 출원 건수는 2021년에 전년 대비 증가하였으므로 옳지 않은 설명이다.

d. E 국의 첨단 패키징 특허 출원 건수가 다른 해에 비해 가장 많은 2022년에 A 국의 EUV 리소그래피와 첨단 패키징 특허 출원 건수의 합은 21,132+81=21,213건이므로 옳지 않은 설명이다.

오답 체크

a. 2024년 EUV 리소그래피와 첨단 패키징 특허 출원 건수의 총합은 전년 대비 {(28,715−4,125)/28,715}×100≒86% 감소하였으므로 옳은 설명이다.

c. 전체 EUV 리소그래피 특허 출원 건수에서 A 국의 EUV 리소그래피 특허 출원 건수가 차지하는 비중은 2020년에 (16,708/21,476)×100≒78%, 2021년에 (19,724/25,504)×100≒77%, 2022년에 (21,132/27,722)×100≒76%, 2023년에 (21,307/28,012)×100≒76%, 2024년에 (3,212/3,967)×100≒81%이므로 옳은 설명이다.

06 자료해석 정답 ①

C 지역은 천주교의 종교인구 수가 개신교의 종교인구 수의 (186 / 289) × 100 ≒ 64.4%이고, G 지역은 천주교의 종교인구 수가 개신교의 종교인구 수의 (135 / 345) × 100 ≒ 39.1%로 천주교의 종교인구 수가 개신교의 종교인구 수의 50% 이상인 지역은 C 지역뿐이므로 옳지 않은 설명이다.

오답 체크

② 전국 개신교의 종교인구 수는 전국 천주교의 종교인구 수의 9,676 / 3,892 ≒ 2.5배이므로 옳은 설명이다.

③ 지역별 종교인구 중 불교의 종교인구 수가 가장 많은 지역은 B 지역, C 지역, F 지역, G 지역, H 지역 총 5곳이므로 옳은 설명이다.

④ 불교, 개신교, 천주교를 제외한 나머지 종교의 종교인구 수는 전국 종교인구 수의 (369 / 21,556) × 100 ≒ 1.7%이므로 옳은 설명이다.

⑤ A 지역과 D 지역 종교인구 수의 합은 전국 종교인구 수의 {(4,387 + 5,140) / 21,556} × 100 ≒ 44.2%이므로 옳은 설명이다.

07 자료해석 정답 ⑤

11월 전체 외국인 입국자 수의 교통수단별 구성비는 공항과 항구가 각각 90.0%, 10.0%이고, H 국 국적 입국자 수의 교통수단별 구성비도 공항이 {2,178 / (2,178 + 242)} × 100 = 90%, 항구가 100 - 90 = 10%이므로 옳은 설명이다.

오답 체크

① 12월 I 국 국적의 입국자 수는 공항이 항구보다 2,839 - 245 = 2,594명 더 많으므로 옳지 않은 설명이다.

② 10월 B 국 국적의 항구 입국자 수는 D 국 국적의 항구 입국자 수의 5,358 / 282 = 19배, 11월에 3,855 / 257 = 15배, 12월에 3,168 / 396 = 8배이므로 옳지 않은 설명이다.

③ 10월부터 12월까지 매월 항구 입국자 수가 공항 입국자 수보다 더 많은 국적은 C 국과 K 국 총 2개이므로 옳지 않은 설명이다.

④ 10월 전체 외국인 입국자 수가 1,650천 명이라면, 같은 달 전체 외국인 입국자 중 항구 입국자 수는 1,650 × 0.102 = 168.3천 명이므로 옳지 않은 설명이다.

08 자료해석 정답 ④

제시된 대출종류 중 대출건수 3건 이상의 개인 평균 대출금액이 세 번째로 많은 대출종류는 주택담보이다.
따라서 주택담보의 대출건수 2건의 개인 평균 대출금액은 대출건수 1건의 개인 평균 대출금액의 3,766 / 1,883 = 2.0배이다.

09 자료해석 정답 ⑤

2021년 유배우 가구 수는 D 지역이 G 지역의 667 / 290 = 2.3배이므로 옳지 않은 설명이다.

오답 체크

① 2022년 A 지역의 유배우 가구 수에서 맞벌이 가구 수가 차지하는 비중은 (876 / 2,190) × 100 = 40%이므로 옳은 설명이다.

② 2023년 C 지역의 맞벌이 가구 수는 2022년 대비 {(252 - 240) / 240} × 100 = 5% 증가하였으므로 옳은 설명이다.

③ 2022년 이후 B 지역과 G 지역의 맞벌이 가구 수의 전년 대비 증감 추이는 감소, 증가, 감소로 동일하므로 옳은 설명이다.

④ 비 맞벌이 가구 수 = 유배우 가구 수 - 맞벌이 가구 수임을 적용하여 구하면 2024년 비 맞벌이 가구 수는 F 지역이 357 - 169 = 188천 가구, E 지역이 348 - 169 = 179천 가구로 F 지역이 E 지역보다 188 - 179 = 9천 가구 더 많으므로 옳은 설명이다.

빠른 문제 풀이 Tip

④ 2024년 F 지역과 E 지역의 맞벌이 가구 수가 동일함을 이용하여 계산한다.
2024년 F 지역과 E 지역의 맞벌이 가구 수가 동일하므로 F 지역과 E 지역의 비 맞벌이 가구 수의 차이는 유배우 가구 수의 차이와 동일하다. 이에 따라 2024년 F 지역과 E 지역의 비 맞벌이 가구 수의 차이는 유배우 가구 수의 차이인 357 - 348 = 9천 가구임을 알 수 있다.

[10 - 11]

10 자료해석 정답 ②

2021년 음악제작업 전체 종사자 수에서 비정규직 종사자 수가 차지하는 비중은 {506 / (2,907 + 506)} × 100 ≒ 14.8%이므로 옳지 않은 설명이다.

오답 체크

① 제시된 기간 동안 음악제작업 정규직 종사자 수의 평균은 (2,779 + 2,907 + 3,108 + 3,443 + 3,382) / 5 = 3,123.8명이므로 옳은 설명이다.

③ 2021년 이후 음악 기획·제작업의 정규직 여자 종사자 수는 매년 전년 대비 증가하였으므로 옳은 설명이다.

④ 음반·음원 녹음시설 운영업의 정규직 남자와 여자 종사자 수의 차이는 2020년에 378 - 58 = 320명, 2023년에 416 - 71 = 345명으로 2023년에 3년 전 대비 증가하였으므로 옳은 설명이다.

⑤ 2022년 음악 기획·제작업의 정규직 남자 종사자 수는 비정규직 남자 종사자 수의 1,548 / 256 ≒ 6.0배이므로 옳은 설명이다.

11 자료해석 정답 ③

a. 2023년 음악제작업의 비정규직 종사자 수에서 여자가 차지하는 비중은 {(171 + 6) / 373} × 100 ≒ 47.5%이므로 옳은 설명이다.

c. 2023년 음악제작업의 정규직 종사자 수는 전년 대비 증가하였지만 비정규직 종사자 수는 전년 대비 감소하였고, 2024년 음악제작업의 정규직 종사자 수는 전년 대비 감소하였지만 비정규직 종사자 수는 전년 대비 증가하여 증감 추이가 서로 다른 해가 존재하므로 옳은 설명이다.

오답 체크

b. 2021년 이후 음악제작업의 비정규직 종사자 수가 가장 많은 2024년에 음악제작업의 정규직 종사자 수는 전년 대비 3,443 - 3,382 = 61명 감소했으므로 옳지 않은 설명이다.

[12 - 13]

12 자료해석 정답 ①

a. 2022년 기업 수는 시각디자인이 공예디자인의 5,744 / 2,096 ≒ 2.7배이므로 옳지 않은 설명이다.

c. 2024년 제품디자인 기업 수는 2023년 대비 {(12,753 - 7,855) / 7,855} × 100 ≒ 62.4% 증가하였으므로 옳지 않은 설명이다.

오답 체크

b. 제시된 디자인 영역 중 2023년 기업 수가 가장 적은 디자인 영역과 직원 수가 가장 적은 디자인 영역은 모두 패션·텍스타일디자인으로 동일하므로 옳은 설명이다.

d. 2023년 서비스·경험디자인 직원 수는 인테리어디자인 직원 수보다 24,395 - 23,244 = 1,151명 더 많으므로 옳은 설명이다.

13 자료해석 정답 ③

2023년 기업 수가 가장 많은 디자인 영역인 디자인인프라의 기업 1개당 평균 직원 수는 40,831 / 29,165 = 1.4명이다.

따라서 2023년 디자인인프라의 기업 10개당 평균 직원 수는 1.4 × 10 = 14명이다.

[14 - 15]

14 자료해석 정답 ③

2022년 사업장 배출시설계 1일 평균 폐기물 발생량은 G 지역이 F 지역의 9,450 / 1,500 = 6.3배이므로 옳은 설명이다.

오답 체크

① 2020년 A 지역은 1일 평균 폐기물 발생량이 생활계가 사업장 배출시설계보다 8,559 - 1,154 = 7,405톤 더 많으므로 옳지 않은 설명이다.

② 2023년 C 지역의 사업장 배출시설계 1일 평균 폐기물 발생량은 2년 전 대비 2,597 - 2,521 = 76톤 증가하였으므로 옳지 않은 설명이다.

④ 2021년 B 지역의 생활계 1일 평균 폐기물 발생량은 전년 대비 {(3,392 - 3,200) / 3,200} × 100 = 6.0% 증가하였으므로 옳지 않은 설명이다.

⑤ 2024년 D 지역의 생활계 1일 평균 폐기물 발생량은 제시된 지역 중 네 번째로 많으므로 옳지 않은 설명이다.

15 자료해석 정답 ④

제시된 지역 중 2021년 이후 생활계 1일 평균 폐기물 발생량과 사업장 배출시설계 1일 평균 폐기물 발생량의 전년 대비 증감 추이가 매년 동일한 지역은 2022년까지 전년 대비 감소하다가 2023년부터 전년 대비 증가하는 E 지역이다. E 지역의 2024년 1일 평균 폐기물 발생량은 생활계가 1,404톤, 사업장 배출시설계가 1,080톤이다. 따라서 E 지역의 2024년 1일 평균 폐기물 발생량은 생활계가 사업장 배출시설계의 1,404 / 1,080 = 1.3배이다.

[16 - 17]

16 자료해석 정답 ④

b. 2024년 학력이 고등학교 중퇴 이하인 현역병 입영 인원은 2020년 대비 {(250 - 160) / 250} × 100 = 36% 감소하였으므로 옳은 설명이다.

c. 2022년 학력이 대학교 졸업인 현역병 입영 인원 중 20~22세는 18~19세와 23세 이상 인원의 학력이 모두 대학교 졸업일 경우인 93,530 - (30,430 + 5,440) = 57,660명일 때 최소이므로 옳은 설명이다.

d. 2023년 18~19세 현역병 입영 인원의 2020년 대비 증가 인원은 29,080 - 26,150 = 2,930명이므로 옳은 설명이다.

오답 체크

a. 2021년 이후 현역병 입영 인원의 전년 대비 증감 추이가 매년 서로 정반대인 학력은 고등학교 졸업과 대학교 졸업이며, 2020년 학력이 고등학교 졸업과 대학교 졸업인 현역병 입영 인원의 합은 18,180 + 118,640 = 136,820명이므로 옳지 않은 설명이다.

17 자료해석 정답 ①

a. 제시된 기간 동안 18~19세 현역병 입영 인원은 매년 23세 이상 현역병 입영 인원의 2배 이상이므로 옳지 않은 설명이다.

오답 체크

b. 2021년 이후 전체 현역병 입영 인원의 전년 대비 증감 추이인 증가, 감소, 증가, 감소와 증감 추이가 같은 학력은 없으므로 옳은 설명이다.

c. 20~22세 현역병 입영 인원은 매년 전체 현역병 입영 인원의 50% 이상을 차지하므로 옳은 설명이다.

18 자료해석 정답 ④

성능가동률(%) $= \left(\frac{\text{생산량} \times \text{사이클 타임} + b}{a}\right) \times 100$임을 적용하여 구한다.

B 공장의 생산량은 94개, 사이클 타임은 4분/개, 성능가동률은 82.5%이므로

$82.5 = \left(\frac{94 \times 4 + b}{a}\right) \times 100 \rightarrow \frac{82.5a}{100} = 376 + b$

$\rightarrow b = \frac{82.5a - 37{,}600}{100}$ … ⓐ

D 공장의 생산량은 34개, 사이클 타임은 10분/개, 성능가동률은 75.0%이므로

$75.0 = \left(\frac{34 \times 10 + b}{a}\right) \times 100 \rightarrow \frac{75a}{100} = 340 + b$

$\rightarrow b = \frac{75a - 34{,}000}{100}$ … ⓑ

ⓐ, ⓑ에 따라 $\frac{82.5a - 37{,}600}{100} = \frac{75a - 34{,}000}{100} \rightarrow 7.5a = 3{,}600$

$\rightarrow a = 480$이므로

$b = \frac{75a - 34{,}000}{100} = \frac{36{,}000 - 34{,}000}{100} = 20$이다.

따라서 a는 480, b는 20인 ④가 정답이다.

19 자료해석 정답 ①

제시된 자료에 따르면 연도별 종사자수 1명당 급여액은 다음과 같다.

구분	종사자수 1명당 급여액
2020년	1,580 / 25,280 = 0.0625십억 원 = 625십만 원
2021년	1,710 / 28,500 = 0.0600십억 원 = 600십만 원
2022년	1,540 / 27,500 = 0.0560십억 원 = 560십만 원
2023년	1,480 / 23,680 = 0.0625십억 원 = 625십만 원
2024년	1,380 / 24,000 = 0.0575십억 원 = 575십만 원

따라서 연도별 종사자수 1명당 급여액과 그래프의 높이가 일치하는 ①이 정답이다.

20 자료해석 정답 ③

감자 생산량의 변화를 나타내면 다음과 같다.

2020년	2021년	2022년	2023년	2024년
195	211	227	243	259

+16 +16 +16 +16

감자 생산량은 매년 16kg씩 증가함을 알 수 있다.

옥수수 생산량의 변화를 나타내면 다음과 같다.

2020년	2021년	2022년	2023년	2024년
130	132	137	145	156

+2 +5 +8 +11

+3 +3 +3

옥수수 생산량의 전년 대비 증가량은 매년 3kg씩 증가함을 알 수 있다.

이에 따라 2025년 이후 감자와 옥수수 생산량을 계산하면 다음과 같다.

구분	감자	옥수수
2025년	259 + 16 = 275	156 + 14 = 170
2026년	275 + 16 = 291	170 + 17 = 187
2027년	291 + 16 = 307	187 + 20 = 207
2028년	307 + 16 = 323	207 + 23 = 230
2029년	323 + 16 = 339	230 + 26 = 256
2030년	339 + 16 = 355	256 + 29 = 285

따라서 2030년 감자와 옥수수 생산량의 합은 355 + 285 = 640kg이다.

추리 문제 p.20

01 언어추리 정답 ④

일광욕을 하는 어떤 사람이 휴식을 좋아하고, 휴식을 좋아하는 모든 사람이 캠핑을 즐기면 캠핑을 즐기면서 일광욕을 하는 사람이 반드시 존재하게 된다.
따라서 '캠핑을 즐기는 어떤 사람은 일광욕을 한다.'가 타당한 결론이다.

오답 체크

일광욕을 하는 사람을 '일', 휴식을 좋아하는 사람을 '휴', 캠핑을 즐기는 사람을 '캠'이라고 하면

① 일광욕을 하는 사람 중에 캠핑을 즐기는 사람이 적어도 한 명 존재하므로 반드시 거짓인 결론이다.

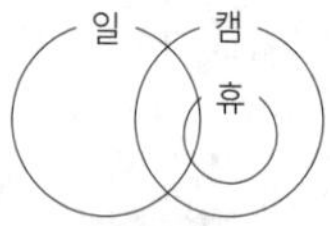

②, ③ 일광욕을 하는 모든 사람이 캠핑을 즐기거나 캠핑을 즐기지 않는 모든 사람이 일광욕을 하지 않을 수도 있으므로 반드시 참인 결론은 아니다.

⑤ 캠핑을 즐기지 않는 사람 중에 일광욕을 하는 사람이 있을 수도 있으므로 반드시 참인 결론은 아니다.

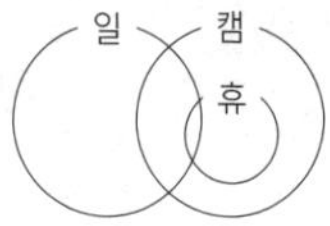

02 언어추리 정답 ⑤

추리 소설을 좋아하지 않는 모든 사람이 판타지 소설을 소장하지 않는다는 것은 판타지 소설을 소장하는 모든 사람이 추리 소설을 좋아한다는 것이므로 로맨스 소설을 읽는 모든 사람이 판타지 소설을 소장하면 로맨스 소설을 읽는 모든 사람은 추리 소설을 좋아하게 된다.
따라서 '로맨스 소설을 읽는 모든 사람은 추리 소설을 좋아한다.'가 타당한 결론이다.

오답 체크

추리 소설을 좋아하는 사람을 '추', 판타지 소설을 소장하는 사람을 '판', 로맨스 소설을 읽는 사람을 '로'라고 하면

① 추리 소설을 좋아하는 모든 사람이 로맨스 소설을 읽을 수도 있으므로 반드시 참인 결론은 아니다.

② 추리 소설을 좋아하는 사람 중에 로맨스 소설을 읽지 않는 사람이 있을 수도 있으므로 반드시 참인 결론은 아니다.

③ 추리 소설을 좋아하는 사람 중에 로맨스 소설을 읽는 사람이 적어도 한 명 존재하므로 반드시 거짓인 결론이다.

④ 로맨스 소설을 읽는 모든 사람이 추리 소설을 좋아하므로 반드시 거짓인 결론이다.

빠른 문제 풀이 Tip

주어진 명제가 참일 때 그 명제의 '대우'만이 참인 것을 알 수 있다.
두 번째 명제와 첫 번째 명제의 '대우'를 차례로 결합한 결론은 아래와 같다.

- 두 번째 명제: 로맨스 소설을 읽는 모든 사람은 판타지 소설을 소장한다.
- 첫 번째 명제(대우): 판타지 소설을 소장하는 모든 사람은 추리 소설을 좋아한다.
- 결론: 로맨스 소설을 읽는 모든 사람은 추리 소설을 좋아한다.

03 언어추리 정답 ③

친구를 좋아하는 어떤 사람이 영화를 관람하고, 친구를 좋아하는 모든 사람이 카메라를 사용하지 않으면 영화를 관람하면서 카메라를 사용하지 않는 사람이 반드시 존재하게 된다.
따라서 '친구를 좋아하는 모든 사람은 카메라를 사용하지 않는다.'가 타당한 전제이다.

오답 체크

친구를 좋아하는 사람을 '친', 영화를 관람하는 사람을 '영', 카메라를 사용하는 사람을 '카'라고 하면

①, ② 친구를 좋아하는 어떤 사람이 영화를 관람하고, 친구를 좋아하는 어떤 사람이 카메라를 사용하면 영화를 관람하는 모든 사람은 카메라를 사용할 수도 있으므로 결론이 반드시 참이 되게 하는 전제가 아니다.

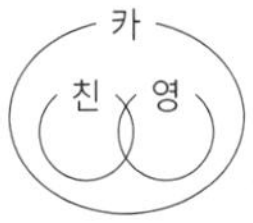

④, ⑤ 친구를 좋아하는 어떤 사람이 영화를 관람하고, 카메라를 사용하는 어떤 사람이 친구를 좋아하면 영화를 관람하는 모든 사람은 카메라를 사용할 수도 있으므로 결론이 반드시 참이 되게 하는 전제가 아니다.

04 언어추리 정답 ④

제시된 조건에 따르면 G열 1번 좌석은 비워 놓고 앉으며, 태수는 G열 3번 좌석에 앉는다. 또한, 좌측 좌석에 앉은 사람이 우측 좌석에 앉은 사람보다 먼저 도착하였고, 고영이는 차현이와 옆으로 나란히 앉으며, 차현이는 수찬이 바로 뒷좌석에 앉으므로 고영이와 차현이는 F열 좌석에 앉고, 수찬이가 E열 좌석에 앉는다. 수찬이가 영화관에 도착한 순서에 따라 가능한 경우는 아래와 같다.

경우 1. 수찬이가 영화관에 첫 번째로 도착한 경우

수찬	세희 또는 회진	
차현	고영	
비어 있음	세희 또는 회진	태수

경우 2. 수찬이가 영화관에 두 번째로 도착한 경우

세희 또는 회진	수찬	
고영	차현	
비어 있음	세희 또는 회진	태수

따라서 수찬이가 영화관에 두 번째로 도착했다면, 고영이보다 영화관에 늦게 도착한 사람은 차현, 세희 또는 회진, 태수 총 3명이므로 항상 거짓인 설명이다.

오답 체크

① 수찬이와 회진이가 E열 좌석에 앉으면, 세희와 태수는 G열 좌석에 앉으므로 항상 참인 설명이다.

② 수찬이가 영화관에 첫 번째로 도착하면 세희는 영화관에 두 번째 또는 다섯 번째로 도착하고, 수찬이가 영화관에 두 번째로 도착하면 세희는 영화관에 첫 번째 또는 다섯 번째로 도착하므로 항상 거짓인 설명은 아니다.

③ 고영이와 차현이는 영화관에 각각 세 번째 또는 네 번째로 도착하므로 항상 거짓인 설명은 아니다.

⑤ 고영이의 앞뒤로 인접한 좌석에 앉는 사람은 세희 또는 회진이이므로 항상 거짓인 설명은 아니다.

05 언어추리 정답 ③

제시된 조건에 따르면 언어 영역 시험에서 C의 등수는 B의 등수보다 높고, B와 C의 등수 사이에 한 명이 있으므로 C는 1등, B는 3등 또는 C는 2등, B는 4등을 하였다. 이때 4명은 각자 3개의 영역에서 다른 등수가 매겨졌으며, A는 수리 영역 시험에서 1등, B는 외국어 영역 시험에서 3등을 하였으므로 언어 영역 시험에서 C는 2등, B는 4등을 하였고, D는 1등, A는 3등을 하였다. 또한, 수리 영역 시험에서 4등을 한 사람은 D가 아니므로 수리 영역 시험에서 B는 2등, D는 3등, C는 4등을 하였다. 이에 따라 외국어 영역 시험에서 C는 1등을 하였고, A와 D는 2등 또는 4등을 하였음을 알 수 있다.

구분	A	B	C	D
언어	3등	4등	2등	1등
수리	1등	2등	4등	3등
외국어	2등 또는 4등	3등	1등	2등 또는 4등

따라서 C는 언어 영역 시험에서 2등, 수리 영역 시험에서 4등, 외국어 영역 시험에서 1등을 하여 각 영역의 시험에서 받은 등수의 합은 $2+4+1=7$이므로 항상 참인 설명이다.

오답 체크

① B가 4등을 한 언어 영역 시험에서 A는 3등을 하였으므로 항상 거짓인 설명이다.

② A는 외국어 영역 시험에서 2등 또는 4등을 하였으므로 항상 참인 설명은 아니다.

④ D는 외국어 영역 시험에서 2등 또는 4등을 하였으므로 항상 참인 설명은 아니다.

⑤ 수리 영역 시험에서 B는 2등, D는 3등을 하였으므로 항상 거짓인 설명이다.

06 언어추리 정답 ④

제시된 조건에 따르면 1, 2, 3, 4, 5의 숫자가 적힌 카드는 각각 한 장씩 존재하며 희건이와 현준이가 각각 한 장씩 뽑은 카드에 적힌 숫자의 합은 영주가 뽑은 카드에 적힌 숫자보다 작으므로 영주는 4 또는 5가 적힌 카드를 뽑았고, 보미가 뽑은 카드에 적힌 숫자는 영주가 뽑은 카드에 적힌 숫자보다 크므로 영주는 4, 보미는 5가 적힌 카드를 뽑았다. 이에 따라 희건이와 현준이는 각각 1 또는 2가 적힌 카드를 뽑았으므로 지현이는 3이 적힌 카드를 뽑았다. 이때 지현이와 현준이가 각각 뽑은 카드에 적힌 숫자의 곱은 보미가 뽑은 카드에 적힌 숫자보다 크므로 현준이는 2, 희건이는 1이 적힌 카드를 뽑았음을 알 수 있다.
따라서 2가 적힌 카드를 뽑은 사람은 현준이다.

07 언어추리

정답 ⑤

제시된 조건에 따르면 8명 중 3명은 만년필을, 3명은 비누를, 2명은 와인을 받았고, A는 만년필을, D는 와인을 받았으며, A와 B는 서로 다른 기념품을 받았으므로 B는 비누 또는 와인을 받았다. 이때 C와 E는 서로 다른 기념품을 받았으며, C가 받은 기념품은 비누가 아니므로 C는 만년필 또는 와인을 받을 수 있으나 C와 H는 서로 같은 기념품을 받았고, F와 G도 서로 같은 기념품을 받았으므로 C와 H는 만년필을, F와 G는 비누를, B와 E는 비누 또는 와인을 받았음을 알 수 있다. 이에 따라 가능한 경우는 아래와 같다.

구분	만년필(3명)	비누(3명)	와인(2명)
경우 1	A, C, H	B, F, G	D, E
경우 2	A, C, H	E, F, G	B, D

따라서 B는 비누 또는 와인을, C는 만년필을 받아 서로 다른 기념품을 받았으므로 항상 거짓인 설명이다.

오답 체크

① B와 E는 기념품으로 각각 비누 또는 와인을 받아 서로 다른 기념품을 받았으므로 항상 참인 설명이다.

② E와 같은 기념품을 받은 사람은 1명 또는 2명이므로 항상 거짓인 설명은 아니다.

③ H는 만년필을 받았으므로 항상 참인 설명이다.

④ 가능한 경우의 수는 2가지이므로 항상 참인 설명이다.

08 언어추리

정답 ①

제시된 조건에 따르면 서로 인접하여 줄을 선 학생 중 성별이 같은 학생은 없고, 세 번째 순서로 줄을 선 B는 남학생이므로 '남 - 여 - 남 - 여 - 남 - 여' 학생 순으로 줄을 섰다. 이때 남학생인 A와 여학생인 F 사이에는 2명의 학생이 줄을 섰으므로 A가 첫 번째, F가 네 번째 순서로 줄을 섰거나 F가 두 번째, A가 다섯 번째로 줄을 섰다. 또한, 가장 마지막 순서로 줄을 선 학생은 E가 아니므로 D임을 알 수 있다. 이에 따라 가능한 경우는 아래와 같다.

구분	첫 번째 (남)	두 번째 (여)	세 번째 (남)	네 번째 (여)	다섯 번째 (남)	여섯 번째 (여)
경우 1	A	E	B	F	C	D
경우 2	C	F	B	E	A	D

따라서 C와 E 사이에 B와 F 2명의 학생이 줄을 섰다면, 가능한 경우의 수는 2가지이므로 항상 참인 설명이다.

오답 체크

② F는 B 또는 C 바로 다음 순서로 줄을 섰으므로 항상 참인 설명은 아니다.

③ E보다 뒤에 줄을 선 학생은 2명 또는 4명이므로 항상 참인 설명은 아니다.

④ D가 C와 서로 인접하여 줄을 섰다면, 가능한 경우의 수는 1가지이므로 항상 거짓인 설명이다.

⑤ A는 첫 번째 또는 다섯 번째 순서로 줄을 섰으므로 항상 참인 설명은 아니다.

09 언어추리

정답 ⑤

제시된 조건에 따르면 정형외과가 계약한 층과 소아과가 계약한 층은 서로 인접해 있으며, 안과가 계약한 층과 내과가 계약한 층도 서로 인접해 있다. 또한, 내과가 계약한 층은 1층이 아니며, 치과가 계약한 층보다 아래에 있으므로 1층을 계약한 의원은 안과 또는 정형외과 또는 소아과이다. 이때 1층에 대한 임대 계약은 가장 마지막으로 체결되었으며, 소아과가 계약한 층과 임대 계약을 체결한 순서를 나타내는 숫자는 동일하므로 소아과가 계약한 층은 1층이 아니다. 만약 정형외과가 계약한 층이 1층이면 치과가 계약한 층이 5층이어야 하지만, 5층에 대한 임대 계약은 가장 먼저 체결되었으며, 치과는 세 번째로 임대 계약을 체결하였으므로 정형외과가 계약한 층은 1층이 아님을 알 수 있다. 이에 따라 1층은 안과, 2층은 내과, 3층은 치과, 4층은 소아과, 5층은 정형외과가 계약하였다.

구분	의원	계약 체결 순서
5층	정형외과	첫 번째
4층	소아과	네 번째
3층	치과	세 번째
2층	내과	두 번째
1층	안과	다섯 번째

따라서 A와 두 번째로 임대 계약을 체결한 의원은 내과이다.

10 언어추리

정답 ③

제시된 조건에 따르면 세 파트에 두 명씩 나누어 배치되며, 바는 교육 파트에 배치되고, 다와 라는 같은 파트에 배치되므로 다와 라는 채용 또는 보상 파트에 배치된다. 이때 가와 마는 다른 파트에 배치되므로 다와 라가 배치되는 파트에 따라 가능한 경우는 아래와 같다.

경우 1. 다와 라가 채용 파트에 배치되는 경우

채용	보상	교육
다, 라	가 또는 마, 나	가 또는 마, 바

경우 2. 다와 라가 보상 파트에 배치되는 경우

채용	보상	교육
가 또는 마, 나	다, 라	가 또는 마, 바

따라서 마가 채용 파트에 배치되면, 가능한 경우의 수는 1가지이므로 항상 거짓인 설명이다.

오답 체크

① 라는 채용 또는 보상 파트에 배치되므로 항상 거짓인 설명은 아니다.

② 나는 가 또는 마와 같은 파트에 배치되므로 항상 거짓인 설명은 아니다.

④ 다가 채용 파트에 배치되면, 가능한 경우의 수는 2가지이므로 항상 참인 설명이다.

⑤ 바는 가 또는 마와 같은 파트에 배치되므로 항상 참인 설명이다.

11 언어추리 정답 ②

제시된 조건에 따르면 D는 3행 1열의 좌석에 앉고, 4행의 두 좌석 중 하나의 좌석에는 아무도 앉지 않으며, E는 아무도 앉지 않는 좌석과 가장 가까운 대각선 좌석에 앉으므로 4행 1열의 좌석에는 아무도 앉지 않고, E는 3행 2열의 좌석에 앉는다. 이때 B는 E와 서로 같은 열의 좌석에 앉고, B와 F가 앉는 좌석의 행과 열은 모두 다르므로 B는 2열의 좌석에, F는 1열의 좌석에 앉는다. 또한, C는 G와 서로 같은 열의 좌석에 앉으므로 C와 G는 2열의 좌석에, A는 1열의 좌석에 앉음을 알 수 있다. B가 앉는 좌석에 따라 가능한 경우는 아래와 같다.

경우 1. B가 1행 2열의 좌석에 앉는 경우

A	B
F	C 또는 G
D	E
비어 있음	C 또는 G

경우 2. B가 2행 2열의 좌석에 앉는 경우

F	C 또는 G
A	B
D	E
비어 있음	C 또는 G

경우 3. B가 4행 2열의 좌석에 앉는 경우

A 또는 F	C 또는 G
A 또는 F	C 또는 G
D	E
비어 있음	B

따라서 B와 C는 모두 2열의 좌석에 앉아 서로 같은 열의 좌석에 앉으므로 항상 거짓인 설명이다.

오답 체크

① A는 1행 또는 2행의 좌석에 앉으므로 항상 거짓인 설명은 아니다.

③ F는 A 또는 D 바로 앞 좌석에 앉으므로 항상 거짓인 설명은 아니다.

④ E는 3행 2열의 좌석에 앉으므로 항상 참인 설명이다.

⑤ G보다 앞쪽에 앉는 사람은 0명 또는 2명 또는 6명이므로 항상 거짓인 설명은 아니다.

12 언어추리 정답 ②

제시된 조건에 따르면 철수가 치즈 케이크를 먹었다는 예지의 진술과 예지가 거짓을 말하고 있다는 철수의 진술은 서로 모순되므로 예지와 철수 둘 중 1명은 거짓을 말하고 있다. 또한, 진실을 말하고 있는 사람은 초콜릿 케이크를 먹은 3명이므로 민규와 정철이 중 적어도 1명은 진실을 말하고 있다. 이때 민규의 말이 진실이면 민규와 예지 모두 치즈 케이크를 먹지 않았으므로 민규와 예지 모두 진실을 말한 사람이고, 정철이의 말이 진실이면 정철이와 민규 모두 초콜릿 케이크를 먹은 사람이므로 정철이와 민규 모두 진실을 말한 사람이다. 이에 따라 민규는 진실을 말한 사람이므로 예지와 정철이는 진실을, 아리와 철수는 거짓을 말한 사람이다.

따라서 치즈 케이크를 먹은 사람은 아리와 철수이다.

13 언어추리 정답 ④

제시된 조건에 따르면 6명은 일렬로 줄을 서 있고, 지희 뒤에 줄을 서 있는 사람은 5명이므로 지희는 첫 번째 순서로 줄을 서 있다. 이때 민주와 종국이 사이에 3명이 줄을 서 있으므로 민주와 종국이는 각각 두 번째 또는 여섯 번째 순서로 줄을 서 있다. 또한, 정수는 태현이보다 앞에 줄을 서 있고, 영진이 바로 뒤에 줄을 서 있는 사람은 종국이가 아니므로 민주가 줄을 서 있는 순서에 따라 가능한 경우는 아래와 같다.

경우 1. 민주가 두 번째 순서로 줄을 서 있는 경우

첫 번째	두 번째	세 번째	네 번째	다섯 번째	여섯 번째
지희	민주	정수 또는 영진	정수 또는 영진	태현	종국

경우 2. 민주가 여섯 번째 순서로 줄을 서 있는 경우

첫 번째	두 번째	세 번째	네 번째	다섯 번째	여섯 번째
지희	종국	정수 또는 영진	정수 또는 태현 또는 영진	태현 또는 영진	민주

따라서 6명이 일렬로 줄을 서 있는 경우의 수는 5가지이므로 항상 참인 설명이다.

오답 체크

① 영진이 바로 뒤에 줄을 서 있는 사람은 정수 또는 민주 또는 태현이므로 항상 참인 설명은 아니다.

② 정수와 태현이 사이에 줄을 서 있는 사람은 영진이거나 아무도 없으므로 항상 참인 설명은 아니다.

③ 지희와 정수 사이에 줄을 서 있는 사람은 1명 또는 2명이므로 항상 참인 설명은 아니다.

⑤ 영진이가 네 번째 순서로 줄을 서 있을 때, 종국이 바로 앞에 줄을 서 있는 사람은 태현 또는 지희이므로 항상 참인 설명은 아니다.

14 언어추리

정답 ③

제시된 조건에 따르면 A는 6번 자리에, F는 2번 자리에 앉아 있고, C와 H는 서로 다른 테이블에 앉아 있으면서 서로 마주 보고 앉아 있으므로 1번 또는 5번 자리에 앉아 있다. 또한, B와 D는 서로 마주 보고 앉아 있고, B가 앉아 있는 자리의 번호는 D가 앉아 있는 자리의 번호보다 작으므로 B는 3번 자리에, D는 7번 자리에 앉아 있다. 이에 따라 E와 G는 4번 또는 8번 자리에 앉아 있음을 알 수 있다.

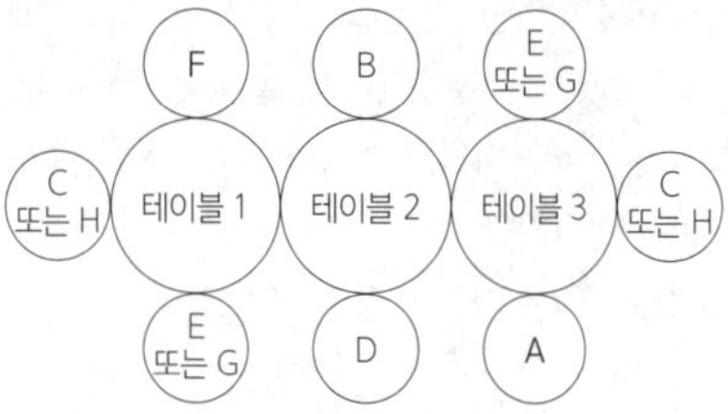

따라서 B와 D는 홀수 자리에 앉아 있으므로 항상 거짓인 설명이다.

오답 체크

① F는 테이블 1에, G는 테이블 1 또는 3에 앉아 있으므로 항상 거짓인 설명은 아니다.

② C가 1번 자리에 앉아 있다면, H는 5번 자리에 앉아 있으므로 항상 참인 설명이다.

④ H는 1번 또는 5번 자리에, B는 3번 자리에 앉아 있으므로 항상 거짓인 설명은 아니다.

⑤ E는 4번 또는 8번 자리에, A는 6번 자리에 앉아 있으므로 항상 거짓인 설명은 아니다.

15 도형추리

정답 ①

각 행에서 3열에 제시된 도형은 1열과 2열에 제시된 도형을 합친 후 공통되는 음영을 삭제한 다음 180° 회전한 형태이다.

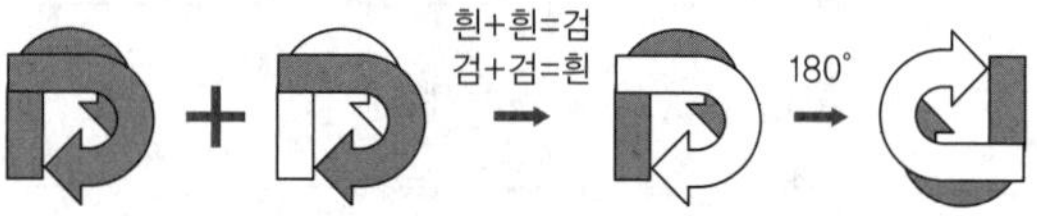

[3행 1열] [3행 2열] **[3행 3열]**

따라서 '?'에 해당하는 도형은 ①이다.

16 도형추리

정답 ③

각 행에서 다음 열에 제시된 도형은 이전 열에 제시된 도형의 내부 도형을 시계 방향으로 90° 회전한 후 외부 도형과 교환한 형태이다.

[2행 1열] **[2행 2열]**

따라서 '?'에 해당하는 도형은 ③이다.

17 도형추리

정답 ②

각 열에서 2행에 제시된 도형은 1행에 제시된 도형을 상하 대칭한 형태이며, 3행에 제시된 도형은 2행에 제시된 도형을 좌우 대칭한 후 색반전한 형태이다.

[2행 2열] **[3행 2열]**

따라서 '?'에 해당하는 도형은 ②이다.

[18-21]

★: 두 번째, 세 번째 문자(숫자)의 자리를 서로 바꾼다.
ex. abcd → acbd

♬: 첫 번째, 세 번째 문자(숫자)의 자리를 서로 바꾸고, 두 번째, 네 번째 문자(숫자)의 자리를 서로 바꾼다.
ex. abcd → cdab

☺: 문자와 숫자 순서에 따라 첫 번째 문자(숫자)를 바로 이전 순서에 오는 문자(숫자)로, 두 번째 문자(숫자)를 다음 두 번째 순서에 오는 문자(숫자)로, 세 번째 문자(숫자)를 이전 세 번째 순서에 오는 문자(숫자)로, 네 번째 문자(숫자)를 다음 네 번째 순서에 오는 문자(숫자)로 변경한다.
ex. abcd → zdzh (a−1, b+2, c−3, d+4)

♥: 문자와 숫자 순서에 따라 첫 번째, 두 번째 문자(숫자)를 바로 다음 순서에 오는 문자(숫자)로, 세 번째, 네 번째 문자(숫자)를 다음 두 번째 순서에 오는 문자(숫자)로 변경한다.
ex. abcd → bcef (a+1, b+1, c+2, d+2)

18 도식추리

정답 ①

1MK7 → ♬ → K71M → ♥ → L83O

19 도식추리

정답 ②

5H4R → ♥ → 6I6T → ☺ → 5K3X → ♬ → 3X5K

20 도식추리

정답 ③

725B → ★ → 752B → ♥ → 864D

21 도식추리

정답 ④

CHYS → ★ → CYHS → ♬ → HSCY → ☺ → GUZC

22 문단배열 정답 ⑤

이 글은 헬륨의 물리적 특성, 다양한 활용 분야 및 역사적 발견 과정에 대해 설명하는 글이다.

따라서 '(D) 헬륨의 기본 물리화학적 특성 → (B) 헬륨의 기체 및 액체 상태 활용 분야 → (C) 헬륨의 최초 발견과 명명 과정 → (A) 헬륨 연구의 역사적 진전과 중요 발견들' 순으로 연결되어야 한다.

23 문단배열 정답 ①

이 글은 로봇 중 개인용 서비스 로봇의 전망과 그의 대중화를 위해 해결해야 할 과제들에 대해 설명하는 글이다.

따라서 '(C) 로봇의 분류와 개인용 서비스 로봇 개발 증가 요인 → (A) 개인용 서비스 로봇의 제공 서비스 및 미래 전망 → (D) 개인용 서비스 로봇의 대중화를 위한 안전성 확보의 중요성 → (B) 로봇에 대한 심리적 거부감 극복과 사용자 친화적 개발의 필요성' 순으로 연결되어야 한다.

24 논리추론 정답 ②

사지를 함께 표현한 귀면문의 경우 자연스럽게 몸 전체를 그리고, 다리만 표현한 귀면문의 경우 얼굴 밑에 발을 붙여 몸 표현을 생략했다고 하였으므로 사지 전체를 그린 귀면문의 경우 다리 밑에 몸을 붙여 그림을 본 재앙이 도망갔으면 하는 소망이 담겨있다는 것은 옳지 않은 내용이다.

오답 체크

① 과장된 이목구비에 맞게 얼굴만 그려진 귀면문에는 눈, 코, 입이 대부분을 차지하고 있으며, 대부분 앞으로 돌출된 반구 모양의 눈, 높게 솟아 있는 큰 코, 날카로운 송곳니가 있는 큰 입을 표현한다고 하였으므로 옳은 내용이다.

③ 귀면문의 발생은 벽사신앙과 관련이 있으며, 초자연적인 존재인 신의 능력과 힘을 토대로 천재지변, 전쟁, 전염병과 같은 재앙을 물리친다는 의미를 담고 있다고 하였으므로 옳은 내용이다.

④ 과장된 이목구비에 맞게 얼굴만 그려진 귀면문에는 눈, 코, 입이 대부분을 차지하고 있으며, 좌우 대칭적인 구조를 띠는 것이 특징이라고 하였으므로 옳은 내용이다.

⑤ 귀면문은 인간의 상상을 기반으로 만들어진 만큼 얼굴의 이목구비는 과장되고 머리에 나 있는 뿔 역시 다양한 크기와 각도로 표현되었다고 하였으므로 옳은 내용이다.

25 논리추론 정답 ②

자극에 노출된 인간은 이를 무의식적으로 수용하게 되고, 수용된 자극은 다시 인간의 뇌에 자리 잡은 특정한 지식 감성을 활성화한다고 하였으므로 자극에 노출된 인간이 이를 의식적으로 수용해야 자극을 통해 특정 지식 감성이 활성화될 수 있다는 것은 옳지 않은 내용이다.

오답 체크

① 단어-줄기 완성 과제에서 실험 참가자들에게 일련의 단어 목록을 노출하고 이후 그 단어의 첫 세 글자만을 보여주며 맨 처음 생각나는 단어를 말해 보라고 했을 때 참가자들은 실험 과정에서 보았던 목록 내의 단어를 제시하였다고 하였으므로 옳은 내용이다.

③ 점화 효과는 암묵 기억을 측정하는 방법을 통해 증명 가능하며, 단어-줄기 완성 과제, 단어 조각 완성 과제, 어휘 결정 과제 등이 대표적이라고 하였으므로 옳은 내용이다.

④ 점화 효과는 오늘날 인지 과정의 다양한 측면을 연구하는 도구로 이용되며 단순한 연구를 넘어서 광고에 활용되는 등 실생활에서도 사용되고 있다고 하였으므로 옳은 내용이다.

⑤ 점화 효과란 앞서 접한 정보가 다음에 접할 정보의 해석 및 이해에 영향을 주는 심리 현상을 말한다고 하였으므로 옳은 내용이다.

26 논리추론 정답 ⑤

6.25 전쟁 이후 택견을 현대적으로 발달시킨 태권도가 차츰 보급되어 일반화되었으며, 이때의 태권도는 무예적 측면보다 승부법적 측면이 확대되어 스포츠로서의 의미가 강해졌다고 하였으므로 스포츠로서의 태권도는 6.25 전쟁 이후 택견이 현대적으로 발전된 형태로 보아야 함을 추론할 수 있다.

오답 체크

① 고려 의종 때 이의민이 택견을 잘해 승진했다는 기록도 있고, 최충헌이 연회를 베풀며 중방의 힘센 자들에게 택견을 시켜 이긴 자에게 벼슬을 내려주었다는 기록으로 보아 당대 택견의 무예적 가치가 높았음은 물론 승패를 판단하는 스포츠적 성격도 띠었음을 알 수 있다고 하였으므로 옳지 않은 내용이다.

② 병자호란 이후에는 나라에서 훈련도감을 두고 무예를 장려하게 되었다고 하였으므로 옳지 않은 내용이다.

③ 일제강점기에는 일제가 우리 고유의 무술을 사멸하고 가라테와 통합시키려고도 하였으나 택견은 의식 있는 사람들에 의해 비밀리에 계승되었고, 6.25 전쟁이 끝나고 난 뒤 택견을 현대적으로 발전시킨 태권도가 점차 보급됨에 따라 일반화되었다고 하였으므로 옳지 않은 내용이다.

④ 여러 부족국가와의 통합과 더불어 제천 행사가 합쳐지며 삼국시대 전통 무술의 원형인 택견이 만들어졌을 것으로 추측된다고 하였으므로 옳지 않은 내용이다.

27 논리추론 정답 ⑤

1714년 독일의 물리학자였던 파렌하이트가 수은이 물보다 반응 속도가 빠르다는 원리를 기반으로 물의 어는점과 끓는점 사이를 180 등분한 화씨온도계를 발명했고, 이후 1742년 스웨덴의 천문학자였던 셀시우스가 섭씨온도계를 제작했다고 하였으므로 셀시우스가 물보다 수은이 온도에 빠르게 반응한다는 사실을 발견한 최초의 인물이라는 것은 옳지 않은 내용이다.

오답 체크

① 갈릴레오 갈릴레이는 물과 알코올을 사용하여 투명한 액체가 들어 있는 유리관과 온도 변화를 측정하는 내부의 유리공으로 이루어져 있는 온도계를 만들었다고 하였으므로 옳은 내용이다.

② 온도계는 대다수의 물질이 온도의 영향을 받으면 수축 또는 팽창하는 성질에 기인하여 만들어진다고 하였으므로 옳은 내용이다.

③ 가브리엘 파렌하이트는 물의 어는점(32°F)과 끓는점(212°F) 사이를 180등분한 화씨온도계를 만들었고, 셀시우스는 물의 어는점(0℃)과 끓는점(100℃) 사이를 100등분한 섭씨온도계를 제작하였다고 하였으므로 옳은 내용이다.

④ 과학자들이 체계적으로 온도를 탐구한 것은 비교적 최근의 일로, 물체의 온도 측정에 쓰이는 온도계는 17세기에 이르러서야 처음으로 만들어졌다고 하였으므로 옳은 내용이다.

28 논리추론 정답 ④

제시된 글의 필자는 간척지 조성에 따라 용지를 추가로 확보할 수 있다는 점에서 경제적 효용 가치가 매우 크지만, 자연적으로 조성된 환경을 인위적으로 파괴하고 환경 문제를 유발하므로 전 세계적으로 간척을 금지하고, 역간척은 확대 시행될 수 있도록 해야 한다고 주장하고 있다.

따라서 토지 수요를 고려하여 단순히 간척 사업을 금지하기보다는 인공 호수 해체와 같이 환경 오염을 최소화할 방안을 찾아야 한다는 반박이 타당하다.

29 논리추론 정답 ②

이 글은 인공지능을 판별하는 튜링 테스트는 종합적 판단력을 변별하기 어려워 실효성 문제가 제기되기도 하였으나 인공지능이 발전되면서 종합적 판단력을 토대로 완벽하게 튜링 테스트를 통과하는 인공지능이 등장할 것이라는 내용이고, <보기>는 인공지능이 인간과 같은 몸을 가지고 직접 주변의 사물을 학습할 수 있다면 완전한 자율 학습이 가능해져 인간처럼 유연하게 사고할 수 있게 될 것이라는 내용이다.

따라서 인공지능이 직접 학습하는 사물이 늘어나면 종합적 판단력이 높아져 실제 인간과 유사해질 수 있음을 알 수 있다.

30 논리추론 정답 ②

이 글은 고기에 센 불을 가해 마이야르 반응이 나타나면 갈색으로 변하며 풍미가 나타난다는 내용의 글이고, <보기>는 170℃ 이상의 고온에서 포도당을 가열할 경우 아크릴아마이드가 발생해 인체에 유해할 수 있으므로 음식을 조리할 때는 고온에서 굽거나 튀기기보다는 끓는 물에 삶아야 한다는 내용이다.

따라서 식품을 고온으로 익힐 경우 풍미는 더해지나 건강을 위해 끓는 물에 삶아 조리해야 할 필요가 있음을 알 수 있다.

해커스 GSAT 삼성직무적성검사 FINAL 봉투모의고사

기출동형모의고사 3회

바로 채점 및 성적 분석 서비스

정답

수리

01	02	03	04	05	06	07	08	09	10
응용계산	응용계산	자료해석	자료해석	자료해석	자료해석	자료해석	자료해석	자료해석	자료해석
③	③	④	④	④	④	③	①	③	①
11	**12**	**13**	**14**	**15**	**16**	**17**	**18**	**19**	**20**
자료해석	자료해석	자료해석	자료해석	자료해석	자료해석	자료해석	자료해석	자료해석	자료해석
①	③	③	①	⑤	③	②	③	①	①

추리

01	02	03	04	05	06	07	08	09	10
언어추리	언어추리	언어추리	언어추리	언어추리	언어추리	언어추리	언어추리	언어추리	언어추리
④	③	②	⑤	⑤	④	⑤	②	④	①
11	**12**	**13**	**14**	**15**	**16**	**17**	**18**	**19**	**20**
언어추리	언어추리	언어추리	언어추리	도형추리	도형추리	도형추리	도식추리	도식추리	도식추리
④	③	①	④	③	⑤	①	④	②	①
21	**22**	**23**	**24**	**25**	**26**	**27**	**28**	**29**	**30**
도식추리	문단배열	문단배열	논리추론	논리추론	논리추론	논리추론	논리추론	논리추론	논리추론
⑤	②	④	⑤	②	③	③	④	②	④

취약 유형 분석표

유형별로 맞힌 개수, 틀린 문제 번호와 풀지 못한 문제 번호를 적고 나서 취약한 유형이 무엇인지 파악해 보세요.
취약한 유형은, 틀린 문제 및 풀지 못한 문제를 다시 풀어보면서 확실히 극복하세요.

수리

유형	맞힌 개수	틀린 문제 번호	풀지 못한 문제 번호
응용계산	/2		
자료해석	/18		
TOTAL	**/20**		

추리

유형	맞힌 개수	틀린 문제 번호	풀지 못한 문제 번호
언어추리	/14		
도형추리	/3		
도식추리	/4		
문단배열	/2		
논리추론	/7		
TOTAL	**/30**		

합계

영역	제한 시간 내에 푼 문제 수	정답률
수리	/20	%
추리	/30	%
TOTAL	**/50**	**%**

해설

수리 문제 p.4

01 응용계산 정답 ③

올해 초 영업팀 팀원 140명 중 14명이 연구팀으로 이동하였고, 올해 말 영업팀에서 12명이 더 연구팀으로 이동하였으므로 올해 말 영업팀 직원 수는 140 - 14 - 12 = 114명이다. 또한, 영업팀 팀원 14명이 연구팀으로 이동하여 연구팀의 직원 수가 작년 대비 20% 증가하였으므로

작년 연구팀의 직원 수를 x라고 하면

$\frac{14}{x} \times 100 = 20 \rightarrow x = 70$

이에 따라 올해 말 연구팀의 직원 수는 70 + 14 + 12 = 96명이다.

따라서 올해 말 영업팀과 연구팀의 직원 수 차이는 114 - 96 = 18명이다.

02 응용계산 정답 ③

서로 다른 n개에서 순서를 고려하지 않고 r개를 뽑는 경우의 수인 ${}_nC_r = \frac{n!}{r!(n-r)!}$임을 적용하여 구한다.

서로 다른 초콜릿 7개와 사탕 5개 중 4개를 골라 순서대로 진열하려고 할 때, 초콜릿을 1개 이상 포함하여 진열하는 경우는 초콜릿 1개와 사탕 3개를 진열, 초콜릿 2개와 사탕 2개를 진열, 초콜릿 3개와 사탕 1개를 진열, 초콜릿 4개를 진열하는 것으로 총 네 가지이다.

초콜릿 1개와 사탕 3개를 진열하는 경우의 수는

${}_7C_1 \times {}_5C_3 \times 4! = \frac{7!}{1!6!} \times \frac{5!}{3!2!} \times 4 \times 3 \times 2 \times 1 = 7 \times 10 \times 24 =$ 1,680가지,

초콜릿 2개와 사탕 2개를 진열하는 경우의 수는

${}_7C_2 \times {}_5C_2 \times 4! = \frac{7!}{2!5!} \times \frac{5!}{2!3!} \times 4 \times 3 \times 2 \times 1 = 21 \times 10 \times 24 =$ 5,040가지,

초콜릿 3개와 사탕 1개를 진열하는 경우의 수는

${}_7C_3 \times {}_5C_1 \times 4! = \frac{7!}{3!4!} \times \frac{5!}{1!4!} \times 4 \times 3 \times 2 \times 1 = 35 \times 5 \times 24 =$ 4,200가지,

초콜릿 4개를 진열하는 경우의 수는

${}_7C_4 \times 4! = \frac{7!}{4!3!} \times 4 \times 3 \times 2 \times 1 = 35 \times 24 = 840$가지이다.

따라서 초콜릿을 1개 이상 포함하여 진열하는 경우의 수는 1,680 + 5,040 + 4,200 + 840 = 11,760가지이다.

빠른 문제 풀이 Tip

사건이 일어날 경우의 수 = 전체 경우의 수 - 사건이 일어나지 않을 경우의 수임을 적용하여 구한다.

서로 다른 초콜릿 7개와 사탕 5개 중 4개를 골라 순서대로 진열하려고 할 때, 초콜릿을 1개 이상 포함하여 진열하는 경우의 수는 전체 경우의 수에서 초콜릿을 포함하지 않는 경우의 수를 뺀 값이므로 ${}_{12}C_4 - {}_5C_4 = \frac{12!}{4!8!} - \frac{5!}{4!1!} = 495 - 5 = 490$가지이다. 이때 4개를 순서대로 진열하는 경우의 수는 4! = 24가지이므로 초콜릿을 1개 이상 포함하여 진열하는 경우의 수는 490 × 24 = 11,760가지이다.

03 자료해석 정답 ④

A 국 석유 수출량의 전년 대비 증가량은 2021년에 18,052 - 15,988 = 2,064천 배럴, 2022년에 31,240 - 18,052 = 13,188천 배럴, 2023년에 41,300 - 31,240 = 10,060천 배럴, 2024년에 59,531 - 41,300 = 18,231천 배럴로 2024년에 가장 크며, 2024년 A 국 석유 수출량의 2023년 대비 증가율은 {(59,531 - 41,300) / 41,300} × 100 ≒ 44.1%이므로 옳은 설명이다.

오답 체크

① B 국 석유 수출량이 세 번째로 많은 2021년에 B 국 석유 수출량은 E 국 석유 수출량의 57,206 / 24,191 ≒ 2.4배이므로 옳지 않은 설명이다.

② 2023년 석유 수출량이 2022년 대비 증가한 국가는 A 국, B 국, C 국, D 국, G 국으로 총 5개국이므로 옳지 않은 설명이다.

③ 2020년부터 2024년까지 중 C 국 석유 수출량이 다른 해에 비해 가장 적은 해는 2020년이므로 옳지 않은 설명이다.

⑤ 2020년 F 국과 G 국 석유 수출량의 차이는 96,891 - 34,434 = 62,457천 배럴로 2022년 F 국과 G 국 석유 수출량의 차이인 72,525 - 13,859 = 58,666천 배럴보다 크므로 옳지 않은 설명이다.

빠른 문제 풀이 Tip

④ A 국 석유 수출량의 전년 대비 증가량을 대략적으로 계산한다.
A 국 석유 수출량의 전년 대비 증가량은 2021년에 18,052 - 15,988 ≒ 2,xxx천 배럴, 2022년에 31,240 - 18,052 ≒ 13,xxx천 배럴, 2023년에 41,300 - 31,240 ≒ 10,xxx천 배럴, 2024년에 59,531 - 41,300 ≒ 18,xxx천 배럴로 2024년에 가장 큼을 알 수 있다.

⑤ F 국과 G 국 석유 수출량의 차이를 대략적으로 계산한다.
2020년 F 국과 G 국 석유 수출량의 차이는 96,891 - 34,434 ≒ 6x,xxx천 배럴로 2022년 F 국과 G 국 석유 수출량의 차이인 72,525 - 13,859 ≒ 5x,xxx천 배럴보다 크므로 F 국과 G 국 석유 수출량의 차이가 가장 큰 해는 2022년이 아님을 알 수 있다.

04 자료해석 정답 ④

생태해설 안내표지판의 개수가 가장 많은 2024년에 계도 안내표지판 개수의 전년 대비 증가율은 {(2,713 - 2,657) / 2,657} × 100 ≒ 2.1%이므로 옳지 않은 설명이다.

오답 체크

① 2020년부터 2024년까지 매년 계도 안내표지판의 개수는 다목적위치 안내표지판의 개수보다 적으므로 옳은 설명이다.

② 전체 안내표지판 개수에서 이정표의 개수가 차지하는 비중은 2022년에 (4,413 / 14,338) × 100 ≒ 30.8%, 2023년에 (4,540 / 14,419) × 100 ≒ 31.5%이므로 옳은 설명이다.

③ 2021년 이후 이정표와 전체 안내표지판 개수는 모두 매년 전년 대비 증가하였으므로 옳은 설명이다.

⑤ 다목적위치 안내표지판과 생태해설 안내표지판 개수의 차이는 2020년에 2,895 - 1,955 = 940개, 2021년에 2,930 - 1,973 = 957개, 2022년에 2,930 - 1,994 = 936개, 2023년에 2,920 - 1,957 = 963개, 2024년에 3,222 - 2,033 = 1,189개로 2024년에 가장 크므로 옳은 설명이다.

빠른 문제 풀이 Tip

④ 계도 안내표지판 개수의 전년 대비 증가율이 5% 이상이면 '2024년 계도 안내표지판 개수의 전년 대비 증가량 × 20 > 2023년 계도 안내표지판의 개수'이어야 한다.
2024년 계도 안내표지판 개수의 전년 대비 증가량은 2,713 - 2,657 = 56개이고, 2023년 계도 안내표지판의 개수는 2,657개로 56 × 20 = 1,120개 < 2,657개이므로 2024년 계도 안내표지판 개수의 전년 대비 증가율은 5% 미만임을 알 수 있다.

⑤ 연도별 다목적위치와 생태해설 안내표지판 개수의 차이를 대략적으로 비교한다.
다목적위치와 생태해설 안내표지판 개수의 천의 자리와 백의 자리만 비교하면 다목적위치와 생태해설 안내표지판 개수의 차이는 2020~2023년에 1,000개보다 작고, 2024년에 1,000개보다 크므로 다목적위치와 생태해설 안내표지판 개수의 차이가 가장 큰 해는 2024년임을 알 수 있다.

05 자료해석 정답 ④

CS2으로 인한 보험 급여 수급자 수가 가장 적은 2024년에 전체 업무상 질병으로 인한 보험 급여 수급자 수는 18,589 + 14,040 + 774 + 10,575 + 10,022 = 54,000명이고, 2024년 뇌심혈관계질환으로 인한 보험 급여 수급자 수는 14,040명이다.
따라서 2024년 전체 업무상 질병으로 인한 보험 급여 수급자 수에서 뇌심혈관계질환으로 인한 보험 급여 수급자 수가 차지하는 비중은 (14,040 / 54,000) × 100 = 26%이다.

06 자료해석 정답 ④

연구개발활동 여성 연구원 수의 전년 대비 증가율이 가장 작은 2019년에 연구개발활동 남성 연구원 수는 410,333 - 74,617 = 335,716명, 2018년 연구개발활동 남성 연구원 수는 401,724 - 70,997 = 330,727명으로 2019년 연구개발활동 남성 연구원 수의 전년 대비 증가율은 {(335,716 - 330,727) / 330,727} × 100 ≒ 1.5%이므로 옳은 설명이다.

오답 체크

① 연구개발활동 전체 연구원 수 대비 여성 연구원 수의 비율은 2016년에 57,662 / 345,912 ≒ 0.167, 2023년에 97,042 / 482,796 ≒ 0.201이므로 옳지 않은 설명이다.

② 연구개발활동 남성 연구원 수는 2020년에 437,447 - 80,904 = 356,543명, 2019년에 410,333 - 74,617 = 335,716명으로 2020년에 전년 대비 증가하였으므로 옳지 않은 설명이다.

③ 2015년 연구개발활동 여성 연구원 수는 57,662 / 1.129 ≒ 51,074명이므로 옳지 않은 설명이다.

⑤ 2024년 연구개발활동 전체 연구원 수에서 남성 연구원 수가 차지하는 비중은 {(514,170 - 104,728) / 514,170} × 100 ≒ 79.6%로 2022년 연구개발활동 전체 연구원 수에서 남성 연구원 수가 차지하는 비중인 {(460,769 - 90,615) / 460,769} × 100 ≒ 80.3%보다 작으므로 옳지 않은 설명이다.

빠른 문제 풀이 Tip

① 2016년과 2023년의 연구개발활동 여성 연구원 수를 올림 또는 버림한 값의 5배와 전체 연구원 수를 비교한다.
2016년 : 60,000 × 5 ≒ 300,000 < 345,912
2023년 : 97,000 × 5 ≒ 485,000 > 482,796
연도별 연구개발활동 여성 연구원 수의 5배가 전체 연구원 수보다 작으면 전체 연구원 수 대비 여성 연구원 수의 비율이 0.2를 넘지 않고, 전체 연구원 수보다 크면 전체 연구원 수 대비 여성 연구원 수의 비율이 0.2를 넘는다.
이에 따라 연구개발활동 전체 연구원 수 대비 여성 연구원 수의 비율은 2023년이 2016년보다 큼을 알 수 있다.

② 2020년 연구개발활동 전체 연구원 수의 전년 대비 증가 인원과 여성 연구원 수의 전년 대비 증가 인원을 대략적으로 비교한다.
2020년 연구개발활동 전체 연구원 수는 2019년 대비 437,000 − 410,000 ≒ 27,000명 증가하였고, 2020년 연구개발활동 여성 연구원 수는 2019년 대비 81,000 − 75,000 ≒ 6,000명 증가하였으므로 2020년 연구개발활동 남성 연구원 수는 2019년 대비 증가하였음을 알 수 있다.

⑤ 2024년 연구개발활동 전체 연구원 수에서 여성 연구원 수가 차지하는 비중이 2년 전보다 작은지 확인한다.
연구개발활동 전체 연구원 수 대비 여성 연구원 수의 비율은 2022년에 $\frac{90,615}{460,769}$, 2024년에 $\frac{104,728}{514,170}$이다. 이때 2022년 여성 연구원 수를 백의 자리에서 올림하여 5배한 값은 91,000 × 5 ≒ 455,000명으로 전체 연구원 수인 460,769명보다 작고, 2024년 여성 연구원 수를 백의 자리에서 버림하여 5배한 값은 104,000 × 5 ≒ 520,000명으로 전체 연구원 수인 514,170명보다 커 2024년 연구개발활동 전체 연구원 수에서 여성 연구원 수가 차지하는 비중은 2년 전보다 크므로 2024년 연구개발활동 전체 연구원 수에서 남성 연구원 수가 차지하는 비중은 2년 전보다 작음을 알 수 있다.

07 자료해석 정답 ③

A 지역, E 지역, G 지역 지역의 석유류 온실가스 배출량은 19,440.8 + 16,840.7 + 18,894.6 = 55,176.1천tCO_2eq이고, A 지역의 석유류 온실가스 배출량은 19,440.8천tCO_2eq로 A 지역, E 지역, G 지역의 석유류 온실가스 배출량에서 A 지역이 차지하는 비중은 (19,440.8 / 55,176.1) × 100 ≒ 35.2%이므로 옳지 않은 설명이다.

오답 체크

① 제시된 지역 중 도시가스 온실가스 배출량이 다른 지역에 비해 가장 많은 지역은 B 지역이므로 옳은 설명이다.

② C 지역의 석탄류 온실가스 배출량은 F 지역의 열에너지 온실가스 배출량의 4,766.1 / 921.9 ≒ 5.2배이므로 옳은 설명이다.

④ 전력 온실가스 배출량이 가장 많은 B 지역과 두 번째로 많은 E 지역의 기타연료 온실가스 배출량의 합은 688.6 + 168.9 = 857.5천tCO_2eq이므로 옳은 설명이다.

⑤ D 지역과 E 지역의 도시가스 온실가스 배출량의 합은 1,086.5 + 2,227.0 = 3,313.5천tCO_2eq로 F 지역과 G 지역의 도시가스 온실가스 배출량의 합인 994.7 + 1,816.9 = 2,811.6천tCO_2eq보다 크므로 옳은 설명이다.

08 자료해석 정답 ①

2023년 전기·가스 및 수도 사업의 생산국민소득은 12,437 + 12,049 + 9,634 + 10,802 = 44,922십억 원이므로 옳은 설명이다.

오답 체크

② 서비스업의 생산국민소득은 2024년 1/4분기에 전 분기 대비 감소하였으므로 옳지 않은 설명이다.

③ 2023년 2/4분기 제조업의 생산국민소득의 전 분기 대비 증가액은 120,836 − 113,266 = 7,570십억 원으로 2023년 2/4분기 광업의 생산국민소득의 전 분기 대비 증가액인 525 − 412 = 113십억 원의 7,570 / 113 ≒ 67배이므로 옳지 않은 설명이다.

④ 건설업과 광업의 생산국민소득의 전 분기 대비 증감 추이는 2023년 2/4분기 이후 모두 증가, 감소를 반복하여 서로 같으므로 옳지 않은 설명이다.

⑤ 2023년 4/4분기 대비 2024년 1/4분기 농림어업의 생산국민소득의 감소율은 {(10,157 − 6,198) / 10,157} × 100 ≒ 39%이므로 옳지 않은 설명이다.

빠른 문제 풀이 Tip

③ 2023년 2/4분기 광업의 생산국민소득의 전 분기 대비 증가액의 70배와 2023년 2/4분기 제조업의 생산국민소득의 전 분기 대비 증가액을 비교한다.
2023년 2/4분기 광업의 생산국민소득의 전 분기 대비 증가액의 70배는 (525 − 412) × 70 = 7,910십억 원이고, 2023년 2/4분기 제조업의 생산국민소득의 전 분기 대비 증가액은 120,836 − 113,266 = 7,570십억 원이므로 제조업이 광업의 70배 미만임을 알 수 있다.

09 자료해석 정답 ③

2024년 7월 S 기업의 재택근무자 수는 1,200명이고, 7월 S 기업의 재택근무자 수의 전월 대비 증감률은 −40%이다.
따라서 2024년 6월 S 기업의 재택근무자 수는 1,200 / 0.6 = 2,000명이다.

[10 - 11]

10 자료해석 정답 ①

2024년 종사자 수가 101~500인인 업체 수는 500 × (0.036 + 0.022 + 0.014 + 0.008) = 40개이고, 종사자 수가 101~150인인 업체 수는 500 × 0.036 = 18개로 2024년 종사자 수가 101~500인인 업체 수에서 종사자 수가 101~150인인 업체 수가 차지하는 비중은 (18 / 40) × 100 = 45%이므로 옳지 않은 설명이다.

오답 체크

② 2023년 종사자 수가 50인 이하인 업체의 전체 업체 점유율은 15.1 + 23.2 + 22.0 + 9.9 + 10.5 = 80.7%로 전체 업체 수는 500 × 0.807 = 403.5개이므로 옳은 설명이다.

③ 2024년 종사자 수가 51~80인인 업체의 매출 점유율은 2023년 대비 10.7 − 9.9 = 0.8%p 감소하였으므로 옳은 설명이다.

④ 2023년 업체 점유율이 가장 낮은 종사자 수가 201~300인인 업체 수는 500 × 0.006 = 3개이고, 2024년 업체 점유율이 가장 낮은 종사자 수가 301~500인인 업체 수는 500 × 0.008 = 4개로 총합은 3 + 4 = 7개이므로 옳은 설명이다.

⑤ 2024년 업체 점유율이 전년도와 동일한 종사자 수가 81~100인, 301~500인인 업체는 모두 2024년 매출 점유율이 전년 대비 하락하였으므로 옳은 설명이다.

빠른 문제 풀이 Tip

① 업체 점유율의 비중으로 간단하게 계산한다.
2024년 종사자 수가 101~150인인 업체의 업체 점유율은 3.6%이고, 종사자 수가 101~500인인 업체의 업체 점유율은 3.6 + 2.2 + 1.4 + 0.8 = 8.0%이므로 2024년 종사자 수가 101~500인인 업체 수에서 종사자 수가 101~150인인 업체 수가 차지하는 비중은 (3.6 / 8.0) × 100 = 45%임을 알 수 있다.

④ 2023년과 2024년 업체 수가 500개로 같으므로 계산 과정을 최소화한다.
2023년과 2024년 각각 업체 점유율이 가장 낮은 종사자 수가 201~300인인 업체와 301~500인인 업체의 업체 점유율은 0.6%, 0.8%로 업체 수의 합은 500 × (0.006 + 0.008)=500 × 0.014 = 7개임을 알 수 있다.

11 자료해석 정답 ①

2023년 전체 매출액은 22,000억 원이고, 종사자 수가 101~500인인 업체의 매출 점유율은 32.7 + 3.4 + 3.2 + 24.0 = 63.3%이므로 종사자 수가 101~500인인 업체의 매출액은 22,000 × 0.633 = 13,926억 원이며, 2024년 전체 매출액은 25,000억 원이고, 종사자 수가 101~500인인 업체의 매출 점유율은 12.2 + 28.6 + 6.4 + 18.0 = 65.2%이므로 종사자 수가 101~500인인 업체의 매출액은 25,000 × 0.652 = 16,300억 원이다.
따라서 종사자 수가 101~500인인 업체의 2023년과 2024년 매출액의 합은 13,926 + 16,300 = 30,226억 원이다.

[12 - 13]

12 자료해석 정답 ③

A 국의 메모리 반도체 수입액 비중이 세 번째로 작은 Flash 메모리의 A 국과 B 국의 수입액 비중 차이는 2.42 - 1.81 = 0.61%p이므로 옳지 않은 설명이다.

오답 체크

① A 국은 Flash 메모리의 수입액 비중이 기타 메모리 반도체의 수입액 비중보다 크지만, B 국은 Flash 메모리의 수입액 비중이 기타 메모리 반도체의 수입액 비중보다 작으므로 옳은 설명이다.

② A 국의 DRAM 수입액 비중은 메모리 MCP 수입액 비중의 80.10 / 16.37 ≒ 4.9배이므로 옳은 설명이다.

④ 제시된 메모리 반도체 중 A 국과 B 국 모두 복합부품집적회로 수입액 비중이 나머지 메모리 반도체보다 작아 수입액도 가장 적으므로 옳은 설명이다.

⑤ B 국의 Flash 메모리 수입액 비중은 1.81%로 B 국의 기타 메모리 반도체 수입액 비중의 절반인 3.38 / 2 = 1.69%보다 크므로 옳은 설명이다.

13 자료해석 정답 ③

2024년 5월 A 국의 메모리 MCP 수입액 비중은 16.37%이고, B 국의 메모리 MCP 수입액 비중은 4.08%이므로 2024년 5월 A 국과 B 국의 메모리 반도체 수입액이 6,000,000달러로 동일하면 A 국과 B 국의 메모리 MCP 수입액의 차이는 6,000,000 × (0.1637 - 0.0408) = 6,000,000 × 0.1229 = 737,400달러이다.

[14 - 15]

14 자료해석 정답 ①

2024년 강수일수 1일당 평균 강수량은 1,624 / 116 = 14mm이므로 옳지 않은 설명이다.

오답 체크

② 2021년 이후 평균 기온과 안개일수의 전년 대비 증감 추이는 감소, 증가, 증가, 감소로 매년 동일하므로 옳은 설명이다.

③ 제시된 기간 중 안개일수가 가장 많은 2020년과 가장 적은 2021년의 안개일수 차이는 22 - 14 = 8일이므로 옳은 설명이다.

④ 제시된 기간 중 최대풍속이 가장 높은 2023년에 상대습도는 가장 낮으므로 옳은 설명이다.

⑤ 2021년 일조시간은 전년 대비 {(2,440 - 2,318) / 2,440} × 100 = 5% 감소하였으므로 옳은 설명이다.

15 자료해석 정답 ⑤

a. 2021년 이후 평균 기온의 전년 대비 변화량이 가장 작은 해는 전년 대비 13.5 - 13.4 = 0.1℃ 증가한 2022년이므로 옳은 설명이다.

b. 2023년과 2024년 평균 강수량은 (980 + 1,624) / 2 = 1,302mm이므로 옳은 설명이다.

c. 2024년 상대습도는 전년 대비 70.8 - 67.8 = 3%p 증가하였으므로 옳은 설명이다.

[16-17]

16 자료해석 정답 ③

c. 주차 가능 대수가 231대로 가장 많은 E 주차장의 월정기권 요금은 50,000원이고, 월정기권 이용대수는 230대로 월정기권 요금의 총액은 50,000 × 230 = 11,500,000원이므로 옳은 설명이다.

오답 체크

a. 월정기권 요금이 60,000원인 주차장은 A 주차장, D 주차장, F 주차장으로 총 3곳이므로 옳지 않은 설명이다.

b. 신규 이용 가능 대수가 가장 많은 주차장은 신규 이용 가능 대수가 196 - 168 = 28대인 B 주차장이므로 옳지 않은 설명이다.

17 자료해석 정답 ②

b. 월정기권 이용대수가 100대 미만인 J 주차장은 주차 가능 대수가 113대이므로 옳지 않은 설명이다.

오답 체크

a. 월정기권 요금이 C 주차장과 5,000원 차이 나는 주차장은 G 주차장과 J 주차장으로 총 2곳이므로 옳은 설명이다.

c. 월정기권 요금이 50,000원인 C 주차장, E 주차장, I 주차장은 주차 가능 대수와 월정기권 이용대수가 모두 100대 이상이므로 옳은 설명이다.

18 자료해석 정답 ③

$\left(\frac{\text{참여 인원수}^2}{A} + B\right) + 10 =$ 볼펜 준비 수량임을 적용하여 구한다.

갑 기업의 참여 인원수는 12명, 볼펜 준비 수량은 94개이므로

$\left(\frac{12^2}{A} + B\right) + 10 = 94 \rightarrow \frac{144}{A} + B = 84 \rightarrow (84 - B) \times A = 144$

$\rightarrow 84A - AB = 144 \rightarrow AB = 84A - 144$ … ⓐ

을 기업의 참여 인원수는 20명, 볼펜 준비 수량은 222개이므로

$\left(\frac{20^2}{A} + B\right) + 10 = 222 \rightarrow \frac{400}{A} + B = 212 \rightarrow (212 - B) \times A = 400$

$\rightarrow 212A - AB = 400 \rightarrow AB = 212A - 400$ … ⓑ

ⓐ, ⓑ에 따라 $84A - 144 = 212A - 400 \rightarrow 128A = 256$

$\rightarrow A = 2, B = 12$

따라서 A는 2, B는 12인 ③이 정답이다.

19 자료해석 정답 ①

A 종목 주가의 전월 대비 증감률은

2월에 {(63,800 - 58,000) / 58,000} × 100 = 10%,

3월에 {(60,610 - 63,800) / 63,800} × 100 = -5%,

4월에 {(65,350 - 60,610) / 60,610} × 100 ≒ 8%,

5월에 {(61,400 - 65,350) / 65,350} × 100 ≒ -6%,

6월에 {(64,470 - 61,400) / 61,400} × 100 = 5%이다.

따라서 A 종목 주가의 전월 대비 증감률과 일치하는 ①이 정답이다.

20 자료해석 정답 ①

A 식물원 싹이 난 국화의 수의 변화를 나타내면 다음과 같다.

5월 11일	5월 12일	5월 13일	5월 14일	5월 15일
15	20	30	50	90

+5 +10 +20 +40

×2 ×2 ×2

A 식물원 싹이 난 국화의 수의 전일 대비 증가량은 매일 2배씩 증가함을 알 수 있다.

B 식물원 싹이 난 국화의 수의 변화를 나타내면 다음과 같다.

5월 11일	5월 12일	5월 13일	5월 14일	5월 15일
10	17	24	31	38

+7 +7 +7 +7

B 식물원 싹이 난 국화의 수는 매일 7송이씩 증가함을 알 수 있다.

이에 따라 16일 이후 A 식물원과 B 식물원의 싹이 난 국화의 수를 계산하면 다음과 같다.

구분	A 식물원	B 식물원
16일	90 + 80 = 170	38 + 7 = 45
17일	170 + 160 = 330	45 + 7 = 52
18일	330 + 320 = 650	52 + 7 = 59
19일	650 + 640 = 1,290	59 + 7 = 66

따라서 A 식물원과 B 식물원의 싹이 난 국화의 수 차이가 처음으로 천 송이 이상이 되는 때는 5월 19일이다.

추리 문제 p.18

01 언어추리 정답 ④

피아노를 칠 수 있는 모든 사람이 기타를 칠 수 없고, 피아노를 칠 수 있는 모든 사람이 바이올린을 켤 수 있으면 기타를 칠 수 없는 사람 중에 바이올린을 켤 수 있는 사람이 반드시 존재하게 된다.
따라서 '기타를 칠 수 없는 어떤 사람은 바이올린을 켤 수 있다.'가 타당한 결론이다.

오답 체크

피아노를 칠 수 있는 사람을 '피', 기타를 칠 수 있는 사람을 '기', 바이올린을 켤 수 있는 사람을 '바'라고 하면

①, ② 바이올린을 켤 수 없는 사람 중에 기타를 칠 수 없는 사람이 있을 수도 있고, 바이올린을 켤 수 있는 사람 중에 기타를 칠 수 있는 사람이 있을 수도 있으므로 반드시 참인 결론은 아니다.

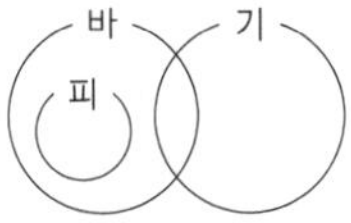

③ 기타를 칠 수 있는 모든 사람이 바이올린을 켤 수 없을 수도 있으므로 반드시 참인 결론은 아니다.

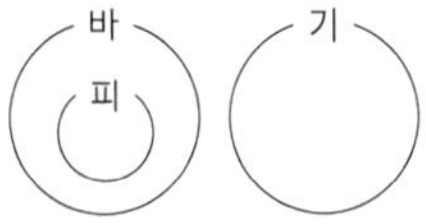

⑤ 기타를 칠 수 없는 사람 중에 바이올린을 켤 수 있는 사람이 적어도 한 명 존재하므로 반드시 거짓인 결론이다.

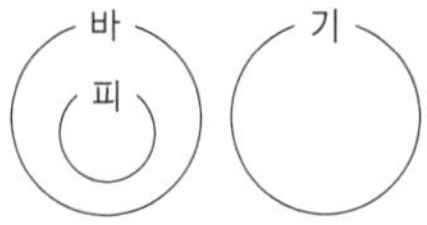

02 언어추리 정답 ③

스킨을 바르는 모든 사람이 로션을 바르고, 수분크림을 바르는 어떤 사람이 스킨을 바르면 로션을 바르는 사람 중에 수분크림을 바르는 사람이 반드시 존재하게 된다.
따라서 '로션을 바르는 어떤 사람은 수분크림을 바른다.'가 타당한 결론이다.

오답 체크

스킨을 바르는 사람을 '스', 로션을 바르는 사람을 '로', 수분크림을 바르는 사람을 '수'라고 하면

① 로션을 바르지 않는 모든 사람이 수분크림을 바르지 않을 수도 있으므로 반드시 참인 결론은 아니다.

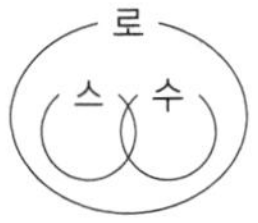

② 로션을 바르는 사람 중에 수분크림을 바르는 사람이 적어도 한 명 존재하므로 반드시 거짓인 결론이다.

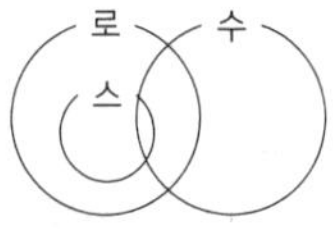

④ 수분크림을 바르지 않는 사람 중에 로션을 바르는 사람이 있을 수도 있으므로 반드시 참인 결론은 아니다.

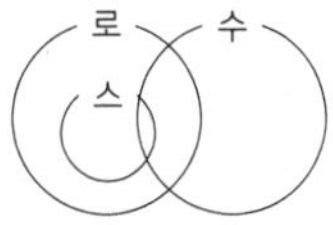

⑤ 수분크림을 바르지 않는 모든 사람이 로션을 바르지 않을 수도 있으므로 반드시 참인 결론은 아니다.

03 언어추리 정답 ②

탄산수를 마시는 모든 사람이 딸기주스를 마시지 않는다는 것은 딸기주스를 마시는 모든 사람이 탄산수를 마시지 않는다는 것이므로 딸기주스를 마시는 어떤 사람이 칵테일을 좋아하면 칵테일을 좋아하는 사람 중에 탄산수를 마시지 않는 사람이 반드시 존재하게 된다.
따라서 '탄산수를 마시는 모든 사람은 딸기주스를 마시지 않는다.'가 타당한 전제이다.

오답 체크

딸기주스를 마시는 사람을 '딸', 칵테일을 좋아하는 사람을 '칵', 탄산수를 마시는 사람을 '탄'이라고 하면

① 딸기주스를 마시는 어떤 사람이 칵테일을 좋아하고, 딸기주스를 마시는 모든 사람이 탄산수를 마시면 칵테일을 좋아하는 모든 사람은 탄산수를 마실 수도 있으므로 결론이 반드시 참이 되게 하는 전제가 아니다.

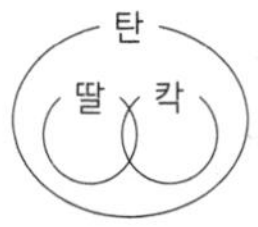

③, ⑤ 딸기주스를 마시는 어떤 사람이 칵테일을 좋아하고, 탄산수를 마시는 모든 사람이 딸기주스를 마시면 칵테일을 좋아하는 모든 사람은 탄산수를 마실 수도 있으므로 결론이 반드시 참이 되게 하는 전제가 아니다.

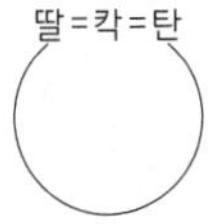

④ 딸기주스를 마시는 어떤 사람이 칵테일을 좋아하고, 딸기주스를 마시는 어떤 사람이 탄산수를 마시면 칵테일을 좋아하는 모든 사람은 탄산수를 마실 수도 있으므로 결론이 반드시 참이 되게 하는 전제가 아니다.

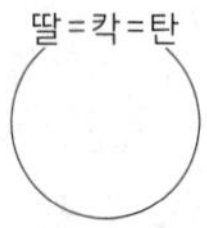

04 언어추리 정답 ⑤

제시된 조건에 따르면 시합에서 승리한 팀은 10골, 패배한 팀은 9골을 넣었고, A~H 모두 적어도 1골씩 넣었으며, B가 속한 팀의 팀원이 넣은 골 수는 모두 다르므로 B가 속한 팀의 팀원이 넣은 골 수는 1골, 2골, 3골, 4골로, 총 10골을 넣어 B가 속한 팀이 승리한 팀임을 알 수 있다. 또한, A~H 중 최다 득점자는 2명이고, 승리한 팀의 최다 득점자는 4골을 넣었으므로 패배한 팀의 최다 득점자 또한 4골을 넣었다. 이때 E와 같은 팀인 C는 3골을 넣었고 승리한 팀이며, F는 A와 다른 팀이므로 D, G, H는 패배한 팀에 속한다. 또한, F는 A보다 2골 더 넣었으므로 A가 패배한 팀에 속할 경우 A는 4점 골을 넣지 않았으며 D, G, H는 최다 득점자가 아니므로 A는 승리한 팀에 속한다. 이에 따라 F가 패배한 팀에 속하고, 최다 득점자이므로 A는 2골을 넣었으며, E는 최다 득점자가 아니므로 1골을 넣었고 B가 최다 득점자로 4골을 넣었음을 알 수 있다.

승리한 팀(10골)	패배한 팀(9골)
A(2골), B(4골), C(3골), E(1골)	D(1골 또는 2골 또는 3골), F(4골), G(1골 또는 2골 또는 3골), H(1골 또는 2골 또는 3골)

따라서 A는 2골을 넣었으므로 항상 거짓인 설명이다.

오답 체크

① 최다 득점자는 B와 F이므로 항상 참인 설명이다.

② B와 C는 승리한 팀에 속하므로 항상 참인 설명이다.

③ D는 패배한 팀에 속하므로 항상 참인 설명이다.

④ E는 1골, F는 4골을 넣었으므로 항상 참인 설명이다.

05 언어추리 정답 ⑤

제시된 조건에 따르면 D보다 멀리 뛴 사람은 없으며 B가 한 명만 더 이겼다면 상품을 받을 수 있었으므로 D는 1등, B는 4등이고, E는 상품을 받지 못했으므로 5등 또는 6등이다. 또한, A는 E보다 멀리 뛰었으므로 A의 등수는 E보다 높고, C는 B와 F보다 멀리 뛰었으므로 C의 등수는 B와 F보다 높은 2등 또는 3등이다. C의 등수에 따라 가능한 경우는 다음과 같다.

경우 1. C가 2등일 경우

1등	2등	3등	4등	5등	6등
D	C	A	B	E 또는 F	E 또는 F
D	C	F	B	A	E

경우 2. C가 3등일 경우

1등	2등	3등	4등	5등	6등
D	A	C	B	E 또는 F	E 또는 F

따라서 여섯 명의 순위로 가능한 경우의 수는 5가지이므로 항상 참인 설명이다.

오답 체크

① A는 2등 또는 3등 또는 5등이므로 항상 참인 설명은 아니다.

② C는 2등 또는 3등이므로 항상 참인 설명은 아니다.

③ F가 3등이면 상품을 받았고, 5등 또는 6등이면 상품을 받지 못했으므로 항상 참인 설명은 아니다.

④ A가 2등 또는 3등이면 4등인 B보다 멀리 뛰었고, A가 5등이면 4등인 B보다 멀리 뛰지 않았으므로 항상 참인 설명은 아니다.

06 언어추리 정답 ④

제시된 조건에 따르면 김 대리는 하루에 1대의 차량만 운행하고, 차량 P는 번호판 끝자리가 7이므로 화요일에 운행하지 못하고, 차량 Q는 번호판 끝자리가 5이므로 금요일에 운행하지 못한다. 이에 따라 화요일에는 차량 Q를 운행하고, 금요일에는 차량 P를 운행함을 알 수 있다. 또한, 김 대리는 월요일부터 금요일까지 동일한 차량을 연달아 3일 이상 운행하지 않으므로 월요일에 운행하는 차량에 따라 가능한 경우는 아래와 같다.

경우 1. 월요일에 차량 P를 운행하는 경우

월요일	화요일	수요일	목요일	금요일
P	Q	P	Q	P
P	Q	Q	P	P

경우 2. 월요일에 차량 Q를 운행하는 경우

월요일	화요일	수요일	목요일	금요일
Q	Q	P	Q	P

따라서 수요일에 차량 Q를 운행하면, 차량 Q를 2일, 차량 P를 3일 운행하므로 항상 참인 설명이다.

오답 체크

① 월요일에 차량 P 또는 차량 Q를 운행하고, 금요일에 차량 P를 운행하므로 항상 참인 설명은 아니다.

② 차량 P를 월요일과 수요일과 금요일에 운행하거나 월요일과 목요일과 금요일에 운행하거나 수요일과 금요일에 운행하므로 항상 참인 설명은 아니다.

③ 월요일에 차량 Q를 운행하면, 목요일에 차량 Q를 운행하므로 항상 거짓인 설명이다.

⑤ 차량 Q를 화요일과 수요일에 운행하거나 화요일과 목요일에 운행하면 두 번 운행하고, 월요일과 화요일과 목요일에 운행하면 세 번 운행하므로 항상 참인 설명은 아니다.

07 언어추리

정답 ⑤

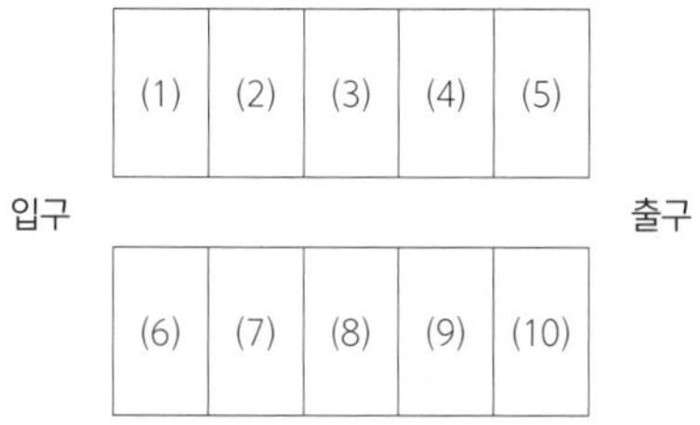

A 아파트 주차장의 각 칸을 (1)~(10)이라고 할 때, 제시된 조건에 따르면 소연이의 차만 경차이고, 경차는 경차 전용 주차장에만 주차할 수 있으므로 소연이는 (6) 또는 (7)에 주차했다. 이때 희진이는 소연이의 차 바로 맞은편에 주차했고, 홍비의 차는 입구 쪽에 가장 가까이 주차되어 있으므로 홍비는 (1)에, 소연이는 (7)에, 희진이는 (2)에 주차했다. 또한, 혜지는 대환이의 차 바로 옆에 주차했고, 채은이는 혜지의 차 바로 맞은편에 주차했으며 채은이의 차 양옆에는 아무도 주차하지 않았으므로 채은이의 차 위치에 따라 가능한 경우는 아래와 같다.

경우 1. 채은이가 (4)에 주차했을 경우

혜지	채은	대환	희진	홍비	소연
(9)	(4)	(8) 또는 (10)	(2)	(1)	(7)

경우 2. 채은이가 (9)에 주차했을 경우

혜지	채은	대환	희진	홍비	소연
(4)	(9)	(3) 또는 (5)	(2)	(1)	(7)

따라서 희진이의 차 양옆에는 홍비의 차만 주차되어 있거나 홍비와 대환이의 차가 주차되어 있으므로 항상 거짓인 설명이다.

오답 체크

① 홍비는 (1)에 주차했고 희진이는 (2)에 주차했으므로 항상 참인 설명이다.

② 혜지와 소연이의 차 사이에는 대환이가 주차했거나 아무도 주차하지 않았으므로 항상 거짓인 설명은 아니다.

③ 희진이는 (2)에 주차했고 채은이는 (4) 또는 (9)에 주차했으므로 항상 거짓인 설명은 아니다.

④ 대환이의 차 바로 맞은편은 채은이의 차 바로 옆이며, 채은이의 차 양옆에는 아무도 주차하지 않았으므로 항상 참인 설명이다.

08 언어추리

정답 ②

제시된 조건에 따르면 놀이공원에 간 사람만 진실을 말하고, 다섯 명 중 두 명만 진실을 말했으므로 놀이공원에 간 사람은 두 명이다. 이때 갑의 말이 거짓이면 갑은 놀이공원에 가지 않았고, 정은 진실을 말하고 있다. 이에 따라 갑이 놀이공원에 가지 않았다는 무의 말은 진실이 되어 무는 놀이공원에 갔고, 무가 놀이공원에 갔다는 을의 말도 진실이 되어 진실을 말한 사람이 세 명이지만, 이는 진실을 말한 사람이 두 명이라는 조건에 모순되므로 갑의 말은 진실임을 알 수 있다. 갑의 말이 진실이므로 갑은 놀이공원에 갔고, 정은 거짓을 말하고 있다. 이에 따라 갑이 놀이공원에 가지 않았다는 무의 말은 거짓이 되어 무는 놀이공원에 가지 않았고, 무가 놀이공원에 갔다는 을의 말도 거짓이 되어 자신과 갑이 함께 놀이공원에 갔다는 병의 말이 진실이 된다.
따라서 놀이공원에 간 사람은 갑, 병이다.

09 언어추리

정답 ④

제시된 조건에 따르면 아무도 먹지 않는 간식은 없고, 나만 견과류를 먹으므로 가, 다, 라는 각자 요구르트, 쿠키, 아이스크림 중 두 가지 간식을 먹는다. 이때 요구르트를 먹는 사람은 3명이고, 쿠키와 아이스크림을 모두 먹는 사람이 있으므로 나는 요구르트를 먹음을 알 수 있다. 또한, 가가 요구르트를 먹으면 다는 쿠키를 먹고, 다와 라가 먹는 간식 중 한 가지만 동일하므로 쿠키와 아이스크림을 모두 먹는 사람에 따라 가능한 경우는 아래와 같다.

경우 1. 가가 쿠키와 아이스크림을 모두 먹는 경우

가	나	다	라
쿠키, 아이스크림	견과류, 요구르트	요구르트, 쿠키	요구르트, 아이스크림
쿠키, 아이스크림	견과류, 요구르트	요구르트, 아이스크림	요구르트, 쿠키

경우 2. 다가 쿠키와 아이스크림을 모두 먹는 경우

가	나	다	라
요구르트, 쿠키 또는 아이스크림	견과류, 요구르트	쿠키, 아이스크림	요구르트, 쿠키 또는 아이스크림

경우 3. 라가 쿠키와 아이스크림을 모두 먹는 경우

가	나	다	라
요구르트, 쿠키 또는 아이스크림	견과류, 요구르트	요구르트, 쿠키	쿠키, 아이스크림

따라서 가가 요구르트를 먹으면, 라는 요구르트와 쿠키 또는 아이스크림을 먹거나 쿠키와 아이스크림을 먹으므로 항상 참인 설명이다.

오답 체크

① 가는 쿠키와 아이스크림을 먹거나 요구르트와 쿠키 또는 아이스크림을 먹으므로 항상 참인 설명은 아니다.

② 다가 쿠키를 먹으면, 라는 요구르트와 쿠키 또는 아이스크림을 먹거나 쿠키와 아이스크림을 먹으므로 항상 참인 설명은 아니다.

③ 나는 견과류와 요구르트를 먹으므로 항상 거짓인 설명이다.

⑤ 나는 견과류와 요구르트를 먹고, 라는 요구르트와 쿠키 또는 아이스크림을 먹거나 쿠키와 아이스크림을 먹으므로 항상 참인 설명은 아니다.

10 언어추리 정답 ①

제시된 조건에 따르면 지효는 자전거를 이용하지 않고, 경미가 이용하는 교통수단과 다른 교통수단을 이용하므로 경미는 자전거, 지효는 자동차를 이용하며, 자전거를 이용하는 사람은 티셔츠를 구매하지 않으므로 모자 또는 청바지를 구매한다. 이때 아무도 구매하지 않는 물건은 없고 수지는 모자를 구매하며, 유미와 수지는 서로 다른 교통수단을 이용하므로 유미가 이용하는 교통수단에 따라 가능한 경우는 아래와 같다.

경우 1. 유미가 자동차를 이용하는 경우

구분	유미	수지	경미	지효
교통수단	자동차	자전거	자전거	자동차
물건	모자 또는 티셔츠 또는 청바지	모자	모자 또는 청바지	모자 또는 티셔츠 또는 청바지

경우 2. 유미가 자전거를 이용하는 경우

구분	유미	수지	경미	지효
교통수단	자전거	자동차	자전거	자동차
물건	모자 또는 청바지	모자	모자 또는 청바지	티셔츠

따라서 유미가 자전거를 이용하면, 지효는 티셔츠를 구매하므로 항상 거짓인 설명이다.

오답 체크

② 수지는 자동차 또는 자전거를 이용하므로 항상 거짓인 설명은 아니다.

③ 유미가 모자를 구매하면, 경미는 청바지를 구매하므로 항상 참인 설명이다.

④ 청바지를 구매하는 유미, 경미, 지효는 자동차 또는 자전거를 이용하므로 항상 거짓인 설명은 아니다.

⑤ 경미가 모자를 구매하면, 유미는 티셔츠 또는 청바지를 구매하므로 항상 거짓인 설명은 아니다.

11 언어추리 정답 ④

제시된 조건에 따르면 병원은 3층 규모의 업종이고, 강 바로 옆 건물에 위치하므로 A동 전체에 병원이 위치하며, 병원과 카페는 같은 단지 내에 위치하고, 약국은 병원 바로 옆 건물에 위치하므로 카페와 약국은 B동에 위치한다. 또한, 카페와 마트는 서로 다른 건물의 1층에 위치하므로 카페는 B동 1층에, 마트는 2단지 1층에 위치하며, 마트와 레스토랑은 다른 건물에 위치하고 학원은 C동에 위치하며, 학원과 레스토랑은 2층 규모의 업종이므로 C동에 학원과 마트, D동에 레스토랑이 위치함을 알 수 있다. 이때 헬스장은 가장 위층에 위치하여 B동 또는 D동 3층에 위치하므로 헬스장이 위치하는 곳에 따라 가능한 경우는 아래와 같다.

경우 1. 헬스장이 B동 3층에 위치한 경우

구분	A동	B동	C동	D동
3층	병원	헬스장	학원	꽃집 또는 레스토랑
2층		약국	학원	레스토랑
1층		카페	마트	꽃집 또는 레스토랑

경우 2. 헬스장이 D동 3층에 위치한 경우

구분	A동	B동	C동	D동
3층	병원	약국 또는 꽃집	학원	헬스장
2층		약국 또는 꽃집	학원	레스토랑
1층		카페	마트	레스토랑

따라서 D동 2층에는 레스토랑이 위치하므로 항상 참인 설명이다.

오답 체크

① 약국은 B동에 위치하고, 헬스장은 B동 또는 D동에 위치하므로 항상 참인 설명은 아니다.

② 꽃집은 1단지 B동 또는 2단지 D동에 위치하므로 항상 참인 설명은 아니다.

③ 카페는 B동 1층에 위치하고, 약국은 B동 2층 또는 3층에 위치하므로 항상 참인 설명은 아니다.

⑤ 꽃집은 B동 또는 D동에 위치하고, 레스토랑은 D동에 위치하므로 항상 참인 설명은 아니다.

12 언어추리 정답 ③

제시된 조건에 따르면 H는 수상 스키 수업을 수강하였고, A와 같은 조가 아니므로 A는 래프팅 또는 웨이크보드 수업을 수강하였으며, B는 F와 같은 조이고 H와 같은 조가 아니므로 B와 F도 래프팅 또는 웨이크보드 수업을 수강하였다. 이때 G는 수상 스키 수업을 수강하지 않았으므로 래프팅 또는 웨이크보드 수업을 수강하였으며, E는 웨이크보드 수업, I는 래프팅 수업을 수강하였으므로 수상 스키 수업을 수강한 사람은 C, D, H임을 알 수 있다. B와 F가 수강한 종목에 따라 가능한 경우는 아래와 같다.

경우 1. B와 F가 래프팅 수업을 수강한 경우

수상 스키	래프팅	웨이크보드
C, D, H	B, F, I	A, E, G

경우 2. B와 F가 웨이크보드 수업을 수강한 경우

수상 스키	래프팅	웨이크보드
C, D, H	A, G, I	B, E, F

따라서 C와 같은 수업을 수강한 사람은 D, H이다.

13 언어추리 정답 ①

제시된 조건에 따르면 자물쇠 비밀번호는 서로 다른 4개의 숫자로 구성되어 있고, 각 자리 숫자 중 3의 배수는 1개이다. 이때 각 자리 숫자의 곱은 0이 아니므로 각 자리 숫자는 모두 0이 아니고, 각 자리 숫자의 합은 짝수가 아닌 홀수이므로 네 자리 수는 짝수 1개와 홀수 3개로 구성되어 있거나 짝수 3개와 홀수 1개로 구성되어 있음을 알 수 있다. 또한, 천의 자리 숫자와 백의 자리 숫자를 곱한 수의 일의 자리 숫자는 비밀번호의 십의 자리 숫자와 같고 천의 자리 숫자는 2 또는 3이므로 백의 자리 숫자는 1이 아니다. 천의 자리 숫자에 따라 가능한 경우는 아래와 같다.

경우 1. 천의 자리 숫자가 2인 경우

천의 자리 숫자	백의 자리 숫자	십의 자리 숫자	일의 자리 숫자
2	4	8	3 또는 9
2	7	4	6
2	8	6	1 또는 5 또는 7
2	9	8	4

경우 2. 천의 자리 숫자가 3인 경우

천의 자리 숫자	백의 자리 숫자	십의 자리 숫자	일의 자리 숫자
3	4	2	8
3	7	1	2 또는 4 또는 8
3	8	4	2

따라서 비밀번호로 가능한 경우의 수는 12가지이므로 항상 거짓인 설명이다.

오답 체크

② 일의 자리 숫자는 1부터 9까지 모두 가능하므로 항상 참인 설명이다.

③ 백의 자리 숫자와 십의 자리 숫자의 곱은 짝수 또는 홀수이므로 항상 거짓인 설명은 아니다.

④ 백의 자리 숫자가 4 또는 8로 짝수일 때, 일의 자리 숫자는 짝수 또는 홀수이므로 항상 거짓인 설명은 아니다.

⑤ 천의 자리 숫자가 3으로 홀수일 때, 십의 자리 숫자는 짝수 또는 홀수이므로 항상 거짓인 설명은 아니다.

14 언어추리 정답 ④

제시된 조건에 따르면 A, B, C, D, E가 입사한 기간에 입사한 다른 사람은 없고, C와 E 사이에 입사한 사람은 2명이며, E 바로 다음으로 입사한 사람은 B이므로 C – □ – □ – E – B 순으로 입사하거나 E – B – □ – C – □ 순으로 입사하거나 □ – E – B – □ – C 순으로 입사하였다. 이때 A는 D보다 늦게 입사하였으며, 첫 번째 순서로 입사한 사람은 D가 아니므로 첫 번째 순서로 입사한 사람은 C 또는 E임을 알 수 있다. 이에 따라 가능한 경우는 아래와 같다.

구분	첫 번째	두 번째	세 번째	네 번째	다섯 번째
경우 1	C	D	A	E	B
경우 2	E	B	D	C	A

따라서 A와 E 사이에 입사한 사람은 0명 또는 3명이므로 항상 거짓인 설명이다.

오답 체크

① A는 세 번째 또는 다섯 번째 순서로 입사하였으므로 항상 거짓인 설명은 아니다.

② C 바로 다음으로 입사한 사람은 A 또는 D이므로 항상 거짓인 설명은 아니다.

③ E는 첫 번째 또는 네 번째 순서로 입사하였으므로 항상 거짓인 설명은 아니다.

⑤ D는 B 또는 C 바로 다음으로 입사하였으므로 항상 거짓인 설명은 아니다.

15 도형추리 정답 ③

각 행에서 2열에 제시된 도형은 1열에 제시된 도형을 시계 방향으로 90° 회전한 형태이고, 3열에 제시된 도형은 2열에 제시된 도형을 색반전한 형태이다.

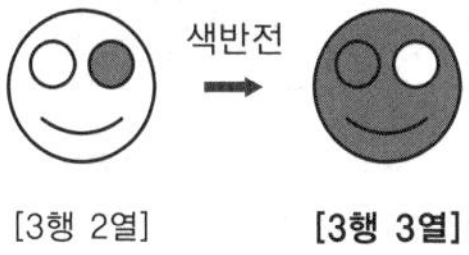

따라서 '?'에 해당하는 도형은 ③이다.

16 도형추리 정답 ⑤

각 행에서 3열에 제시된 도형은 1열에 제시된 도형을 시계 방향으로 90° 회전한 형태와 2열에 제시된 도형을 합친 후 공통된 음영을 삭제한 다음 시계 방향으로 90° 회전한 형태이다.

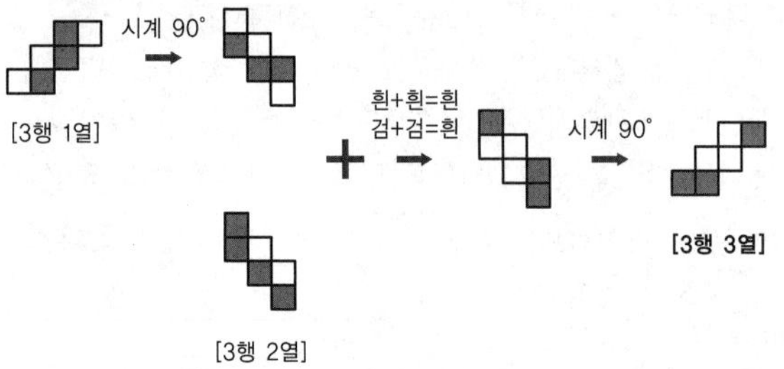

따라서 '?'에 해당하는 도형은 ⑤이다.

17 도형추리 정답 ①

각 열에 제시된 도형은 다음 열에서 아래로 한 칸씩 이동 후 시계 방향으로 135° 회전한 형태이다.

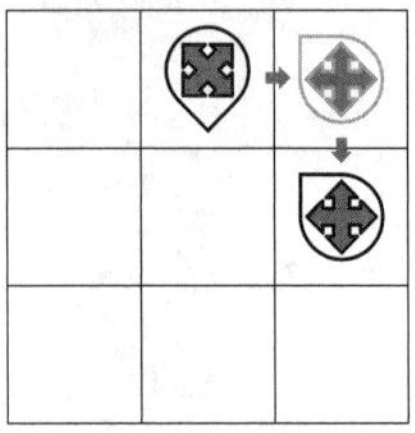

따라서 '?'에 해당하는 도형은 ①이다.

빠른 문제 풀이 Tip

각 열에 제시된 도형은 다음 열에서 아래로 한 칸씩 이동 후 시계 방향으로 135° 회전한 형태이므로 3열에 제시된 도형은 1열에 제시된 도형을 시계 방향으로 270°(=반시계 방향으로 90°) 회전한 형태이다.

이에 따라 '?'에 해당하는 도형은 3열에 제시된 도형이므로 1열에 제시된 도형을 반시계 방향으로 90° 회전한 형태임을 알 수 있다.

[18-21]

◎ : 문자와 숫자 순서에 따라 첫 번째 문자(숫자)를 다음 두 번째 순서에 오는 문자(숫자)로, 두 번째 문자(숫자)를 이전 두 번째 순서에 오는 문자(숫자)로, 세 번째 문자(숫자)를 바로 다음 순서에 오는 문자(숫자)로, 네 번째 문자(숫자)를 이전 세 번째 순서에 오는 문자(숫자)로 변경한다.
ex. abcd → czda (a+2, b−2, c+1, d−3)

△ : 문자와 숫자 순서에 따라 첫 번째 문자(숫자)를 바로 다음 순서에 오는 문자(숫자)로, 두 번째 문자(숫자)를 바로 이전 순서에 오는 문자(숫자)로, 세 번째 문자(숫자)를 다음 두 번째 순서에 오는 문자(숫자)로, 네 번째 문자(숫자)를 이전 세 번째 순서에 오는 문자(숫자)로 변경한다.
ex. abcd → baea (a+1, b−1, c+2, d−3)

◇ : 문자(숫자)의 전체 자리를 역순으로 바꾼다.
ex. abcd → dcba

□ : 첫 번째 문자(숫자)를 세 번째 자리로, 두 번째 문자(숫자)를 네 번째 자리로, 세 번째 문자(숫자)를 두 번째 자리로, 네 번째 문자(숫자)를 첫 번째 자리로 이동시킨다.
ex. abcd → dcab

18 도식추리 정답 ④

IA37 → □ → 73IA → ◇ → AI37

19 도식추리 정답 ②

8LC4 → △ → 9KE1 → ◎ → 1IF8 → □ → 8F1I

빠른 문제 풀이 Tip

제시된 자리 변환 규칙을 고려하여 기호의 규칙을 먼저 한번에 계산한다.

△ 규칙은 (+1, −1, +2, −3)이고, ◎ 규칙은 (+2, −2, +1, −3)이므로 △, ◎ 순으로 규칙을 적용하면 규칙은 (+3, −3, +3, −6)과 같다. 이때 선택지의 숫자 배열이 모두 다르므로 계산이 간단한 숫자 부분만 계산한다. 이에 따라 8LC4에 (+3, −3, +3, −6)을 적용하면 1▲▲8이고, □ 규칙은 자리 변환 규칙이므로 선택지에서 숫자 1과 8로 구성된 ②가 정답임을 알 수 있다.

20 도식추리 정답 ①

Z56T → ◎ → B37Q → △ → C29N

빠른 문제 풀이 Tip

제시된 기호의 규칙을 먼저 한번에 계산한다.
◎ 규칙은 (+2, −2, +1, −3)이고, △ 규칙은 (+1, −1, +2, −3)이므로 ◎, △ 순으로 규칙을 적용하면 규칙은 (+3, −3, +3, −6)과 같다. 이에 따라 역방향으로 규칙이 적용되어야 하는 점을 고려하여 C29N에 (−3, +3, −3, +6)을 적용하면 (C−3, 2+3, 9−3, N+6)이므로 'Z56T'인 ①이 정답임을 알 수 있다.

21 도식추리 정답 ⑤

2Y1F → ◇ → F1Y2 → □ → 2YF1 → ◎ → 4WG8

22 문단배열 정답 ②

이 글은 플라시보 효과와 그에 반대되는 노시보 효과에 대해 설명하는 글이다.

따라서 '(B) 모르핀으로 속인 식염수를 치료제로 사용한 환자들의 호전 반응 → (D) 플라시보 효과의 특징 → (A) 노시보 효과의 특징 → (C) 노시보 효과의 사례' 순으로 연결되어야 한다.

23 문단배열 정답 ④

이 글은 긍정적 외부효과와 부정적 외부효과에 대해 설명하는 글이다.

따라서 '(A) 외부효과의 정의 → (D) 긍정적 외부효과의 사례(1): 양봉 농가의 경제적 후생 → (B) 긍정적 외부효과의 사례(2): 과수 농가의 경제적 후생 → (C) 부정적 외부효과의 사례' 순으로 연결되어야 한다.

24 논리추론 정답 ⑤

압전소자는 결정판에 일정한 방향의 힘을 가하면 결정판 양면에는 힘에 비례하는 양전하와 음전하가 나타나게 한다고 하였으므로 압전소자에 일정한 방향의 물리적 힘을 가하면 힘에 반비례하는 양전하와 음전하가 발생한다는 것은 옳지 않은 내용이다.

오답 체크

① 양전하를 띤 물질과 음전하를 띤 물질이 일정 거리를 두고 서로 떨어져 있을 때가 있는데, 이를 전기쌍극자라 부른다고 하였으므로 옳은 내용이다.

② 압전효과가 발생하는 압전소자는 오늘날 발로 밟을 때마다 소리가 나는 계단 등에 사용되고 있다고 하였으므로 옳은 내용이다.

③ 대부분의 물질은 대체로 양의 전하량과 음의 전하량이 동일해 평형을 이루고 있다고 하였으므로 옳은 내용이다.

④ 압전소자에 연결된 전기회로에 전압을 가해 압전소자의 물리적 변형을 가져오는 역압전효과를 2차 압전효과라 일컫는다고 하였으므로 옳은 내용이다.

25 논리추론 정답 ②

유연성이 부족한 PLA에 고무와 유사한 성질을 가진 PHA를 섞어 만든 투명 비닐을 선보였다고 하였으므로 PHA는 PLA에 비해 상대적으로 덜 부드러운 성질을 가지고 있다는 것은 옳지 않은 내용이다.

오답 체크

① 인간이 PLA를 사용하는 과정에서 몸속으로 미세플라스틱이 들어오더라도 인간의 세포호흡 과정을 통해 물과 이산화탄소로 분해된 후 배출될 수 있다고 하였으므로 옳은 내용이다.

③ PLA는 사탕수수, 옥수수 등과 같은 식물성 재료로 만든 젖산으로 만들어진다고 하였으므로 옳은 내용이다.

④ PLA는 토양에서 생분해된다고 하였고, PHA는 토양과 해양뿐만 아니라 거의 대부분의 환경에서 생분해된다고 하였으므로 옳은 내용이다.

⑤ PLA의 내열 온도 및 내한 온도는 일반 플라스틱과 유사하고 강도가 강하기 때문에 전자레인지나 식기세척기에 사용된다고 하였으므로 옳은 내용이다.

26 논리추론 정답 ③

고위도 지역에서 발생한 기단은 기온이 낮고, 저위도 지역에서 발생한 기단은 기온이 높으며, 대륙에서 발생한 기단은 건조하고, 해양에서 발생한 기단은 습하다고 하였으므로 고위도 지역의 대륙에 생성되는 기단은 고온 건조하다는 특징이 있다는 것은 옳지 않은 내용이다.

오답 체크

① 우리나라의 계절 중 늦은 봄부터 초여름에 영향력을 행사하는 기단은 한랭 다습한 오호츠크해기단, 봄·가을철에 영향력을 행사하는 기단은 온난 건조한 양쯔강기단이라고 하였으므로 옳은 내용이다.

② 우리나라의 계절 중 여름철에 영향력을 행사하는 기단은 고온 다습한 북태평양기단이 있다고 하였고, 계절별로 특정 기단만이 발생하는 것이 아닌 그 기단의 영향력이 강해지는 것이라고 하였으므로 옳은 내용이다.

④ 기단은 수평적으로는 약 1,000km 이상이고 수직적으로는 수 km 이상인 대규모의 공기 덩어리를 일컫는 말이기 때문에 모든 공기 덩어리를 전부 기단이라고 하지는 않는다고 하였으므로 옳은 내용이다.

⑤ 기단은 고위도나 저위도와 같이 비교적 바람의 영향이 작은 지역에서 형성되는데, 이는 바람의 영향이 강할수록 공기층이 한 지역에 오래 머물 수 없기 때문이라고 하였으므로 옳은 내용이다.

27 논리추론 정답 ③

무르다는 특성으로 인해 구부리고 자르기 용이한 구리는 은 다음으로 열전도율이 높다고 하였으므로 구부리고 자르기 쉬운 구리보다 열전도율이 높은 금속이 없다는 것은 옳지 않은 내용이다.

오답 체크

① 구리가 경제 상황 변화에 민감하게 반응하기 때문에 경기의 회복과 둔화는 변동되는 구리 가격을 통해 예상할 수 있다고 하였으므로 옳은 내용이다.

② 1996년 말 아시아 금융위기, 2008년 글로벌 금융위기 발생 시 구리 선물 가격은 급락했다고 하였으므로 옳은 내용이다.

④ 구리의 수요가 증가해 구리 가격이 상승하게 되면 경기 상승 가능성이 있음을 의미한다고 하였으므로 옳은 내용이다.

⑤ 구리는 지정학적, 정치적 영향을 덜 받기 때문에 실물 경제의 경기 선행 지표로 활용될 수 있다고 하였으므로 옳은 내용이다.

28 논리추론 정답 ④

제시된 글의 필자는 국립공원에 설치된 케이블카는 관광객 유치 및 지역 경제 활성화에 활력을 불어넣을 수 있지만, 케이블카 설치로 인한 자연환경 훼손 및 국립공원의 고유 의미 망각 문제가 더욱 심각해질 것을 고려한다면 국립공원에 케이블카를 설치하는 사업은 중단되어야 한다고 주장하고 있다.

따라서 케이블카가 설치되지 않은 국립공원도 등산객들에 의해 훼손될 수 있으므로 국립공원 보호를 위해서는 등산로 폐쇄 및 케이블카 설치 사업 추진이 더욱 효율적이라는 반박이 타당하다.

29 논리추론 정답 ②

이 글은 상품의 가격이 상승하면 그에 대한 수요량은 줄어들고, 반대로 상품의 가격이 하락하면 그에 대한 수요량이 늘어나는 수요의 법칙을 설명하는 내용의 글이고, <보기>는 재화의 가격이 하락했음에도 불구하고 그에 대한 수요량이 줄어드는 기펜의 역설과 그 사례를 설명하는 내용이다.

따라서 제품의 가격이 떨어지면 그에 대한 수요량은 늘어나는 것이 일반적이지만, 오히려 수요량이 줄어드는 경우도 있음을 알 수 있다.

30 논리추론 정답 ④

이 글은 리스트럭처링의 경우 경제적 부실기업이나 비능률적인 조직의 개선을 위해 기업의 비전 및 목표 점검을 시작으로 전체적인 경영 구조를 바꿔 경제적으로 안정된 상태로 회복하기 위한 전략이라는 내용의 글이고, <보기>는 리엔지니어링의 경우 현재 기업의 경영 전략에 적합한 업무 운영 방식으로 개선해 나가는 전략으로, 단계적으로 천천히 개선하는 방법이 아닌 빠른 속도로 개선이 진행된다는 내용이다.

따라서 기업의 재무 상태 혹은 경영 구조를 재수립하는 데 목적을 두지 않고 기업의 전략에 맞춰 운영 방식을 개선하는 데 목적을 두었다면 리엔지니어링이 적합함을 알 수 있다.

해커스 GSAT 삼성직무적성검사 FINAL 봉투모의고사

기출동형모의고사 4회_고난도

바로 채점 및
성적 분석 서비스

정답

수리

01	02	03	04	05	06	07	08	09	10
응용계산	응용계산	자료해석	자료해석	자료해석	자료해석	자료해석	자료해석	자료해석	자료해석
②	④	②	③	④	⑤	③	②	⑤	⑤
11	12	13	14	15	16	17	18	19	20
자료해석	자료해석	자료해석	자료해석	자료해석	자료해석	자료해석	자료해석	자료해석	자료해석
⑤	④	①	④	①	②	④	⑤	④	③

추리

01	02	03	04	05	06	07	08	09	10
언어추리	언어추리	언어추리	언어추리	언어추리	언어추리	언어추리	언어추리	언어추리	언어추리
④	②	⑤	③	④	①	③	③	②	③
11	12	13	14	15	16	17	18	19	20
언어추리	언어추리	언어추리	언어추리	도형추리	도형추리	도형추리	도식추리	도식추리	도식추리
①	③	②	④	②	③	⑤	①	④	④
21	22	23	24	25	26	27	28	29	30
도식추리	문단배열	문단배열	논리추론	논리추론	논리추론	논리추론	논리추론	논리추론	논리추론
③	①	②	③	②	④	②	②	③	③

취약 유형 분석표

유형별로 맞힌 개수, 틀린 문제 번호와 풀지 못한 문제 번호를 적고 나서 취약한 유형이 무엇인지 파악해 보세요.
취약한 유형은, 틀린 문제 및 풀지 못한 문제를 다시 풀어보면서 확실히 극복하세요.

수리

유형	맞힌 개수	틀린 문제 번호	풀지 못한 문제 번호
응용계산	/2		
자료해석	/18		
TOTAL	**/20**		

추리

유형	맞힌 개수	틀린 문제 번호	풀지 못한 문제 번호
언어추리	/14		
도형추리	/3		
도식추리	/4		
문단배열	/2		
논리추론	/7		
TOTAL	**/30**		

합계

영역	제한 시간 내에 푼 문제 수	정답률
수리	/20	%
추리	/30	%
TOTAL	**/50**	**%**

해설

수리 문제 p.4

01 응용계산 정답 ②

작년 A 팀의 판매실적을 x, B 팀의 판매실적을 y라고 하면
작년 A 팀과 B 팀의 판매실적 합은 3,000만 원이었으므로
$x+y=3{,}000$ … ⓐ
올해 A 팀의 판매실적은 30% 감소하고, B 팀의 판매실적은 5% 증가하여 총 200만 원 감소하였으므로
$-0.3x+0.05y=-200$ … ⓑ
0.3ⓐ + ⓑ에서 $0.35y=700 \rightarrow y=2{,}000$
따라서 올해 B 팀의 판매실적은 2,000 × 1.05 = 2,100만 원이다.

02 응용계산 정답 ④

사건 A가 일어났을 때 사건 B의 조건부 확률 $P(B \mid A)=\frac{P(A \cap B)}{P(A)}$임을 적용하여 구한다.

뽑은 공이 흰색일 확률은 주사위를 던져 4 이하의 숫자가 나와 A 주머니에서 뽑은 공이 흰색이거나 주사위를 던져 5 이상의 숫자가 나와 B 주머니에서 뽑은 공이 흰색일 확률을 모두 고려해야 한다. 주사위를 던져 4 이하의 숫자가 나와 5개의 공이 들어 있는 A 주머니에서 흰색 공을 뽑을 확률은 $\frac{4}{6}\times\frac{3}{5}=\frac{2}{5}$이고, 주사위를 던져 5 이상의 숫자가 나와 4개의 공이 들어 있는 B 주머니에서 흰색 공을 뽑을 확률은 $\frac{2}{6}\times\frac{2}{4}=\frac{1}{6}$이다.

따라서 뽑은 공이 흰색일 때 이 공을 A 주머니에서 뽑았을 확률은 $\frac{\frac{2}{5}}{\frac{2}{5}+\frac{1}{6}}=\frac{\frac{2}{5}}{\frac{17}{30}}=\frac{12}{17}$이다.

03 자료해석 정답 ②

2024년 A 지역과 D 지역의 보험료를 합한 금액은 1분기에 2,911 + 3,360 = 6,271십억 원으로 1분기 전국 보험료의 90%인 7,051 × 0.9 = 6,345.9십억 원을 넘지 않으므로 옳지 않은 설명이다.

오답 체크

① C 지역을 제외한 나머지 지역의 보험료는 3분기에 모두 2분기 대비 감소하였으며, C 지역의 보험료는 4분기에 3분기 대비 감소하였으므로 옳은 설명이다.

③ A 지역의 4분기 보험료는 1분기 대비 3,066 - 2,911 = 155십억 원 증가하였고, D 지역의 4분기 보험료는 1분기 대비 3,572 - 3,360 = 212십억 원 증가하였으며, 나머지 지역의 4분기 보험료는 1분기 대비 100십억 원 미만으로 증가했거나 감소했으므로 옳은 설명이다.

④ 2024년 B 지역의 보험료는 358 + 409 + 378 + 362 = 1,507십억 원으로 2024년 E 지역의 보험료인 349 + 410 + 380 + 366 = 1,505십억 원보다 많으므로 옳은 설명이다.

⑤ 4분기 전국의 보험료는 1분기 대비 {(7,456 - 7,051) / 7,051} × 100 ≒ 5.7% 증가하였으므로 옳은 설명이다.

빠른 문제 풀이 Tip

④ 2024년 B 지역과 E 지역의 분기별 보험료 차이를 비교한다.
2024년 1분기에 B 지역의 보험료는 E 지역의 보험료보다 358 - 349 = 9십억 원 더 많으며, 2024년 2~4분기에 B 지역의 보험료는 E 지역의 보험료보다 (410 - 409) + (380 - 378) + (366 - 362) = 1 + 2 + 4 = 7십억 원 더 적으므로 2024년 B 지역의 보험료가 E 지역의 보험료보다 많음을 알 수 있다.

04 자료해석 정답 ③

2021년 타점의 전년 대비 증가율은 {(70 - 50) / 50} × 100 = 40%로 2022년 타점의 전년 대비 증가율인 {(100 - 70) / 70} × 100 ≒ 43%보다 작으므로 옳은 설명이다.

오답 체크

① OPS = 장타율 + 출루율이며, 장타율과 출루율은 2021년에 가장 높아 OPS가 가장 높은 해는 2021년이므로 옳지 않은 설명이다.

② 득점과 타점의 차이가 108 - 100 = 8점으로 가장 작은 해는 2022년이지만 도루가 가장 많은 해는 2020년이므로 옳지 않은 설명이다.

④ 출전 경기 수가 전년 대비 감소한 2023년에 타율은 전년 대비 증가하였으므로 옳지 않은 설명이다.

⑤ 5개년 삼진 개수의 합은 79 + 68 + 138 + 110 + 88 = 483개로 5개년 볼넷 개수의 합인 45 + 55 + 63 + 43 + 38 = 244개의 두 배인 244 × 2 = 488개보다 적으므로 옳지 않은 설명이다.

05 자료해석 정답 ④

2022년 B 지점의 매출액은 915억 원으로 전체 매출액의 40%인 2,300 × 0.4 = 920억 원보다 작으므로 옳지 않은 설명이다.

오답 체크

① 2021년부터 2024년까지 성장률이 매년 양수인 지점은 C 지점뿐이므로 옳은 설명이다.

② 2024년 B 지점의 매출액은 2022년 B 지점의 매출액의 1,190 / 915 ≒ 1.3배이므로 옳은 설명이다.

③ 2020년 A 지점의 매출액은 791 / (1 + 0.008) ≒ 785억 원으로 2020년 C 지점의 매출액인 337 / (1 + 0.06) ≒ 318억 원보다 크므로 옳은 설명이다.

⑤ D 지점의 성장률이 다른 해에 비해 가장 큰 2023년에 D 지점의 매출액 대비 A 지점의 매출액의 비율은 890 / 277 ≒ 3.2이므로 옳은 설명이다.

빠른 문제 풀이 Tip

③ 2021년 A 지점과 C 지점의 매출액과 성장률의 크기를 비교한다.
2021년 성장률은 A 지점이 C 지점보다 작지만, 매출액은 A 지점이 C 지점보다 크므로 2020년 A 지점의 매출액은 C 지점의 매출액보다 큼을 알 수 있다.

06 자료해석 정답 ⑤

전체 우편물 물량에서 일반통상 물량이 차지하는 비중은
2021년에 (433,587 / 479,721) × 100 ≒ 90.4%,
2022년에 (417,045 / 462,914) × 100 ≒ 90.1%,
2023년에 (392,049 / 440,771) × 100 ≒ 88.9%,
2024년에 (378,230 / 426,336) × 100 ≒ 88.7%로
일반통상 물량이 전체 우편물 물량의 90% 이상을 차지하는 해는 2021년과 2022년이므로 옳은 설명이다.

오답 체크

① 2023년에 특수통상 물량은 전년 대비 감소하였지만, 소포 물량은 전년 대비 증가하였으므로 옳지 않은 설명이다.

② 2021년 일반통상 물량과 소포 물량의 차이는 433,587 - 16,932 = 416,655만 통으로 2022년 일반통상 물량과 소포 물량의 차이인 417,045 - 16,898 = 400,147만 통보다 크므로 옳지 않은 설명이다.

③ 특수통상 물량의 전년 대비 감소량은 2022년에 29,202 - 28,971 = 231만 통, 2023년에 28,971 - 28,394 = 577만 통, 2024년에 28,394 - 28,276 = 118만 통으로, 특수통상 물량의 전년 대비 감소량이 가장 큰 해는 2023년이고, 2023년에 일반통상 물량은 전년 대비 417,045 - 392,049 = 24,996만 통 감소하였으므로 옳지 않은 설명이다.

④ 2023년 특수통상 물량은 소포 물량의 28,394/20,328≒1.4배이므로 옳지 않은 설명이다.

빠른 문제 풀이 Tip

② 연도별 일반통상 물량과 소포 물량의 크기를 비교한다.
매년 일반통상 물량이 소포 물량보다 많으며, 일반통상 물량이 가장 많은 해는 2021년, 두 번째로 많은 해는 2022년이고, 소포 물량이 가장 적은 해는 2022년, 두 번째로 적은 해는 2021년이므로 2021년과 2022년 일반통상 물량과 소포 물량의 차이만 비교하면 차이가 가장 큰 해는 2021년임을 알 수 있다.

⑤ 연도별 전체 우편물 물량의 백의 자리 이하를 버림한 값의 90%와 일반통상 물량을 비교하면 아래와 같다.
2021년 : 479,000 × 0.9 ≒ 431,100 < 433,587
2022년 : 462,000 × 0.9 ≒ 415,800 < 417,045
2023년 : 440,000 × 0.9 ≒ 396,000 > 392,049
2024년 : 426,000 × 0.9 ≒ 383,400 > 378,230
이에 따라 2021년과 2022년만 올림하여 다시 대략적으로 계산하면 2021년은 480,000 × 0.9 ≒ 432,000 < 433,587, 2022년은 463,000 × 0.9 ≒ 416,700 < 417,045이므로 90% 이상을 차지함을 알 수 있다.

07 자료해석 정답 ③

OECD 평균 1인당 소비지출수준 지수가 130이면 2012년 이탈리아의 1인당 소비지출수준 지수는 (95.5 × 130) / 100 = 124.15이므로 옳은 설명이다.

오답 체크

① 2011년 대비 2016년 프랑스의 1인당 소비지출수준 지수는 91.6 - 87.9 = 3.7 감소하였으므로 옳지 않은 설명이다.

② 미국의 1인당 소비지출수준 지수가 가장 높은 2016년과 가장 낮은 2013년의 한국의 1인당 소비지출수준 지수 차이는 69.7 - 69.6 = 0.1이므로 옳지 않은 설명이다.

④ 2011년 영국의 1인당 소비지출수준 지수는 헝가리의 1인당 소비지출수준 지수의 106.3 / 53.7 ≒ 1.98배, 2012년 영국의 1인당 소비지출수준 지수는 헝가리의 1인당 소비지출수준 지수의 107.4 / 53.9 ≒ 1.99배로 2배 미만이므로 옳지 않은 설명이다.

⑤ 1인당 소비지출수준 지수가 두 번째로 높은 국가는 2016년에는 영국, 2014년에는 호주로 서로 다르므로 옳지 않은 설명이다.

08 자료해석 정답 ②

b. D 지역과 E 지역의 전문대 재학생 수는 2023년과 2024년에 동일하고, 나머지 지역의 2024년 전문대 재학생 수는 모두 전년 대비 감소하여 2024년 5개 지역의 전체 전문대 재학생 수는 2023년보다 적으므로 옳지 않은 설명이다.

오답 체크

a. A 지역의 전체 대학교 재학생 수에서 일반대 재학생 수가 차지하는 비중은 2023년에 (502,000 / 560,000) × 100 ≒ 89.6%, 2024년에 (505,000 / 562,000) × 100 ≒ 89.9%이므로 옳은 설명이다.

c. 2024년 전문대 재학생 수가 두 번째로 많은 C 지역의 2024년 전체 대학교 재학생 수는 전년 대비 감소하였으므로 옳은 설명이다.

d. 2024년 D 지역의 전체 대학교 재학생 수에서 교육대 재학생 수가 차지하는 비중은 (1,300/67,000) × 100 ≒ 1.9%이므로 옳은 설명이다.

빠른 문제 풀이 Tip

a. A 지역의 전체 대학교 재학생 수에서 전문대와 교육대의 재학생 수가 차지하는 비중이 10% 이상인지 확인한다.
2023년 A 지역의 전문대 재학생 수는 56,400명으로 A 지역의 전체 대학교 재학생 수의 10%인 56,000명보다 많으므로 2023년 일반대 재학생 수가 차지하는 비중은 90% 미만이고, 2024년 A 지역의 전문대와 교육대 재학생 수는 55,000 + 2,000=57,000명으로 A 지역의 전체 대학교 재학생 수의 10%인 56,200명보다 많으므로 2024년 일반대 재학생 수가 차지하는 비중도 90% 미만임을 알 수 있다.

09 자료해석 정답 ⑤

2024년 기부금액이 가장 많은 연령대는 50세 이상 60세 미만으로 기부인원 1명당 평균 기부금액은 9,800 / 2,800 = 3.5백만 원이다.

[10 - 11]

10 자료해석 정답 ⑤

비은행 예금 취급기관의 주택담보대출 금액이 두 번째로 많은 월은 8월이며, 8월 예금은행의 주택담보대출 금액은 51,924백억 원, 7월 예금은행의 주택담보대출 금액은 51,439백억 원이다.
따라서 8월 예금은행의 주택담보대출 금액은 7월 대비 51,924 - 51,439 = 485백억 원 증가하였다.

11 자료해석 정답 ⑤

7월부터 12월까지 비은행 예금 취급기관의 평균 주택담보대출 금액은 (10,377 + 10,295 + 10,213 + 10,144 + 10,062 + 9,978) / 6 ≒ 10,178.2백억 원이므로 옳지 않은 설명이다.

오답 체크

① 예금은행의 기타대출 금액이 가장 많은 12월에 비은행 예금 취급기관의 기타대출 금액도 가장 많으므로 옳은 설명이다.

② 12월 상호금융의 가계대출 금액의 전월 대비 증가액은 18,852 - 18,804 = 48백억 원으로 12월 신용협동조합의 가계대출 금액의 전월 대비 증가액인 3,566 - 3,556 = 10백억 원보다 많으므로 옳은 설명이다.

③ 8월 비은행 예금 취급기관의 전체 가계대출 금액에서 상호저축은행의 가계대출 금액이 차지하는 비중은 {2,533 / (2,533 + 3,597 + 18,835 + 6,563 + 134)} × 100 ≒ 8.0%이므로 옳은 설명이다.

④ 8월 이후 예금은행의 주택담보대출 금액은 매월 전월 대비 증가하였고, 비은행 예금 취급기관의 주택담보대출 금액은 매월 전월 대비 감소하였으므로 옳은 설명이다.

빠른 문제 풀이 Tip

③ 비은행 예금 취급기관의 전체 가계대출 금액은 첫 번째 자료 [기관별 가계대출 금액]에 제시된 수치를 활용하여 계산 과정을 최소화한다.
8월 비은행 예금 취급기관의 전체 가계대출 금액은 8월 비은행 예금 취급기관의 주택담보대출과 기타대출 금액을 합한 값이므로 10,295 + 21,367 = 31,662백억 원임을 알 수 있다.

⑤ 공통되는 수치를 뺀 값의 평균을 계산한다.
하반기 비은행 예금 취급기관의 주택담보대출 금액에서 10,000백억 원을 뺀 값의 평균을 계산하면 (377 + 295 + 213 + 144 + 62 - 22) / 6 ≒ 178.2백억 원이므로 여기에 10,000백억 원을 다시 더하면 평균은 약 10,178.2백억 원임을 알 수 있다.

[12 - 13]

12 자료해석 정답 ④

a. 각 연도간의 강수량 차이는 봄, 가을, 겨울이 여름에 비해 작아 여름 강수량이 가장 많은 2011년과 그다음으로 많은 2012년, 2010년의 연 강수량만 계산하면, 연 강수량은 2010년에 302.9 + 692.6 + 307.6 + 98.7 = 1,401.8mm, 2011년에 256.9 + 1,053.6 + 225.5 + 45.6 = 1,581.6mm, 2012년에 256.5 + 770.6 + 363.5 + 139.3 = 1,529.9mm로 여름 강수량이 가장 많았던 2011년에 전체 연 강수량도 가장 많았으므로 옳은 설명이다.

b. 봄 강수량이 가장 많았던 해는 2018년이고 2014년 대비 2018년 봄 강수량의 증가량은 368.1 - 215.9 = 152.2mm이므로 옳은 설명이다.

c. 2019년 여름 강수량은 평년 여름 강수량보다 723.2 - 493.0 = 230.2mm 적으므로 옳은 설명이다.

따라서 옳은 것의 개수는 3개이다.

오답 체크

d. 2013년 이후 가을 강수량과 겨울 강수량의 전년 대비 증감 추이는 2015년, 2016년, 2018년에 서로 다르므로 옳지 않은 설명이다.

빠른 문제 풀이 Tip

a. 계절별 강수량 수치를 비교하여 일부 연도만 대략적으로 계산한다.
계절별 강수량을 비교하면 상대적으로 봄, 가을, 겨울에 비해 여름 강수량이 많고, 그 차이 또한 나머지 계절에 비해 크므로 2013~2019년 연 강수량은 나머지 2010~2012년 연 강수량보다 적음을 알 수 있다. 이때 2011년 여름 강수량은 2010년과 2012년 여름 강수량보다 약 280mm 이상 더 크며, 이는 2010년과 2011년 봄, 가을, 겨울 강수량 차이의 근삿값인 (310 - 250) + (310 - 220) + (100 - 40) ≒ 210mm와 2011년과 2012년 봄, 가을, 겨울 강수량 차이의 근삿값인 (260 - 250) + (370 - 220) + (140 - 40) ≒ 260mm보다 크다. 이에 따라 여름 강수량이 가장 많았던 2011년에 전체 연 강수량도 가장 많았음을 알 수 있다.

13 자료해석 정답 ①

a. 2010~2019년 10년 평균 가을 강수량 대비 2019년 가을 강수량의 비율은 448.4 / 302.2 ≒ 1.5로 2.0 미만이므로 옳지 않은 설명이다.

오답 체크

b. 1981년부터 2010년까지 30년간 총 강수량은 1,308.3 × 30 = 39,249mm로 40,000mm 미만이므로 옳은 설명이다.

c. 2015년 봄과 가을 강수량의 합은 223.2 + 247.7 = 470.9mm로, 같은 해 여름과 겨울 강수량의 합인 387.1 + 109.1 = 496.2mm보다 작으므로 옳은 설명이다.

[14 - 15]

14 자료해석 정답 ④

b. 매출액이 50억 원 초과~80억 원 이하인 제조업의 2024년 C 직군 입직인원수는 매출액이 50억 원 초과~80억 원 이하인 제조업의 A 직군, B 직군, D 직군 총 입직인원수의 22,687 / (4,358 + 1,262 + 1,140) ≒ 3.4배이므로 옳지 않은 설명이다.

c. 매출액이 500억 원 초과~1,500억 원 이하인 제조업의 2024년 C 직군 입직률은 (12,229 / 82,212) × 100 ≒ 14.9%이므로 옳지 않은 설명이다.

오답 체크

a. 모든 매출액 규모에서 2023년 B 직군 인원수가 D 직군 인원수보다 많으므로 옳은 설명이다.

15 자료해석 정답 ①

a. 제시된 직군 모두 매출액이 5억 원 초과~120억 원 이하인 제조업의 2024년 입직인원수가 매출액이 120억 원 초과~1,500억 원 이하인 제조업의 2024년 입직인원수보다 많으므로 옳은 설명이다.

오답 체크

b. 매출액이 120억 원 초과~200억 원 이하인 제조업의 2024년 입직률은 A 직군이 (4,363 / 50,123) × 100 ≒ 8.7%, C 직군이 (23,095 / 120,612) × 100 ≒ 19.1%로 A 직군이 C 직군보다 작으므로 옳지 않은 설명이다.

c. D 직군의 2023년 인원수는 매출액이 5억 원 초과~20억 원 이하인 제조업이 매출액이 20억 원 초과~50억 원 이하인 제조업보다 적으므로 옳지 않은 설명이다.

[16 - 17]

16 자료해석 정답 ②

b. 2021년 이후 A 회사의 화장품 수입액의 전년 대비 변화량이 가장 작은 해는 전년 대비 1,088 - 1,080 = 8만 달러 감소한 2022년이므로 옳지 않은 설명이다.

오답 체크

a. 2021년 이후 A 회사의 화장품 수출액은 매년 전년 대비 증가하였으므로 옳은 설명이다.

c. 제시된 기간 중 A 회사의 화장품 수입액과 수출액의 차이가 가장 큰 해는 6,260 - 1,290 = 4,970만 달러 차이 나는 2024년이므로 옳은 설명이다.

17 자료해석 정답 ④

2020년 A 회사의 수입액과 수출액의 합은 1,160 + 1,740 = 2,900만 달러이고, 이 중 수출액은 1,740만 달러이다.
따라서 2020년 A 회사의 수입액과 수출액의 합에서 수출액이 차지하는 비중은 (1,740 / 2,900) × 100 = 60%이다.

18 자료해석 문제 정답 ⑤

실효 이자율 = $\frac{a \times \text{명목 이자율} \times \text{지불 횟수}}{\text{지불 횟수} + 1} + b$임을 적용하여 구한다.

A 대출금의 지불 횟수는 24회, 명목 이자율은 0.05, 실효 이자율은 0.1이므로

$0.1 = \frac{a \times 0.05 \times 24}{24 + 1} + b \rightarrow 0.048a + b = 0.1$ … ⓐ

B 대출금의 지불 횟수는 10회, 명목 이자율은 0.022, 실효 이자율은 0.044이므로

$0.044 = \frac{a \times 0.022 \times 10}{10 + 1} + b \rightarrow 0.02a + b = 0.044$ … ⓑ

ⓐ - ⓑ에서 $0.028a = 0.056 \rightarrow a = 2$

이를 ⓐ에 대입하면 $0.048 \times 2 + b = 0.1 \rightarrow b = 0.004$

따라서 a는 2, b는 0.004인 ⑤가 정답이다.

19 자료해석 문제 정답 ④

Z 회사의 연구원 1명당 평균 연구비를 계산하면 다음과 같다.

구분	연구원 1명당 평균 연구비
2018년	4,800 / 320 = 15만 원
2019년	8,400 / 420 = 20만 원
2020년	5,400 / 300 = 18만 원
2021년	6,000 / 240 = 25만 원
2022년	7,000 / 350 = 20만 원

따라서 연도별 Z 회사의 연구원 1명당 평균 연구비가 일치하는 ④가 정답이다.

20 자료해석 정답 ③

A 도서의 30초 노출 시 누적 판매량은 10초와 20초 노출 시 누적 판매량의 합인 300 + 400 = 700권이고, 40초 노출 시 누적 판매량은 20초와 30초 노출 시 누적 판매량의 합인 400 + 700 = 1,100권이므로 A 도서의 누적 판매량은 30초 노출 시부터 10초 전 누적 판매량과 20초 전 누적 판매량의 합임을 알 수 있다.
또한, B 도서의 누적 판매량은 노출 시간이 10초 증가할 때마다 누적 판매량이 2배씩 증가함을 알 수 있다.
이에 따라 드라마 노출 시간이 60초 이후부터 A 도서와 B 도서의 누적 판매량을 계산하면 다음과 같다.

구분	A 도서	B 도서
60초	1,100 + 1,800 = 2,900	2,880 × 2 = 5,760
70초	1,800 + 2,900 = 4,700	5,760 × 2 = 11,520
80초	2,900 + 4,700 = 7,600	11,520 × 2 = 23,040

따라서 B 도서 누적 판매량이 처음으로 A 도서 누적 판매량의 3배 이상이 되는 드라마 노출 시간은 80초이다.

추리 문제 p.18

01 언어추리 정답 ④

팥을 좋아하는 모든 사람이 사탕을 좋아하고, 팥을 좋아하는 어떤 사람이 두부를 먹으면 사탕을 좋아하면서 두부를 먹는 사람이 반드시 존재하게 된다.
따라서 '사탕을 좋아하는 어떤 사람은 두부를 먹는다.'가 타당한 결론이다.

오답 체크

팥을 좋아하는 사람을 '팥', 사탕을 좋아하는 사람을 '사', 두부를 먹는 사람을 '두'라고 하면

① 두부를 먹는 사람 중에 사탕을 좋아하지 않는 사람이 있을 수도 있으므로 반드시 참인 결론은 아니다.

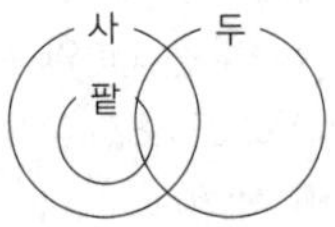

② 두부를 먹는 모든 사람이 사탕을 좋아할 수도 있으므로 반드시 참인 결론은 아니다.

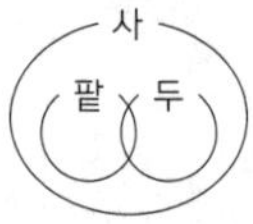

③ 사탕을 좋아하는 사람 중에 두부를 먹지 않는 사람이 있을 수도 있으므로 반드시 참인 결론은 아니다.

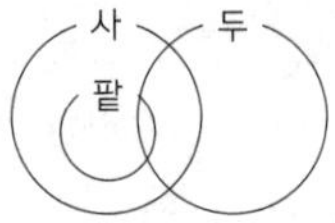

⑤ 사탕을 좋아하는 모든 사람이 두부를 먹을 수도 있으므로 반드시 참인 결론은 아니다.

02 언어추리 정답 ②

등산을 잘하는 모든 사람이 낚시를 잘하지 못하고, 바다를 좋아하는 모든 사람이 낚시를 잘하면 바다를 좋아하지 않는 사람 중에 등산을 잘하는 사람이 반드시 존재하게 된다.
따라서 '바다를 좋아하지 않는 어떤 사람은 등산을 잘한다.'가 타당한 결론이다.

오답 체크

바다를 좋아하는 사람을 '바', 낚시를 잘하는 사람을 '낚', 등산을 잘하는 사람을 '등'이라고 하면

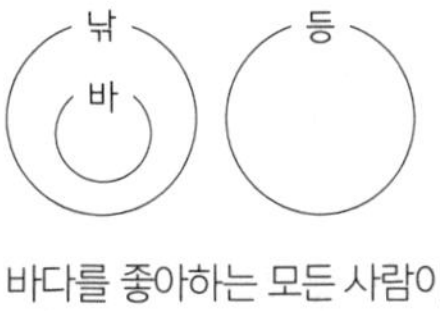

① 바다를 좋아하는 모든 사람이 등산을 잘하지 못하므로 반드시 거짓인 결론이다.

③ 등산을 잘하는 모든 사람이 바다를 좋아하지 않으므로 반드시 거짓인 결론이다.

④ 등산을 잘하지 못하는 사람 중에 바다를 좋아하지 않는 사람이 있을 수도 있으므로 반드시 참인 결론은 아니다.

⑤ 등산을 잘하지 못하는 사람 중에 바다를 좋아하는 사람이 적어도 한 명 존재하므로 반드시 거짓인 결론이다.

03 언어추리 정답 ⑤

비가 오는 어떤 날에 구름이 있고, 구름이 있는 모든 날에 기온이 떨어지면 기온이 떨어지는 날 중에 비가 오는 날이 반드시 존재하게 된다.
따라서 '구름이 있는 모든 날은 기온이 떨어진다.'가 타당한 전제이다.

오답 체크

비가 오는 날을 '비', 구름이 있는 날을 '구', 기온이 떨어지는 날을 '기'라고 하면

① 비가 오는 어떤 날에 구름이 있고, 기온이 떨어지는 모든 날에 구름이 없다면 기온이 떨어지는 모든 날은 비가 오지 않을 수도 있으므로 결론이 반드시 참이 되게 하는 전제가 아니다.

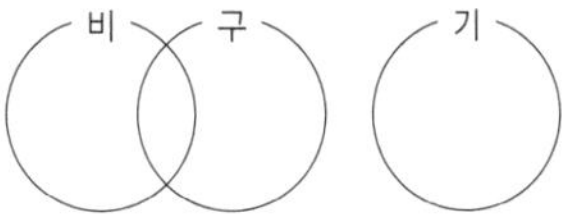

② 비가 오는 어떤 날에 구름이 있고, 기온이 떨어지는 모든 날에 구름이 있다면 기온이 떨어지는 모든 날은 비가 오지 않을 수도 있으므로 결론이 반드시 참이 되게 하는 전제가 아니다.

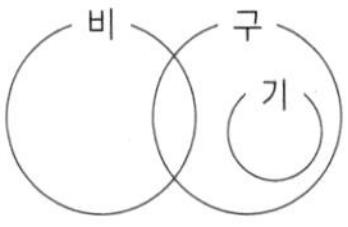

③, ④ 비가 오는 어떤 날에 구름이 있고, 구름이 있는 어떤 날에 기온이 떨어지지 않거나 기온이 떨어지면 기온이 떨어지는 모든 날은 비가 오지 않을 수도 있으므로 결론이 반드시 참이 되게 하는 전제가 아니다.

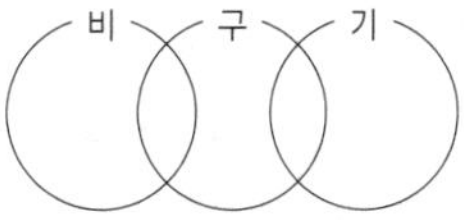

04 언어추리 정답 ③

제시된 조건에 따르면 영주와 도균이는 같은 층에 거주하고 영주는 현우보다 2층 위에 거주하며, 재호보다 아래층에 거주하는 사람은 없고 다은이는 영주보다 위층에 거주하므로 현우가 2층 또는 3층에 거주한다. 현우가 3층에 거주하면 영주와 도균이는 5층, 다은이는 6층에 거주하고, 현주와 장미가 거주하는 층 사이에 거주하는 사람은 현우뿐이므로, 2층과 4층에 현주 또는 장미가 거주한다. 이때 재호는 1층 또는 2층에 거주하므로 규빈이와 같은 층에 거주하는 사람이 반드시 존재하게 되지만, 이는 규빈이와 같은 층에 거주하는 사람이 없다는 조건에 모순되므로 현우는 2층에 거주함을 알 수 있다.

6층	다은 또는 규빈
5층	다은 또는 규빈
4층	영주, 도균
3층	현주 또는 장미
2층	현우
1층	재호, 현주 또는 장미

따라서 현우는 2층에 거주하므로 항상 거짓인 설명이다.

오답 체크

① 다은이는 5층 또는 6층에 거주하므로 항상 거짓인 설명은 아니다.

② 규빈이는 5층 또는 6층에 거주하므로 항상 거짓인 설명은 아니다.

④ 재호는 1층, 현주는 1층 또는 3층에 거주하므로 항상 거짓인 설명은 아니다.

⑤ 영주보다 위층에 거주하는 사람은 다은이와 규빈이 총 2명이므로 항상 참인 설명이다.

05 언어추리 정답 ④

제시된 조건에 따르면 지아, 경아, 미아, 현호, 민서, 경호는 칠판을 바라보고 앉으며, 지아와 경아는 1행에 앉지 않으므로 2행 또는 3행에 앉는다. 이때 경아는 현호의 옆자리에 앉지 않고 현호는 3행에 앉으며, 경호는 미아의 바로 뒷자리에 앉으므로 3행에는 지아와 현호가 앉고 2행에는 경아와 경호가 앉으며, 1행에는 미아와 민서가 앉음을 알 수 있다.

1행	미아 또는 민서	미아 또는 민서
2행	경아 또는 경호	경아 또는 경호
3행	지아 또는 **현호**	지아 또는 **현호**

따라서 같은 행에 앉을 수 있는 사람은 경아, 경호이다.

06 언어추리 정답 ①

제시된 조건에 따르면 A, B, C, D는 월요일, 화요일, 수요일 3일 동안 하루에 1곳씩 모든 출장지로 출장을 가야 하며, 각 출장지에는 하루에 최대 2명이 출장을 갈 수 있다. 또한, B는 월요일에 서울로 출장을 가므로 화요일과 수요일에 각각 대전 또는 부산으로 출장을 가고, D가 수요일에 가는 출장지는 부산이 아니므로 서울 또는 대전이며, C는 3곳 모두 혼자 출장을 간다. 이때 A와 D는 함께 대전으로 출장을 가므로 A와 D가 대전으로 출장을 가는 요일에 따라 가능한 경우는 아래와 같다.

경우 1. A와 D가 월요일에 대전으로 출장을 가는 경우

구분	월요일	화요일	수요일
A	대전	부산	서울
B	서울	대전	부산
C	부산	서울	대전
D	대전	부산	서울

경우 2. A와 D가 화요일에 대전으로 출장을 가는 경우

구분	월요일	화요일	수요일
A	부산	대전	서울
B	서울	부산	대전
C	대전	서울	부산
D	부산	대전	서울

경우 3. A와 D가 수요일에 대전으로 출장을 가는 경우

구분	월요일	화요일	수요일
A	부산	서울	대전
B	서울	대전	부산
C	대전	부산	서울
D	부산	서울	대전

따라서 A와 B는 3일 동안 모두 다른 출장지로 출장을 가므로 항상 참인 설명이다.

오답 체크

② A와 D가 함께 가는 출장지는 서울, 대전, 부산 3곳이므로 항상 거짓인 설명이다.

③ C는 월요일에 대전 또는 부산으로 출장을 가므로 항상 참인 설명은 아니다.

④ B는 수요일에 대전 또는 부산으로 출장을 가므로 항상 참인 설명은 아니다.

⑤ B와 D가 함께 가는 출장지는 없으므로 항상 거짓인 설명이다.

07 언어추리 정답 ③

제시된 조건에 따르면 자신보다 카드를 늦게 선택한 사람의 카드만 볼 수 있고, 자신이 승리할 것을 예측할 수 있는 사람은 혜주뿐이므로 혜주는 첫 번째로 카드를 선택했고 게임에서 이겼음을 알 수 있다. 또한, 은서는 세 번째로 카드를 선택했으며, 선택한 카드는 바위가 아니므로 가위 또는 보이다. 이때 게임은 단판으로 승패가 결정되었고 이긴 사람은 총 2명이며, 은주와 혜미는 서로 다른 카드를 선택했으므로 은주와 혜미 둘 중 한 명은 게임에서 이겼고, 다른 한 명은 졌다. 이에 따라 은서는 게임에서 졌으므로 은서가 선택한 카드에 따라 가능한 경우는 아래와 같다.

경우 1. 은서가 가위를 선택한 경우

은서	혜주	은주	혜미
세 번째	첫 번째	두 번째 또는 네 번째	두 번째 또는 네 번째
가위	바위	가위 또는 바위	가위 또는 바위

경우 2. 은서가 보를 선택한 경우

은서	혜주	은주	혜미
세 번째	첫 번째	두 번째 또는 네 번째	두 번째 또는 네 번째
보	가위	가위 또는 보	가위 또는 보

따라서 은서는 게임에서 졌으므로 항상 거짓인 설명이다.

오답 체크

① 혜주는 가위 또는 바위 카드를 선택했으므로 항상 거짓인 설명은 아니다.

② 은주는 두 번째 또는 네 번째로 카드를 선택했으므로 항상 거짓인 설명은 아니다.

④ 혜미는 가위 또는 바위 또는 보 카드를 선택했으므로 항상 거짓인 설명은 아니다.

⑤ 은주가 두 번째로 카드를 선택했으면 혜미는 네 번째로 카드를 선택했고, 은주가 네 번째로 카드를 선택했으면 혜미는 두 번째로 카드를 선택했으므로 항상 거짓인 설명은 아니다.

빠른 문제 풀이 Tip

③ 모든 경우의 수를 고려하지 않고 참/거짓을 판단할 수 있는지 먼저 확인한다.
게임은 단판으로 승패가 결정되었고 이긴 사람은 총 2명이며, 혜주만 자신이 승리할 것을 예측하였으므로 게임에서 이긴 사람은 혜주를 포함하여 총 2명이다. 이때 은주와 혜미가 서로 다른 카드를 선택함에 따라 은주와 혜미 둘 중 1명은 게임에서 이겼으므로 은서는 게임에서 졌음을 알 수 있다.

08 언어추리 정답 ③

제시된 조건에 따르면 B가 가장 먼저 피자를 주문하였고, A가 주문한 피자는 치즈피자가 아니며, 불고기피자 바로 다음으로 주문된 피자는 파인애플피자이므로 불고기피자가 주문된 순서에 따라 가능한 경우는 다음과 같다.

경우 1. 불고기피자가 첫 번째 순서로 주문된 경우

주문 순서	첫 번째	두 번째	세 번째
사람	B	A	C
피자	불고기피자	파인애플피자	치즈피자

경우 2. 불고기피자가 두 번째 순서로 주문된 경우

주문 순서	첫 번째	두 번째	세 번째
사람	B	A 또는 C	A 또는 C
피자	치즈피자	불고기피자	파인애플피자

따라서 B는 불고기 또는 치즈피자를 주문하였으므로 항상 거짓인 설명이다.

오답 체크

① A는 두 번째 또는 세 번째 순서로 피자를 주문하였으므로 항상 거짓인 설명은 아니다.

② C는 A 또는 B 바로 다음 순서로 피자를 주문하였으므로 항상 거짓인 설명은 아니다.

④ 불고기피자를 주문한 사람이 A이면, C는 세 번째 순서로 피자를 주문하였으므로 항상 참인 설명이다.

⑤ B가 치즈피자를 주문하였다면, 가능한 경우의 수는 2가지이므로 항상 참인 설명이다.

09 언어추리 정답 ②

제시된 조건에 따르면 D는 3명으로 구성된 조에서 스터디를 하고, C는 D와 서로 다른 시간에 스터디를 하므로 C는 2명으로 구성된 조에서 스터디를 한다. 또한, C는 G와 다른 조이고, A와 B는 같은 시간에 스터디를 하므로 A와 B가 속한 조에 따라 가능한 경우는 아래와 같다.

경우 1. A와 B가 3명으로 구성된 조에 속하는 경우

3명	2명	2명
A, B, D	C, E 또는 F	G, E 또는 F

경우 2. A와 B가 2명으로 구성된 조에 속하는 경우

3명	2명	2명
D, G, E 또는 F	A, B	C, E 또는 F

따라서 E와 F는 다른 조이므로 항상 거짓인 설명이다.

오답 체크

① C는 E 또는 F와 같은 조이므로 항상 거짓인 설명은 아니다.

③, ④ E와 F는 2명 또는 3명으로 구성된 조에 속하므로 항상 거짓인 설명은 아니다.

⑤ D는 3명, G는 2명 또는 3명으로 구성된 조에 속하므로 항상 거짓인 설명은 아니다.

10 언어추리 정답 ③

제시된 조건에 따르면 주간 회의가 진행되는 수요일에는 아무도 출장을 가지 않으며, B 팀장은 화요일에 출장을 가고 A 부장은 토요일에 출장을 가지 않으므로 토요일에 출장을 갈 수 있는 사람은 C 대리 또는 D 사원이다. 이때 C 대리는 D 사원보다 먼저 출장을 가므로 토요일에 D 사원만 출장을 가거나 아무도 출장을 가지 않는다. A 부장이 출장을 가는 요일에 따라 가능한 경우는 아래와 같다.

경우 1. A 부장이 월요일에 출장을 가는 경우

월	화	수	목	금	토
A	B	X	C	D	X
A	B	X	C	X	D
A	B	X	X	C	D

경우 2. A 부장이 목요일에 출장을 가는 경우

월	화	수	목	금	토
C	B	X	A	D	X
C	B	X	A	X	D
X	B	X	A	C	D

경우 3. A 부장이 금요일에 출장을 가는 경우

월	화	수	목	금	토
C	B	X	D	A	X
C	B	X	X	A	D
X	B	X	C	A	D

따라서 토요일에는 D 사원이 출장을 가거나 아무도 출장을 가지 않으므로 항상 참인 설명이다.

오답 체크

① A 부장이 월요일 또는 목요일에 출장을 가면 D 사원이 금요일 또는 토요일에 출장을 가고, A 부장이 금요일에 출장을 가면 D 사원이 목요일 또는 토요일에 출장을 가므로 항상 참인 설명은 아니다.

② A 부장은 월요일 또는 목요일 또는 금요일에 출장을 가므로 항상 참인 설명은 아니다.

④ 금요일에는 A 부장 또는 C 대리 또는 D 사원이 출장을 가거나 아무도 출장을 가지 않으므로 항상 참인 설명은 아니다.

⑤ 주간 회의는 수요일에 진행되며 D 사원은 목요일 또는 금요일 또는 토요일에 출장을 가므로 항상 참인 설명은 아니다.

11 언어추리 정답 ①

제시된 조건에 따르면 병은 영국으로 여행을 가고, 정과 기는 같은 나라로 여행을 가며, 을은 유럽인 프랑스, 영국, 독일로 여행을 가지 않으므로 을은 일본 또는 미국으로 여행을 간다. 을이 여행을 가는 나라에 따라 가능한 경우는 아래와 같다.

경우 1. 을이 일본으로 여행을 가는 경우

일본	미국	프랑스	영국	독일
을	정, 기	갑 또는 무	병	갑 또는 무
을	갑 또는 무	정, 기	병	갑 또는 무
을	갑 또는 무	갑 또는 무	병	정, 기

경우 2. 을이 미국으로 여행을 가는 경우

일본	미국	프랑스	영국	독일
정, 기	을	갑 또는 무	병	갑 또는 무
갑 또는 무	을	정, 기	병	갑 또는 무
갑 또는 무	을	갑 또는 무	병	정, 기

따라서 정이 유럽으로 여행을 가지 않으면, 무는 프랑스 또는 독일로 여행을 가므로 항상 거짓인 설명이다.

오답 체크

② 갑은 일본 또는 미국 또는 프랑스 또는 독일로 여행을 가므로 항상 거짓인 설명은 아니다.

③ 병은 영국으로 여행을 가며, 기는 일본 또는 미국 또는 프랑스 또는 독일로 여행을 가므로 항상 거짓인 설명은 아니다.

④ 을이 미국으로 여행을 가면, 무는 일본 또는 프랑스 또는 독일로 여행을 가므로 항상 거짓인 설명은 아니다.

⑤ 무가 일본으로 여행을 가면, 갑은 프랑스 또는 독일로 여행을 가므로 항상 참인 설명이다.

빠른 문제 풀이 Tip

① 모든 경우의 수를 고려하지 않고 참/거짓을 판단할 수 있는지 먼저 확인한다.
을은 유럽으로 여행을 가지 않으므로 일본 또는 미국으로 여행을 간다. 이때 정도 유럽으로 여행을 가지 않으면, 일본 또는 미국으로 여행을 가므로 무는 반드시 유럽으로 여행을 감을 알 수 있다.

12 언어추리 정답 ③

제시된 조건에 따르면 A, B, C, D는 각각 다른 종류의 2가지 물건을 구매하였고, A와 C는 가위를 구매하였으며 연필을 구매하지 않은 사람은 C뿐이므로 A, B, D는 연필을 구매하였다. 또한, 아무도 구매하지 않은 물건은 없고, 풀을 구매한 사람 수보다 지우개를 구매한 사람 수가 더 많으므로 지우개를 구매한 사람은 2명, 풀을 구매한 사람은 1명이다. 이때 C는 풀을 구매하지 않았으므로 지우개를 구매하였음을 알 수 있다.

A	B	C	D
연필, 가위	연필, 지우개 또는 풀	지우개, 가위	연필, 지우개 또는 풀

따라서 C는 지우개를 구매하였으므로 항상 참인 설명이다.

오답 체크

① A는 연필과 가위를 구매하였고, B는 연필과 지우개 또는 풀을 구매하였으므로 항상 거짓인 설명이다.

② D는 연필과 지우개 또는 풀을 구매하였으므로 항상 참인 설명은 아니다.

④ 지우개를 구매한 사람은 C와 B 또는 D로 2명이므로 항상 거짓인 설명이다.

⑤ C는 지우개와 가위를 구매하였고, D는 연필과 지우개 또는 풀을 구매하였으므로 항상 참인 설명은 아니다.

13 언어추리 정답 ②

제시된 조건에 따르면 A와 B는 바로 옆자리에 앉고, C는 D의 바로 옆자리에 앉으며 D는 어린이 바로 옆에 앉지 않으므로 D의 바로 옆자리에는 C와 A 또는 B가 앉는다. D를 기준으로 C가 앉는 위치에 따라 가능한 경우는 다음과 같다.

경우 1. C가 D의 바로 왼쪽에 앉는 경우

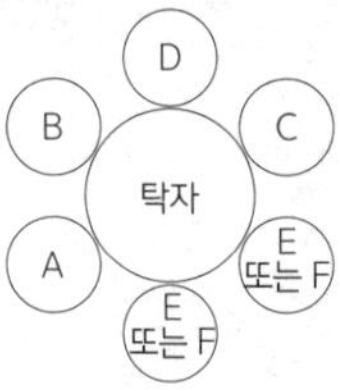

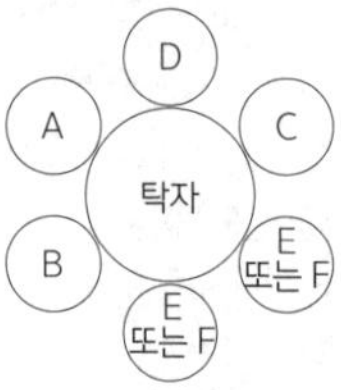

경우 2. C가 D의 바로 오른쪽에 앉는 경우

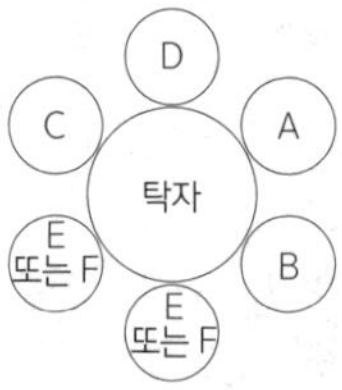

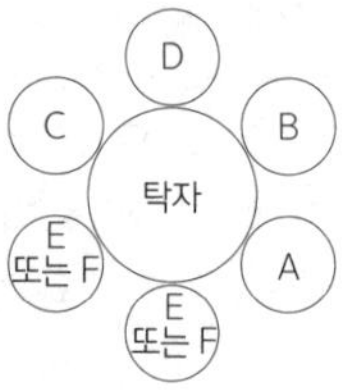

따라서 C의 양옆에는 어른인 D와 어린이인 E 또는 F가 앉으므로 항상 거짓인 설명이다.

오답 체크

① A의 양옆에는 어른인 B와 D가 앉거나 어른인 B와 어린이인 E 또는 F가 앉으므로 항상 거짓인 설명은 아니다.

③ D의 바로 옆자리에 C와 A 또는 B가 앉으므로 항상 거짓인 설명은 아니다.

④ A와 마주 보고 앉는 사람은 C 또는 E 또는 F이므로 항상 거짓인 설명은 아니다.

⑤ C와 마주 보고 앉는 사람은 A 또는 B이므로 항상 참인 설명이다.

빠른 문제 풀이 Tip

② 모든 경우의 수를 고려하지 않고 참/거짓을 판단할 수 있는지 먼저 확인한다.
D는 어린이 바로 옆에 앉지 않으므로 D의 양옆에는 어른이 앉는다. 이때 A와 B는 바로 옆자리에 앉아 C - D - A - B 순으로 앉거나 C - D - B - A 순으로 앉게 되어 나머지 두 자리에는 어린이가 앉으므로 C의 양옆에는 어른인 D와 어린이인 E 또는 F가 앉음을 알 수 있다.

14 언어추리 정답 ④

제시된 조건에 따르면 5명은 서로 다른 동호회에 가입하고, 민규는 바둑 또는 볼링 동호회에 가입하며, 볼링 동호회에 가입하는 사람은 성지이므로 민규는 바둑 동호회에 가입한다. 이때 성호는 댄스 동호회에 가입하지 않고, 탁구 동호회에 가입하는 사람은 성규 또는 지희이므로 성호는 수영 동호회, 성규와 지희는 댄스 또는 탁구 동호회에 가입함을 알 수 있다.

민규	성규	지희	성지	성호
바둑	댄스 또는 탁구	댄스 또는 탁구	볼링	수영

따라서 성호는 수영 동호회에 가입하므로 항상 참인 설명이다.

오답 체크

① 지희는 댄스 또는 탁구 동호회에 가입하므로 항상 참인 설명은 아니다.
② 댄스 동호회에 가입할 수 있는 사람은 성규, 지희 2명이므로 항상 거짓인 설명이다.
③ 성규는 댄스 또는 탁구 동호회에 가입하므로 항상 참인 설명은 아니다.
⑤ 5명이 동호회에 가입하는 경우의 수는 2가지이므로 항상 거짓인 설명이다.

15 도형추리 정답 ②

각 행에서 3열에 제시된 도형은 1열과 2열에 제시된 도형에서 공통되는 음영을 색칠한 형태이다.

[2행 1열] [2행 2열] **[2행 3열]**

따라서 '?'에 해당하는 도형은 ②이다.

16 도형추리 정답 ③

각 열에서 다음 행에 제시된 도형은 이전 행에 제시된 도형을 반시계 방향으로 90° 회전한 후, 내부 도형의 1열과 2열의 위치를 바꾼 형태이다.

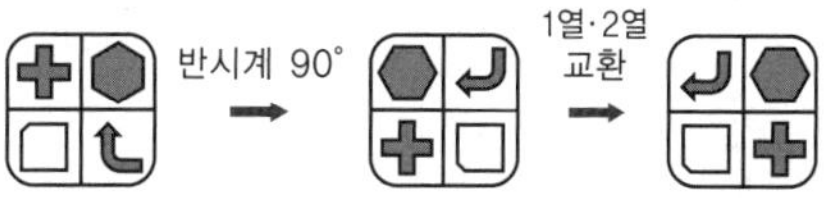

[2행 3열] **[3행 3열]**

따라서 '?'에 해당하는 도형은 ③이다.

빠른 문제 풀이 Tip

각 열에서 다음 행에 제시된 도형은 이전 행에 제시된 도형을 반시계 방향으로 90° 회전하면서 내부 도형의 1열과 2열의 위치가 바뀌므로 1행에 제시된 도형과 3행에 제시된 도형의 내부 도형 위치는 동일하고 각 내부 도형이 180° 회전한 형태이다.
이에 따라 '?'에 해당하는 도형은 3행에 위치하므로 1행에 제시된 도형의 각 내부 도형이 동일한 위치에서 180° 회전한 형태임을 알 수 있다.

17 도형추리 정답 ⑤

각 행에서 다음 열에 제시된 도형은 이전 열에 제시된 도형을 시계 방향으로 90° 회전하면서 색반전한 형태이다.

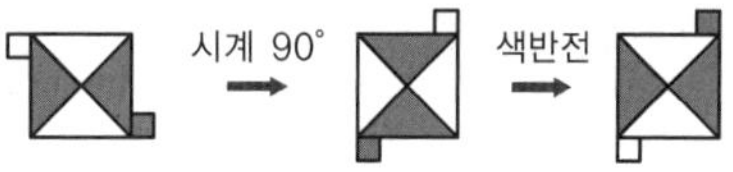

[3행 1열] **[3행 2열]**

따라서 '?'에 해당하는 도형은 ⑤이다.

[18-21]

▲: 문자와 숫자 순서에 따라 첫 번째 문자(숫자)를 다음 두 번째 순서에 오는 문자(숫자)로, 두 번째 문자(숫자)를 바로 이전 순서에 오는 문자(숫자)로, 세 번째 문자(숫자)를 이전 네 번째 순서에 오는 문자(숫자)로, 네 번째 문자(숫자)를 다음 세 번째 순서에 오는 문자(숫자)로 변경한다.
ex. abcd → cayg (a+2, b−1, c−4, d+3)

○: 첫 번째 문자(숫자)를 네 번째 자리로, 두 번째 문자(숫자)를 세 번째 자리로, 세 번째 문자(숫자)를 첫 번째 자리로, 네 번째 문자(숫자)를 두 번째 자리로 이동시킨다.
ex. abcd → cdba

★: 문자와 숫자 순서에 따라 첫 번째 문자(숫자)를 바로 다음 순서에 오는 문자(숫자)로, 두 번째 문자(숫자)를 다음 세 번째 순서에 오는 문자(숫자)로, 세 번째 문자(숫자)를 이전 세 번째 순서에 오는 문자(숫자)로, 네 번째 문자(숫자)를 바로 이전 순서에 오는 문자(숫자)로 변경한다.
ex. abcd → bezc (a+1, b+3, c−3, d−1)

□: 첫 번째, 세 번째 문자(숫자)의 자리를 서로 바꾼다.
ex. abcd → cbad

18 도식추리 정답 ①

CV49 → ○ → 49VC → □ → V94C

19 도식추리 정답 ④

7EA2 → ▲ → 9DW5 → ○ → W5D9 → ★ → X8A8

20 도식추리 정답 ④

M4Q5 → ★ → N7N4 → ▲ → P6J7

빠른 문제 풀이 Tip

제시된 기호의 규칙을 먼저 한번에 계산한다.
★ 규칙은 (+1, +3, −3, −1)이고, ▲ 규칙은 (+2, −1, −4, +3)이므로 ★, ▲ 순으로 규칙을 적용하면 규칙은 (+3, +2, −7, +2)와 같다. 이에 따라 역방향으로 규칙이 적용되어야 하는 점을 고려하여 P6J7에 (−3, −2, +7, −2)를 적용하면 (P−3, 6−2, J+7, 7−2)이며, 선택지의 숫자 배열이 모두 다르므로 계산이 간단한 숫자 부분만 계산하면 '△4△5'인 ④가 정답임을 알 수 있다.

21 도식추리 정답 ③

GF86 → □ → 8FG6 → ★ → 9ID5 → ○ → D5I9

22 문단배열 정답 ①

이 글은 전기 자동차의 역사적 발전 과정과 현대적 부활에 대해 설명하는 글이다.
따라서 '(A) 전기 자동차의 현대적 중요성과 초기 자동차 시장 우위 선점 → (C) 전기 자동차 개발의 역사적 발전 → (B) 전기 자동차가 내연기관에 밀린 이유 → (D) 환경 문제로 인한 전기 자동차의 부활' 순으로 연결되어야 한다.

23 문단배열 정답 ②

이 글은 운영체제의 개념과 역사적 발전을 설명하고, 유닉스 운영체제의 등장 및 영향력에 대해 설명하는 글이다.
따라서 '(B) 운영체제의 정의와 기능 → (C) 운영체제의 초기 개발 역사 → (A) 유닉스 운영체제의 등장과 중요성 → (D) C언어 도입으로 인한 유닉스의 영향력' 순으로 연결되어야 한다.

24 논리추론 정답 ③

안개가 자욱한 날씨에는 할로겐램프가 달린 자동차 전조등만으로는 충분한 시야를 확보하는 것이 쉽지 않아 할로겐램프가 달린 자동차에는 이러한 부분을 보완하기 위해 대부분 안개등이 장착되어 있었다고 하였으므로 안개가 짙은 날에는 할로겐램프가 부착된 자동차 전조등을 이용하여 시야를 확보해야 한다는 것은 옳지 않은 내용이다.

오답 체크

① LED램프는 할로겐램프, 프로젝션램프, HID램프 순으로 뒤이어 개발된 헤드램프라고 하였으므로 옳은 내용이다.

② 할로겐램프는 백열등에 비해 상대적으로 수명이 길다고 하였으므로 옳은 내용이다.

④ LED램프는 고압 전류로 방전시킨 제논 가스로 생성한 플라스마를 광원으로 사용하는 등 HID램프의 장점을 포함했다고 하였으므로 옳은 내용이다.

⑤ 할로겐램프의 전구 안에서 나온 빛이 램프 안에 설치되어 있는 반사판을 통해 한쪽으로 뻗어나가 앞을 비추며, 구조적 특성상 반사판 전체를 움직여야 해서 램프의 조사각 범위가 좁다고 하였으므로 옳은 내용이다.

25 논리추론 정답 ②

피에조 분사방식은 전기적 신호로 인해 피에조 플레이트가 휘어질 때 발생한 진동이 잉크를 밀어내는데, 이때 적은 용량의 잉크도 조절하여 분사하기 용이하다고 하였으므로 피에조 플레이트가 휘어지면서 발생하는 진동이 잉크의 양 조절을 어렵게 한다는 것은 옳지 않은 내용이다.

오답 체크

① 잉크젯 프린터는 잉크를 보관하는 챔버를 가열하거나 챔버에 전기적 신호를 흘려보냄으로써 잉크 방울을 고속 분사하는데, 분사방식은 프린터 제조사마다 조금씩 다르다고 하였으므로 옳은 내용이다.

③ 서멀젯 분사방식은 분사 노즐에 결합된 저항체를 가열하고, 가열된 저항체가 잉크를 분사하는 원리로 작동한다고 하였고, 버블젯 분사방식 또한 노즐에 열을 가해 발생한 압력으로 잉크가 분사된다고 하였으므로 옳은 내용이다.

④ 잉크젯 프린터는 잉크를 미세한 노즐을 통해 분사함으로써 종이에 출력물을 찍어내는 방식의 비충격식 프린터라고 하였으므로 옳은 내용이다.

⑤ 잉크젯 프린터는 가느다란 노즐을 통과한 잉크가 동일한 크기로 분출된다는 원리를 이용했다고 하였으므로 옳은 내용이다.

26 논리추론

정답 ④

플래시 메모리의 낸드형과 노어형 모두 전원을 연결하지 않아도 데이터의 저장뿐 아니라 삭제를 자유롭게 할 수 있다고 하였으므로 낸드형과 달리 노어형은 전원이 연결되어 있지 않아도 데이터의 저장과 삭제가 가능하다는 것은 옳지 않은 내용이다.

오답 체크

① 낸드형은 회로가 직렬로 연결되어 있어 집적도가 높고, 대용량화도 가능하다고 하였으므로 옳은 내용이다.

② 플래시 메모리는 셀의 배열 방식에 따라 크게 낸드형과 노어형으로 분류된다고 하였으므로 옳은 내용이다.

③ 원낸드 플래시는 낸드형 플래시 메모리의 장점인 큰 저장 용량과 노어형 플래시 메모리의 장점인 빠른 속도를 모두 갖추고 있다고 하였으므로 옳은 내용이다.

⑤ 낸드형은 플래시 메모리 중에서도 내구성이 우수하다고 하였으므로 옳은 내용이다.

27 논리추론

정답 ②

이산화탄소는 대기 중에 5년에서 200년까지 체류할 수 있는 장기 체류 물질이라고 하였으므로 지구 온난화에 미치는 영향력이 큰 이산화탄소가 대기 중에 머무는 기간이 짧다는 것은 옳지 않은 내용이다.

오답 체크

① 수증기도 지구 온난화에 영향을 미치기는 하지만, 자연 생태계가 그 양을 조절할 수 있기 때문에 큰 문제로 여겨지지는 않는다고 하였으므로 옳은 내용이다.

③ 지구 온난화에 직접적인 영향을 주는 기체에는 이산화탄소 외에도 프레온 가스, 아산화질소, 메탄 등이 있다고 하였으므로 옳은 내용이다.

④ 자연적인 온실효과가 없다면 지구 표면에서 복사된 열에너지가 모두 우주 공간으로 방출된다고 하였으므로 옳은 내용이다.

⑤ 프레온 가스는 전자 제품을 생산할 때 필요한 세척제에 사용되는 기체라고 하였으므로 옳은 내용이다.

28 논리추론

정답 ②

제시된 글의 필자는 초고령사회에 접어들게 되면 경제 성장 둔화 또는 노인 부양비 등의 의료 및 복지 비용 부담 증가 문제에 부딪힐 수 있긴 하지만, 이를 이유로 노인 연령 기준을 상향 조정하게 되면 현재 노인층에 제공되는 복지 혜택이 줄어 노인의 기본권 침해 문제가 발생할 수 있으므로 노인 연령 기준의 상향 조정 추진은 나중으로 미뤄야 한다고 주장하고 있다.

따라서 경제 및 복지 체제의 지속 가능성을 향상하기 위해 노인 연령 기준의 상향 조정 추진이 시급하다는 반박이 타당하다.

29 논리추론

정답 ③

이 글은 환경 오염의 심각성을 깨달은 밀레니얼 세대의 영향으로 떠오른 컨셔스 패션과 그 사례를 설명하는 내용이고, <보기>는 제로 웨이스트 챌린지 캠페인이 등장하며 각종 업계에서 친환경 제품 포장을 시도하고 있음을 설명하는 내용이다.

따라서 의식 있는 소비 문화의 확산이 다양한 분야에서의 친환경 행보를 부추길 수 있음을 알 수 있다.

30 논리추론

정답 ③

이 글은 우울증 환자는 오랜 기간 우울감을 겪으며 기능 저하를 겪는데, 무기력감, 삶에 대한 에너지 상실 외에도 수면 장애나 식욕 감소, 체중 저하와 같은 증상이 나타날 수 있다는 내용이고, <보기>는 연구 결과에 따르면 고지방·고당분의 음식을 섭취하는 것보다 건강한 식습관을 유지함으로써 장내 미생물이 왕성해지면 인간의 기분과 감정을 조절하는 신경전달물질 분비가 활성화될 수 있다는 내용이다.

따라서 우울증 환자가 식욕 감소 증상을 겪을 경우 고지방·고당분의 음식을 먹는 것보다 건강한 식습관을 영위하면 우울증 완화에 도움이 될 수 있음을 알 수 있다.

GSAT 단기 합격을 위한
추가혜택

SAMSUNG 온라인 GSAT 대비 실전 연습!

GSAT 온라인 모의고사
4회분 무료 응시권

KK5DD5C7C8886000

교재 수록 모의고사 전 회차
온라인 응시 서비스

K503D5C92C3AF000

* 본 서비스는 교재에 수록된 동일한 문제를 온라인 환경으로 풀이해 볼 수 있는 서비스입니다.

이용방법 해커스잡 사이트(ejob.Hackers.com) 접속 후 로그인 ▶ 사이트 메인 우측 상단 [나의 정보] 클릭 ▶
[나의 쿠폰 - 쿠폰/수강권 등록]에 위 쿠폰번호 입력 ▶ [마이클래스-모의고사]에서 응시 가능

* 쿠폰 등록 시점 직후부터 30일 이내 PC에서 응시 가능합니다. * 쿠폰 유효기간: 2026년 12월 31일까지(ID당 1회에 한해 등록 가능)

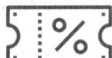

GSAT 기본서/실전서 인강
2만원 할인쿠폰

K4BBD5CBCD3DK000

이용방법 해커스잡 사이트(ejob.Hackers.com) 접속 후 로그인 ▶
사이트 메인 우측 상단 [나의 정보] 클릭 ▶
[나의 쿠폰 - 쿠폰/수강권 등록]에 해당 쿠폰번호 입력 후 강의 결제 시 사용

* 쿠폰 유효기간: 2026년 12월 31일까지(ID당 1회에 한해 등록 가능)

GSAT 문제풀이 용지(PDF)
인성검사 & 면접 합격 가이드
(PDF)

L96BKM57L498111G

이용방법 해커스잡 사이트(ejob.Hackers.com) 접속 후 로그인 ▶
사이트 메인 상단 [교재정보 - 교재 무료자료] 클릭 ▶
교재 확인 후 이용하길 원하는 무료자료의 [다운로드] 버튼 클릭 ▶
해당 쿠폰번호 입력 후 다운로드

* 쿠폰 유효기간: 2026년 12월 31일까지

FREE

무료 바로 채점 및 성적 분석 서비스

이용방법 해커스잡 사이트(ejob.Hackers.com) 접속 후 로그인 ▶
사이트 메인 상단 [교재정보 - 교재 채점 서비스] 클릭 ▶ 교재 확인 후 채점하기 버튼 클릭

* 사용 기간: 2026년 12월 31일까지(ID당 1회에 한해 등록 가능)

▲ 바로 이용

쿠폰 관련 문의 02-537-5000 삼성 합격의 모든 것, 해커스잡 ejob.Hackers.com

해커스잡
취업교육 1위 해커스
주간동아 2024 한국고객만족도 교육(온·오프라인 취업) 1위
삼성 자소서/면접
권준영
GSAT 수리
김소원
GSAT 추리
복지훈
삼성 반도체 분야
김동민
삼성 채용 전형별 취업 전문 선생님의 맞춤 강좌!
해커스잡 삼성 취업
전 강좌 환급패스
100%
수강료
100% 환급
GSAT 베스트셀러
교재 4종
온라인 GSAT
모의고사 7종
GSAT 온라인
모의고사+자료집
[환급] 미션 달성 시, 제세공과금 본인부담 [자료집] PDF, 비매품 [교재] 별도 구매 필요
[GSAT 통합기본서] 교보문고 취업/수험서 분야 삼성 베스트셀러 1위(2025.01.03. 온라인 주간 베스트 기준)
[GSAT 실전모의고사] 교보문고 취업/수험서 인적성/직무능력 분야 삼성 베스트셀러(2025.01.08. 온라인 주간 베스트 기준)
[GSAT 파이널 봉투모의고사] YES24 수험서 자격증 베스트셀러 삼성 GSAT 분야(2024년 4월 4주 주별 베스트 기준)
[GSAT 빠르게 끝내는 봉투모의고사] YES24 수험서 자격증 취업/상식/적성검사 기업별 직무적성검사 삼성 GSAT 분야 베스트셀러(2025.02.12. 종합 베스트 기준)
상담 및 문의전화
02.537.5000
ejob.Hackers.com
해커스잡에서 최종합격 ▶

2025 하반기 최신판

해커스 GSAT 삼성직무적성검사 FINAL 봉투모의고사

개정 10판 1쇄 발행 2025년 9월 4일

지은이	해커스 GSAT 취업교육연구소
펴낸곳	(주)챔프스터디
펴낸이	챔프스터디 출판팀
주소	서울특별시 서초구 강남대로61길 23 (주)챔프스터디
고객센터	02-537-5000
교재 관련 문의	publishing@hackers.com 해커스잡 사이트(ejob.Hackers.com) 교재 Q&A 게시판
학원 강의 및 동영상강의	ejob.Hackers.com
ISBN	978-89-6965-655-1 (13320)
Serial Number	10-01-01